非物质文化遗产保护传承与当代利用

南京博物院
江苏省民俗学会 主编

南京大学出版社

序　　言

江苏省民俗学会成立于1984年，常设机构为南京博物院，是全国唯一一个依托博物馆建立的省级民俗学会。学会具有很强的博物馆学科特色，依托于博物馆民俗工作者的实践，在促进中国民俗学学术体系的完善方面发挥了积极作用。学会成立以来，有力推动了南京博物院的民俗科研和民俗文物工作。一是促进开展了对江苏地区汉族民俗的系列调查工作，特别是对苏州吴县胜浦地区的调查取得了有影响力的学术成果；二是结合博物馆工作实践开展了中国民俗文物研究，对中国民俗文物的概念、特征、品类、分布和历史演变情况，以及征集、认定、鉴定、管理、研究工作等问题，进行了全方位的探讨和阐述，出版了有全国影响力的理论研究成果《中国民俗文物概论》；三是促进开展了博物院民俗馆、非物质文化遗产馆展览工作，助推筹建了全国第一个省级非遗馆，并以"梅花戏剧季""南腔北调——传统戏曲艺术展""家国——中国传统人文精神展示展演"和扬州中国大运河博物馆"大运河非物质文化遗产"多个主题策划实施了有开创性的非遗展览；四是开展了多次有声有色的学术论坛和交流考察活动，将江苏各地民俗和非遗资源融会贯通，为江苏非遗保护、研究、传播工作尽绵薄之力。

2003年联合国教科文组织通过《保护非物质文化遗产公约》后，非物质文化遗产的概念逐步纳入学术研究的话语体系，这对我国各级民俗学会产生了重要的影响。不仅民俗学者广泛参与非遗研究、民俗学会论坛议题开始关注非遗领域，而且从国家到地方层面的民俗学会还在非遗评估、申报、培训等具体工作中发挥了引领促进作用。在这一时代浪潮中，江苏省民俗学会也积极服务社会实践，和地方民俗学会、各非遗保护单位、非遗传承人、高校同行保持密切联系，持续开展田野调查、展品征集等工作，在延续学术传统的同时投身到学术转化的实践中，促进社会发展。随着行业和学会的同步发展，我们也一直在思考江苏省民俗学会的发展方向，探索其发展路径。

2022 年 12 月，江苏省民俗学会第七次会员代表大会顺利召开，选举产生第七届理事会，新一届学会秘书处随即紧锣密鼓地筹备 2023 年学术年会。年会由南京博物院、江苏省民俗学会、南京农业大学人文与社会发展学院主办，南京博物院民族民俗部（江苏省非物质文化遗产保护研究所）和南京农业大学民俗学研究所联合承办，吸纳了一批省内外非遗保护、非遗展览实践行业研究者和高校民俗、非遗研究者积极参与，大家汇聚一堂，探讨交流，学术年会取得了良好反响。此次年会主旨报告十分精彩，华东师范大学田兆元教授的《中国神话叙事与中华文明探源》、南京大学周凯教授的《非物质文化遗产保护传承的痛点与瓶颈思考》、江苏省文化馆戴珩馆长的《江苏非物质文化遗产资源发掘与当代利用》、南京博物院民族民俗部主任王美诗的《非物质文化遗产参与城市美学构建的路径》四个报告得到了与会代表的热烈关注。学会立足于非遗、民俗在赓续中华文脉、推动中华优秀传统文化创造性转化和创新性发展中的社会价值，设立了江苏非物质文化遗产保护传承与城市高质量发展、江苏非物质文化遗产保护传承与乡村振兴、江苏民俗资源的历史内涵与价值转化三个议题，得到了业界的热烈反响，来稿丰富。中国民俗学会还为年会发来贺信，来自上海、山东、湖北等地的资深学者也前来参会，推动学术评议、交流探讨，给与会的青年科研人员带来了鼓励和启发。在此，谨代表学会对参与主旨发言、主持和点评的资深学者们，对亲临论坛的《中国社会科学报》《江苏社会科学》《江苏地方志》等学术平台的主编、领导致以诚挚的谢意！对积极投稿的作者们表示衷心的感谢！

王美诗

南京博物院民族民俗部主任

江苏省非物质文化遗产保护研究所所长

江苏省民俗学会副会长兼秘书长

目　　录

非遗视野下民俗的保护研究

徐洪绕[①]

摘　要：各项民俗类非物质文化遗产是各地区、各民族先辈创造的含有本民族文化、经济因素的集合体，人们在民俗活动中寄托着自己的某种思想和感情，并通过特定的仪式、符号、物质进行表达与沟通。多数民俗的产生经历了漫长的历史过程，起源于特定的历史时期，经过前人传承至今，由当代人赋予其新的内涵并延续下去。可见，民俗类非物质文化遗产是一座沟通过去、现在、未来的桥梁，带有久远的民族记忆，同时展现新时代精神，在现代社会文化的发展中具有承前启后的作用。我国民俗类非物质文化遗产涵盖的地域广阔，涉及了全国各个民族和地区，这些民俗文化的产生包含地域、语言、经济、宗教等多种因素，是物质文明与精神文明的集合体。传承民俗类非物质文化遗产，有利于我们研究某地区或民族的历史文化创造和群体精神内涵。同时，传承民俗类非物质文化遗产对于熟悉中华民族文明、团结各民族、加强国家凝聚力有着不可忽视的现实意义。

关键词：非遗　民俗　保护

一、民俗类“非遗”概述

民俗，即民间风俗，作为一种文化现象，是地区或民族内部人们经过长期历史积淀而创造的生活文化。2006 年 5 月国务院公布的第一批国家级非物质文化遗产名录中，民俗类非物质文化遗产占 70 个。2008 年 6 月 14 日，国务院发布的第二批 510 项国家级非物质文化遗产名录中，增加了包括元宵节、宾阳炮龙节、庙会、水乡社戏、蒙古族服饰、朝鲜族服饰、珠算、南海航道更路经、汉族传统婚俗等 51 项民俗类非物质

① 徐洪绕，连云港市少年儿童图书馆研究馆员。

文化遗产，包含了更多的少数民族民俗文化、民间信仰、婚礼与习俗。

民俗类非物质文化遗产中，传统节日类占据大多数，其他还包括祭典、民族服饰、习俗、庙会、灯会、歌会、书会等。中国传统节日不仅在民俗文化中占有重要地位，还是整个非物质文化体系中的重要组成部分。传统节日的产生与劳动生产密切相关，带有对自然、神鬼和祖先的崇拜，有些还具有一定的人伦色彩。4 月 5 日左右的清明节，流行于全国大部分地区，不仅是传统节日类民俗，还是农历二十四节气之一。在清明节期间，人们植树踏青，祭扫坟墓。表达对先人的尊敬。此外，清明前后，气温回升，雨水增多，是一年中春耕的好日子，故民间也流传有“清明前后，点瓜种豆”的俗语。另外一个被誉为“中国传统四大节日”之一的中秋节，正值八月十五月圆之时，全家人往往相聚在一起赏月亮、吃月饼，月饼既是农业丰收、五谷丰登的象征，又寄托了一家人在一年中圆圆满满、平平安安的美好愿望。在少数民族的传统节日类民俗中，引水节和播种节是塔吉克族的传统农事节日，当地语分别为“孜瓦尔”和“哈莫孜瓦斯特”，塔吉克族主要生活于新疆帕米尔高原上的塔什库尔干塔吉克自治县，每当春天来临，当地族人便凿冰引水、灌溉农田，引水成功后要举行一系列的庆祝活动。每年春播的头一天是播种节，由本族有威望的老人拿着种子撒向人群和大地，面向苍天和土地进行祈福，希望当年可以农业丰收，族人生活富足。“撒完种子，由一人牵着一头膘肥体壮的耕牛到地里象征性地犁几下，并撒几把麦种表示开播。”[①]整个仪式也叫“哈莫孜瓦斯特”，播种节结束后人们便开始大面积犁地播种。传统仪式，同时还是我国各民族农耕文明的集中体现，也是中华民族祖先几千年来的智慧结晶，表达着我国农民朴素的价值观和勤劳的品质。把这些明显带有农业文明色彩的传统节日加入非物质文化遗产名录，说明我国政府重视关系到百姓生存的最基本的农业问题，在传承这些传统节日中的文明和智慧时，也延续了我们在几千年农业文明中形成的民族品格与精神。

传统节日的形成除了与生产劳动、自然气候有关，有些还显示出浓厚的人神崇拜色彩。在贵州榕江县、黎平县、从江县及周围的侗族地区流传有“萨玛泰”，其中以榕江县车江、三宝侗族“萨玛节”最为有名，是一年中侗族最热闹的椰之一。一般在农历正月或二月举行。“萨玛”是侗族语言，“萨”即祖母，“玛”为大，“萨玛”即“大祖母”“先祖母”，是侗族神灵的象征，同时反映了最初当地母系氏族社会的特征。棒目传“萨玛”是具有法力的女神，能帮助人们战胜各种自然灾害、战胜异邦敌人，保护当地族民。同时，“萨玛”又是侗族传说中的女英雄，在本民族的政治、军事、历史发展中起到

① 《国家级非物质文化遗产大观》编写组：《国家级非物质文化遗产大观》，北京工业大学出版社，2006 年版，第 362 页。

重要作用。萨玛节寄托了侗族人民的一种精神信仰,这也是其他类似节日的共同点。又如怒族仙女节,相传是为纪念一名叫阿茸的姑娘,她发明了可以横穿怒江的竹篾溜索,解决了族人的饮水问题。这些民俗中的传统节日类非物质文化遗产是自然时间与人文时间的结合,人们在长久的生产劳动与生活中,赋予自然时间以特定的人文内涵,在庆祝传统节日的过程中,经由历史沉淀的民族精神在不断传递。

在民俗类非物质文化遗产中,还有一类较为集中,影响范围较广,即各种祭典。第一批名单中公布的主要祭典有黄帝陵祭典、炎帝陵祭典、成吉思汗祭典、祭孔大典、妈祖祭典、太昊伏羲祭典、女娲祭典、大禹祭典。对这些祭典的保护与重视,有利于传承历史悠久的传统文化,延续中华民族传统文明,这些祭典大都反映了后世子孙对祖先的敬重与崇拜,是中华儿女对民族文化具有心理认同感的集中体现。以大禹祭典为例,其申报单位为浙江省绍兴市,位于绍兴市东南会稽山的大禹陵是全国祭祀大禹的中心,《越绝书·越绝外传记地传》记载:“禹因病亡死,葬会稽。”[①]民间流传着有关大禹的诸多传说,如划分九州、大禹治水、铸造九鼎等。大禹不仅是一位历史人物,在百姓心中,他更是勇抗洪水,在科技不发达的古老时代敢于同自然抗争,集智慧与民族精神于一身的英雄般的人物,有学者指出:“大禹在治水和立国大业中所表现出来的大禹精神,是中华民族优秀传统文化的重要内容。这种优秀的传统文化已转化为民族精神的重要内核,成为千百年来激励一代又一代中华儿女为民族振兴、国家繁荣而前赴后继、奋斗不息的精神支柱。”[②]当代赋予大禹精神的特殊内涵为:公而忘私、忧国忧民的奉献精神;艰苦奋斗、坚忍不拔的创业精神;尊重自然、因势利导的科学精神;以身为度、以身为律的律己精神;严明法度、公正执法的法治精神;民族融合、九州一家的团结精神。大禹精神在千百年里代代相传,成为中华民族精神的重要组成部分,大禹祭典是传扬这种精神的主要方式。各种民俗类祭典中,还要提到一个重要的祭典——祭孔大典,申报单位是山东省曲阜市。现在的祭孔大典从 9 月 26 日持续到 10 月 10 日,是中国(曲阜)国际孔子文化节中最有特色、最具文化色彩的活动。在祭孔大典中,用音乐、舞蹈等集中体现儒家传统文化。在 2007 年的祭典上,组织者还评选出“国人不可不知的五句《论语》经典”并使之成为 2008 年北京奥运会开幕式上的迎宾语,“以体现北京奥运会人文奥运的理念,表达文明古国、礼仪之邦的人民对四海宾朋的热情欢迎”[③]。这些根源于远古文明的祭典,是中华民族繁衍不息、不断在生产和文化创造中取得成就的历史写照,是凝聚中华民族的重要力量,是所有中华民族儿

---

① 《国家级非物质文化遗产大观》编写组:《国家级非物质文化遗产大观》,北京工业大学出版社,2006 年版,第 371 页。

② 孙远太:《大禹祭典与大禹文化的传播》,《前沿》,2010 年第 9 期。

③ 张璐,胡洪林,李大庆:《山东曲阜祭孔》,《协商论坛》,2008 年第 4 期。

女坚守的精神家园，鲜明地体现了非物质文化遗产所具有的独特历史价值、文化价值。

民俗类非物质文化遗产中较为特殊的一类是服饰类民俗，具有特点明显、突出的物质载体，在第一批名单中主要有以下几项：苏州甪直水乡妇女服饰，申报单位江苏省苏州市；惠安女服饰，申报单位福建省惠安市；苗族服饰，申报单位云南省保山市；回族服饰，申报单位宁夏回族自治区；瑶族服饰，申报单位广西壮族自治区南丹县、贺州市。这些服装与当地气候、生存环境、风俗习惯、审美观念都有密切的联系。如苏州甪直水乡妇女服饰，"以梳愿摄头、扎包头巾、穿拼接衫、拼裆裤、束倔裙、裹卷膀、着绣花鞋为主要特征"[①]，即为适应当地稻作农业经济和水乡环境。瑶族男女服饰中都带有鸡仔花图案，体现本民族最早对鸡的崇拜，对研究民族历史的产生具有重要意义。传统苗族服饰，颜色鲜艳，样式丰富，材质主要集中使用当地生产的火麻土布，一套完整的苗族妇女盛装包括包头、上衣、披肩、围腰、腰带、短褶裙等大小十八件套，被形象地称作"十八一朵花"，"伴随着服饰工艺而产生的《种麻纺织调》《纺织调》《刺绣调》等是中华民族口述文学中的瑰宝"[②]，对研究民族文化与审美观有深刻影响。

其他民俗类非物质文化遗产还有习俗、灯会、庙会、歌会、花会、婚礼，都具有浓郁的地方文化色彩，很多民俗是研究当地历史文化的"活化石"，体现出当地百姓长期形成的生活特点，有些至今仍在精神、文化生活中占有重要地位。各地民俗特有的文化符号、想象力、精神价值，直接体现出不同民族或地区间的文化差异，保护这些传统民俗，体现出对各地区各民族的尊重，有利于进一步提高我国文化多样性，促进国家文化建设。

二、民俗类"非遗"的产业开发

民俗的产生要经历一个漫长的历史过程，是在不断地传承中演变和发展的，与当地久远的生活习惯、经济状况、自然条件甚至宗教都有深刻的联系，各地民俗中所含有的文化内涵是民俗类非物质文化遗产的核心部分，"民俗文化充分表现了中华民族在历史进程中逐步形成的优秀文化价值观念和审美理想，凝聚着中华民族的深层文化基因，是我国优秀传统文化的重要组成部分"[③]。民俗包含丰富的文化内容，它所代表的文化符号是一个民族或地区精神的缩影，是真正体现普通百姓文化生活的一面

---

① 《国家级非物质文化遗产大观》编写组：《国家级非物质文化遗产大观》，北京工业大学出版社，2006年版，第392页。

② 中国非物质文化遗产网：http://www.chinaich.corn.cn/class09-detail.Asp? id=1529。

③ 赵喜桃，张德丽：《陕西民俗文化的发展和保护》，《唐都学刊》，2008年第6期。

镜子。在民俗类非物质文化遗产的保护过程中，要注意相关文化产业的发展，在发展中赋予民俗文化以新的时代内涵，同时，要充分利用已有的媒体资源、经济资源，保护、宣传各地民俗，让更多的人自觉加入保护民俗类非物质文化遗产的队伍中。

（一）传统民俗类节日法定化

作为民俗类非物质文化遗产的代表之一，传统节日是长久以来传统文化与历史发展交融的结果，在历史的时间隧道中，被族群内部或某一地区的人们接受，形成心理认同，并一直延续下来，成为日常生活中不可缺少的一部分。

自2004年起，全国人大代表、中国人民大学校长纪宝成连续三年在全国人大会议期间提出关于将中国传统节日设为法定节假日的建议，引起了社会各界的广泛关注。2005年11月，中宣部、中央文明办、教育部、民政部、文化部联合发文《关于运用传统节日弘扬民族文化的优秀传统的意见》，指出要“突出传统节日的文化内涵，精心组织重要传统节庆活动，充分发挥新闻媒体的运用，积极开展传统节日的研究和保护工作，切实加强对传统节日的管理和引导”①。2007年11月9日，国家发改委公布节假日调整方案，清明、端午、中秋三个节日增设为国家法定节假日，各放假一天。2007年12月7日，国务院关于修改《全国年节及纪念日放假办法》的决定经由国务院第198次常务会议通过，于2008年1月1日施行，同时《办法》提出：“少数民族习惯的节日，由各少数民族聚居地区的地方人民政府，按照各该民族习惯，规定放假日期。”②

作为传统节日的清明、端午、中秋同时都是民俗类非物质文化遗产，传统民俗类节日的法定化，使对这些节日的保护上升到“国家层面”。这些传统节日凝练了族群内部的百姓日常生活方式，集中展现了族群历经沧桑留下的历史文化痕迹，同时这些传统节日还成为各种文化、艺术交流的平台，让平时忙于工作、学习的普通人参与到传统节日的庆祝中，在浓郁的节日氛围中传承民俗文化。有学者指出：“因为任何传统要生生不息，都离不开一定的载体。起码的时间保障，就是一个不可或缺的载体。”③同时，传统节日法定化为教育青少年接受我国传统文化提供了良好的机会，使他们享受了传统节日民俗活动带给自己视觉、感觉上的愉悦，在节日的空闲时间内感受传统文化氛围，在传统歌曲、舞蹈的排演，传统手工艺的制作方面，能让青少年参与其中，自觉承担起传承民俗传统的责任，保护民俗类非物质文化遗产。

---

① 《中宣部、中央文明办、教育部、民政部、文化部关于运用传统节日弘扬民族文化的优秀传统的意见》，文明办[2005]11号，《中华人民共和国教育部公报》，2005年第9期。

② 国务院《全国年节及纪念日放假办法》，《山东劳动保障》，2008年第1期。

③ 唐眉江：《论传统节日法定假日化的积极意义》，《华北水利水电学院学报》（社科版），2009年第1期。

（二）以旅游为主的文化产业发展

改革开放以来，我国经济迅猛发展，为文化事业的发展奠定了良好的物质基础。交通工具的便捷和快速，使发展以旅游为主的民俗文化产业成为可能。民俗旅游与其他种类旅游形式的重要一点不同，即带有鲜明的文化特征。民俗文化内涵是民俗旅游的价值所在，是吸引众多游客的主要原因，旅游等文化产业的发展，使民俗类非物质文化遗产形象更具体，更易于被不了解相关文化、历史背景的游客所接受。同时，众多国外旅游者希望通过在旅游中民俗活动的参与，直观感受中华民族的历史文化与风土习俗，了解我们在历史长河里积淀下来的生活方式和人情风俗。有学者断言："民俗资源作为一项重要的旅游吸引物，将使民俗旅游成为现代旅游的主潮流之一，热衷于民俗旅游的人越来越多。"[①]以民俗旅游产业为例，我们认为可以重点发展以下几种相关消费方式。

1. 参与体验式消费

在活动过程中，组织者要为旅客提供一种全方面参与的体验，在参与中获得真实的文化感染与熏陶。以"晋商社火节"为例，由山西省旅游局和晋中市人民政府联合组织，自2001起至今已有17年历史，每年社火节都有一个主题，除了传统的民间社火庆祝活动如社火表演、赏花灯、戏剧演出、高跷表演等，平遥多家民俗宾馆还联合推出了"在我平遥过大年"系列活动。此外，晋中的"民间手工艺人在旅游过程中教授游客一些简单的技艺，让游客们学上几招，带一个'DIY'的纪念品回家，让游客留作这次旅游经历的纪念"[②]。而游客居住的民族宾馆，本身就带有晋中传统民居的特点，让游客在采光、布局、花草摆设、建筑风格的体验中了解当地百姓的日常生活方式与习俗。

2. 普及性消费

随着人民物质生活水平的提高和工业机械化程度的飞速发展，原本象征特定传统民俗内涵的事物进入了百姓日常生活中，例如端午节的粽子，原本是楚地人民为了不让鱼虾破坏屈原的身体，以竹叶包糯米投入江中，后来民间逐渐开始端午包粽子来祭奠屈原。现在，随着人民物质生活水平的提高，粽子的美味与营养，使其深受广大百姓喜爱，进入了日常食谱。类似的食物还有汤圆、饺子、月饼等。此外，还有楹联习俗在汉语地区广泛流传，各地不仅在春节等传统节日里贴上春联，还"应用于名胜宫

① 张晓，李美善，张琳：《浅谈民俗资源的开发与保护》，《人力资源管理》，2010年第7期。

② 李志伟，廖永麟：《民俗旅游产品的体验营销策略研究——以"晋商社火节"为例》，《大众商务》，2010年5月总第113期。

殿、亭台楼阁、厅堂书屋、节日庆典、题赠、祝贺、哀挽、陵墓等场合”①。楹联句子短小、内容丰富、形式对仗,是中国雅文化与民间俗文化相结合的体现,被誉为“诗中之诗”。

3. 文化符号消费

各传统民俗类非物质文化遗产在保护的过程中要不断确立自己的文化符号,像西方圣诞节中的圣诞老人的形象和袜子、情人节里的玫瑰等,这些符号被人们赋予超过其本身价值的特殊文化意义。例如传统北京地区中秋节文化符号——兔儿爷,作为根据玉兔故事改编而成的形象,不仅具有艺术性,还因为其多种形象和憨态可掬的外表成为备受喜爱的儿童玩具。每年北京中秋节庙会,兔儿爷“颇受市民和游客的青睐”,“从心理上说,买个‘兔儿爷’可以用来怀旧,它具备一定的工艺性,而且蕴含了外地没有的历史文化,是一个有一定档次的‘拿得出手’的地方工艺品”②。伏羲祭典庙会上出售的“泥泥狗”,根植于泥土又回归大地,是象征中华民族生生不息、与大自然和谐相处的文化符号,被一些学者称为“真图腾”。物质性的工艺品在带来观赏性的同时,这些文化符号,不仅具有深厚的精神内涵,更易于被人们保存,能达到宣传传统民俗文化的目的。

4. 娱乐性消费

传统民俗非物质文化遗产中的戏剧、杂技、竞技、说唱、赛歌等不仅是活动中的一部分,本身也具有很强的观赏性,观众在观看过程中可以暂时洗去工作、生活中的烦恼与压力,放松身心并陶冶情操。清明踏青、中秋赏月、元宵观灯、春节逛庙会都成了城市现代生活中人们的休闲娱乐方式。

发展以旅游为主的文化产业,在传承传统民俗文化的同时,创造了丰富的物质收益,民俗活动带来的经济价值也为自身传承奠定了物质基础,使民俗类非物质文化遗产具有了经济上的可传承性。

三、文化空间的构建

《联合国教科文组织人类口头和非物质文化遗产代表作申报指南》中阐述了文化的概念:“宣布人类口头和非物质文化遗产代表作针对的是非物质文化遗产的两种表现形式,如音乐或戏剧表演,传统习俗或各类节庆仪式;另一种表现于文化空间,这种空间可确定为民间或传统文化活动的集中地域,但也可确定为具有周期性或事件性

---

① 《国家级非物质文化遗产大观》编写组:《国家级非物质文化遗产大观》,北京工业大学出版社,2006 年版,第 392 页。

② 关昕:《文化空间构建与传统节日保护》,《文化学刊》,2009 年第 5 期。

的特定时间；这种具有时间和实体的空间之所以能存在，是因为它是文化表现活动的传统表现场所。”[①]文化空间不仅是一个地域概念，范畴更包含广阔的时间和空间。构建民俗类非物质文化遗产生存的文化空间，保证在特定的条件下对民俗文化进行传承，是现代社会经济、文化发展到一定阶段的必然产物。以最具特色的民俗文化为核心，在文化空间的构建中要注意对多层次主体和资源的容纳。例如对北京厂甸庙会的建设(按：厂甸庙会与上海城隍庙庙会、南京夫子庙庙会、成都青羊宫庙会并称为“中国四大庙会”)。它最早由群众自发形成，后几经变迁，于 2001 年在北京市政府和相关部门的支持下重新展现在京城百姓面前，主办方不仅组织了众多民间艺人和团体参加演出，还在近几年的庙会中专门设置了“非遗”展台，集中展示药香饰品、泥塑、空竹、皮影、北京砖雕、工艺脸谱、七巧板、核桃卢、艺术宫灯、琉璃、面人等众多“非遗”项目，实现了从生活空间到文化空间的构建转变，注意了在整体的文化空间内对单个文化民俗事物的保护和发掘，庙会成为彰显当地文化特色、让百姓感受民间艺术生命力的文化空间，对于非物质文化遗产的传承有着不可估量的作用。

那达慕大会也是对文化空间构建较成功的案例。“那达慕”是蒙古语音译，意为“游戏”或“娱乐”，起源于祭敖包的活动。“自古以来，蒙古族擅长骑马、摔跤、射箭，在历史发展中‘好汉三艺那达慕’逐渐成为草原盛会的主要竞技娱乐项目，后来将草原上的娱乐性盛会称之为‘那达慕’。”[②]“好汉三艺”中的项目并非简单的比赛活动，而是蒙古民族性格的象征，长期的草原生活使他们善于骑马、射箭，这些生存技能可以考验一个蒙古族人力量的强弱。那达慕大会是集中体现蒙古族传统文化的场所，也是传承其民族精神的文化空间。

2010 年 8 月 11 日，由国家体育总局、文化部、国家民族事务委员会、内蒙古自治区人民政府共同主办，鄂尔多斯市人民政府及内蒙古自治区体育局、文化厅、民族事务委员会共同承办的首届鄂尔多斯国际那达慕大会正式开幕，大会邀请了包括俄罗斯、蒙古、朝鲜、韩国、日本、匈牙利、哈萨克斯坦、塔吉克斯坦、乌兹别克斯坦、吉尔吉斯斯坦等多个国家代表团，以及我国的黑龙江省、吉林省、辽宁省、河北省、河南省、甘肃省、青海省、宁夏回族自治区、新疆维吾尔自治区和港澳台地区等代表团参加。除了保留传统的体育竞赛活动外，还首次创办了四个板块：文化艺术活动、会展活动、群体活动和经贸交流活动。文艺活动中有民族服饰展演、中外精品舞台剧目展演、草原那达慕音乐节等；会展活动则包括美术系列展，2010 首届中国西部专利技术暨产品博览会，鄂尔多斯青铜器国际学术研讨会暨青铜器精品展，全区民族用品旅游纪念品

① 乌丙安：《民俗文化空间：中国非物质文化遗产保护的重中之重》，《民间文化论坛》，2007 年第 1 期。
② 旺楚格：《草原那达慕盛会》，《鄂尔多斯文化》，2010 年第 4 期。

展销会，鄂尔多斯革命史展，改革开放 30 年成就展和西部大开发 10 周年成就展，国际那达慕视线(展览)，等等。其中最引人注目的是中国少数民族非物质文化遗产展，重点展出中国多个少数民族中已列入国家级非物质文化遗产名录的代表性项目和鄂尔多斯市部分自治区级、市级蒙古族非物质文化遗产名录代表性项目。具有千年历史的那达慕将现代与传统完美结合，创办了一次成功的草原奥运会。[①]

民俗类非物质文化遗产文化空间的构建，在特定时间、空间内把本民族、本地区人们的感情交融于一体，并不断与外部文化相融合，使传统民俗焕发新的生机。积极创造新的文化空间，对原有活动内容进行合理规划，有意识地对核心精神予以强调，对于积淀民俗文化新内涵、扩大民俗类非物质文化遗产的影响力有着重要意义。

四、运用多种媒介宣传

通过多种媒介渠道对民俗文化及活动的宣传，使民俗传承摆脱了地域、时空的限制，是现代与传统的交织。对媒介来说，对民俗文化的宣传丰富了节目内容，增加了部分节目的文化内涵，在提供娱乐休闲的同时，普及了民俗传统文化知识，极大地扩展了观众的视野。举办传统节日、大型祭典、庙会、灯会等活动，不仅传统媒体会进行相关的报道，网络媒体的报道也正以快速、便捷、易于搜索的特点进入百姓的视线范围，人们获得相关信息的渠道大大拓宽。

在 2005 年中国(曲阜)国际孔子文化节期间，“联合国教科文组织、国际儒联、中华民族文化促进会、华夏文化纽带工程组委会、国家旅游局、山东省人民政府共同主办‘2005 年全球联合祭孔’活动”[②]。由济宁市政府与中央电视台、台湾省东森电视台等多家电视台合作，“以曲阜孔庙为主会场，在上海、浙江衢州、云南建水、甘肃武威、香港、台湾等地孔庙设同祭点，同时韩国首尔、日本足利、新加坡韭菜芭、美国旧金山、德国科隆等地为海外同祭点，可谓盛况空前”[③]。央视新闻频道推出的大型直播特别节目《2005 全球联合祭孔》，为观众呈现了一场全球视觉盛宴。传统民俗通过电视媒介扩大自己的影响力，吸引了更多的关注。

除了对各种民俗活动的直播外，各种媒体还对民俗知识进行了专题报道或介绍。例如中央电视台 1997 年至 1998 年在《人与自然》栏目推出了《二十四节气》系列纪录片，每个节日虽然只有 5 分钟，但整个拍摄过程却历时两年，不仅涉及相关历史文物，还请来专门学者进行讲解并同百姓日常生活相联系，节目播出后受到各界好评。

---

① 资料参考中国网报道：http://www.china.com.cn/sport/txt/2010-08/03/content-20632563.htm。

② 齐鲁：《2005，全球联合祭孔》，《中国地名》，2005 年第 6 期。

③ 齐鲁：《2005，全球联合祭孔》，《中国地名》，2005 年第 6 期。

总之，民俗文化的产业开发涉及面较广，不同民俗的开发方式应当有所区别，需要结合具体的民俗及民俗产生的地域环境综合考虑，这样才不至于出现所谓的“伪民俗”。

参考文献

[1]《国家级非物质文化遗产大观》编写组:《国家级非物质文化遗产大观》，北京工业大学出版社，2006年版。

[2] 中国非物质文化遗产网:http://www.chinaich.corn.cn/class09detail.Asp? id=1529。

[3] 赵喜桃、张德丽:《陕西民俗文化的发展和保护》，《唐都学刊》，2008年第6期。

[4] 中央人民政府政务院:《中宣部、中央文明办、教育部、民政部、文化部关于运用传统节日弘扬民族文化的优秀传统的意见》，文明办[2005]11号，《中华人民共和国教育部公报》，2005年第9期。

[5] 国务院《全国年节及纪念日放假办法》，《山东劳动保障》，2008年第1期。

[6] 唐眉江:《论传统节日法定假日化的积极意义》，《华北水利水电学院学报(社会科学版)》，2009年第1期。

[7] 张晓、李美善、张琳:《浅谈民俗资源的开发与保护》，《人力资源管理》，2010年第7期。

[8] 李志伟、廖永麟:《民俗旅游产品的体验营销策略研究——以“晋商社火节”为例》，《大众商务》，2010年5月总第113期。

面向城市未来的博物馆建设
——以南京博物院非遗系列展示为例[①]

蒋愔澄[②]

摘　要：南京博物院通过开展非遗系列展示，融合物质文化遗产和非物质文化遗产，营造动静结合的文化景观，丰富展览体验层次，更好地实现了博物馆的文化桥梁功能，以场景来营造体验式意境，触发了人们对传统生活艺术的向往，着力营造了一个可供公众享受文化服务的学习、交往、休息的城市文化景观。博物馆的提升离不开城市提供的条件，城市的长远发展也需要博物馆的参与。南京博物院作为南京的城市文化景观，功能使命独特，是城市重要的营销名片，可提升市民科学文化素质、激发经济与文化活力、赋能城市高质量发展。

关键词：南京博物院　非遗展示　城市文化景观　高质量发展

一、博物馆的定位：城市文化景观

2022年，国际博物馆协会修订了博物馆的新定义："为社会服务的非营利性常设机构，它研究、收藏、保护、阐释和展示物质与非物质遗产。向公众开放，具有可及性和包容性，博物馆促进多样性和可持续性。博物馆以符合道德且专业的方式进行运营和交流，并在社区的参与下，为教育、欣赏、深思和知识共享提供多种体验。"[③]作为一个由多个主题空间组成的文化休闲场所，博物馆收藏的是人类及其生存环境的物质与

---

① 本文系南京博物院青年课题项目"非遗工艺展览策划叙事研究"（项目编号：09052023108）的阶段性成果。

② 蒋愔澄，南京博物院助理馆员。

③ 参见国际博物馆协会网：https://icom.museum/en/heritage-protection/intangible-heritage/。

非物质文化遗产，主要观看对象为“人类发展的见证物”。置身博物馆，静态高雅的艺术收藏、活态展示的非物质文化遗产使得博物馆的功能和定位不断外延；高品质建设发展的博物馆，也让走进博物馆成为年轻人时尚潮流的生活方式。

作为中国第一座仿照欧美现代博物馆建设的综合性博物馆以及南京民国政府中央博物院的传承者，南京博物院的建院宗旨既是蔡元培先生，也是当时一批有识之士人文思想与教育理念的体现：建院初期拟定的自然、人文、工艺三馆的构架，奠定了百余年中国博物馆类型的基本形态。在文博事业不断蓬勃发展的当下，南京博物院不仅致力于从保护展示文物藏品延伸到保护展示标本、科技成果、当代艺术品、非物质文化遗产等方面，全方位展示江苏地域文明，更着力营造一个可供公众享受文化服务的学习、交往、休息的城市文化景观。

“文化景观”是指在自然的状态下，通过人为的劳动，让创造点缀其间，让这些自然风景充满了美丽的人文故事，这使它们产生的景观价值，能够远远大于自然景观要素和人文景观要素之和。[①] 依托于观众对传统文化的理解，博物馆作为公共文化服务场所需要创造出城市文化景观，吸引公众前往参观。

作为将学术研究付诸展陈实践的公共文化空间，南京博物院通过开展非物质文化遗产展览及传统文化活动，旨在融合物质文化遗产和非物质文化遗产，营造动静结合的文化景观，丰富展览体验层次，更好地实现博物馆的文化桥梁功能，以场景来营造体验式意境，触发人们对传统生活艺术的向往，表达文化景观的核心理念，以期公众在南京博物院提供的优质文化服务中，收获积极的参观体验和学习效果，看懂展览，理解文明，认知传统，爱上博物馆。如成功入选 2022 年度“弘扬中华优秀传统文化、培育社会主义核心价值观”主题展览重点推介项目的南京博物院“家 · 国：中国传统人文精神展示展演”，通过《清风亭》《八珍汤》《白兔记》等剧目体现敬老传统、《白蛇传》《珍珠塔》《柳毅传书》等剧目阐释夫妻恩义、《文昭关》凸显手足之间团结互助、《将相和》《岳母刺字》《百岁挂帅》《杨门女将》等展现忠臣良将为国家之事鞠躬尽瘁等精神。该展览通过阐述文物与文物、文物与人之间的故事，通过符合江苏和南京的地域特色，同时具备中国传统文化精神的艺术作品，营造出博物馆特有的城市文化景观，也为博物馆内的非物质文化遗产的保护和利用探索新的理念和途径。

技艺是非遗的核心，是通过实践获得的。当下很多博物馆都做过类似的尝试，邀请非遗传承人现场活态展演，但这些活动往往是一次性的，时间、地点都有明确的规定，观众很难通过一次活动建立起自己与非遗的联系。因此博物馆作为富有人情味的城市文化景观，需要营造观众可以接近的非遗空间，让观众沉浸其中、感受非遗。

---

① 龚良：《博物馆展览空间与文化景观的营建——南京博物院“呼吸”展分析》，《东南文化》，2016 年第 1 期。

其实这种概念的提出，在世界范围内并非孤例。星巴克创始人之一的霍华德·舒尔茨认为："我们的咖啡店具有一种更为深沉的浪漫情怀，给予了人们一种与咖啡同样有吸引力的氛围。"[①]舒尔茨把这种氛围称为"第三空间"，其实质是"享受相关商品和服务时所带来的愉悦，但又很难量化的东西"。星巴克中的文化符号就是咖啡，消费者通过咖啡来品尝浪漫。

博物馆中的非遗展览也是同理。在"家·国:中国传统人文精神展示展演"的展陈空间中，我们试图在家与工作单位之余，打造一个常见的日常空间。在这个空间中，非遗作为一种文化符号，集展览展示展演于一体，为观众带来强烈的富于中国传统文化内涵的归属感与文化认同。在这里，非遗是龛柜里的文物，是大师的技艺，是曲艺的音符，是心中的感受。非遗是进入此空间的观众必须面对的，如同日常的一部分。当我们将这些既体现传统文化价值又动静结合的展示展演集中放置于博物馆内，从而获得和空间、历史、艺术、造型相互呼应的文化环境，那么"博物馆内部的公共空间和展览空间都产生文化景观效应"[②]，并为观众带来正向的、积极的情感体验，这就使得参观博物馆成为一种重要的生活方式，博物馆的文化客厅作用越来越突出。因此，在收藏、展览和教育服务以外，南京博物院致力于将自身打造一个可供回味、思考、回归的城市文化景观。

二、博物馆的未来:赋能城市高质量发展

博物馆的提升离不开城市提供的条件，城市的长远发展也需要博物馆的参与。[③]南京是历史文化名城，享有"六朝古都、十朝都会"的美誉，拥有众多的人文景观资源，古迹文物的类型十分齐全，资源总量在全国各大中城市中位居前列。作为南京市旅游贡献度排名第一的4A级旅游景点，南京博物院每年给南京市创造20多亿的旅游附加值，功能使命独特，对于南京的城市发展发挥着不可替代的重要作用。

收藏、研究、展示、教育是博物馆最重要的职责，这四个指标实则锚定了城市发展的未来。因为博物馆所收藏的是具有时代记忆的重要藏品，展示的是具有鲜明时代意义的珍贵文物，宣教的是未来值得弘扬的传统文化。如在"家·国:中国传统人文精神展示展演"中，我们创新性地将文物展和非物质文化遗产活态展结合，以家国情怀为核心，以中华传统文化中的人伦精神为主题，通过深挖并展示文物和非物质文化

---

① [美]霍华德·舒尔茨著，文敏译:《将心注入》，中信出版社，2011年版，第112页。

② 龚良:《博物馆展览空间与文化景观的营建——南京博物院"呼吸"展分析》，《东南文化》，2016年第1期。

③ 王春法:《赋能城市未来——博物馆的力量》，《科学教育与博物馆》，2023年第1期。

遗产中蕴含的家国情怀,围绕个人和国家、个人和父母、个人和配偶、个人和兄弟姐妹、个人和朋友、个人和社会的关系,多样态、多渠道弘扬家国情怀,弘扬优秀传统文化,培育社会主义核心价值观。在这个过程中,博物馆不可替代的职能得以彰显:告诉观众哪些物质文化遗产和非物质文化遗产对城市的未来是有价值的,是值得保存和典藏的,是值得传承和发扬的。从这个角度看,"一个博物院就是一所大学校",博物馆不仅仅展示了代表历史进程的珍贵文物,更引领了城市未来发展方向、启示着城市新发展理念。

作为提升市民科学文化素质的"第二课堂",博物馆本身已经成为重要的校外教育阵地,推动随时性、自主性、开放性的全民教育,教育方式灵活多样,是学校课堂教育的重要辅助和补充,习近平总书记所强调的"一个博物院就是一所大学校"正是这个道理。南京博物院非遗系列展示尊重非遗传承规律,提供优质教育服务,开发第二课堂落地形式,将以展示展演为主的高质量文化产品作为博物馆第二课堂的"主教材",旨在让文物"说话",让文物"活起来",于"润物细无声"中引导观众形成积极向上的健康精神品质。以此为策展理念的南京博物院"南腔北调——传统戏曲艺术展"通过晋剧、京剧、昆曲、陕西老腔、皮影戏、木偶戏等大量活态演出,以及 200 余件戏曲文物组成的静态文物展,展现了南北戏曲在两个不同时期、不同地域的艺术特色,将无声的戏曲文物与世代传承的戏曲表演同时呈现在观众面前,多角度、立体而有亮点地呈现戏曲文物蕴含的丰富信息,为广大公众、戏曲爱好者、戏曲专家等不同受众打造了一场戏曲文化盛宴。

博物馆既是征集、保藏、陈列和研究文物的机构,同时也是为公众提供知识、教育和欣赏渠道的社会服务机构。作为服务机构,博物馆的日常运营离不开人员投入、后勤服务、安全保卫等运维保障支持,所有这些运营服务都需要巨大的人力投入、物力配置,因此在为社会提供文化服务之外,博物馆的经济功能也越来越多地呈现。"梅花奖"是中国戏剧表演艺术最高奖项,梅花也是南京市的市花,南京博物院自 2014 年起以"梅花"为主题,策划并举办了首届传统戏剧类专题展演——"梅花戏剧季",获得了较好的社会反响,之后则按年度举办,每届戏剧季邀请获得中国戏剧"梅花奖""二度梅""梅花大奖"的名家携代表剧目参演,不断拓展剧种、流派,促进传统戏剧的省际交流,并以名家导赏讲座、手工技艺类非遗配套活动等方式,拓展梅花戏剧季的科普性和趣味性,也是对非遗"活态展陈"的有益探索。以"梅花戏剧季""剧种联盟展演""快乐的寒假 · 暑假"等一系列优质的非遗展演项目为依托,南京博物院每年策划组织的非遗展演共计 400 余场,以满足分龄、分众的传播需求。演出场地主要集中在老茶馆和小剧场,演出曲目根据场地适时调整,戏曲展演不仅在服装、化妆、道具方面以高标准呈现,而且全部采用乐队现场伴奏,以确保观众在南博非遗馆看到的是最正宗的戏曲形态。戏曲展演自 2015 年 7 月 1 日起,为合理规范本地观众与外地观众的比例,避免观众长时间排队领票,开始试行低于成本的惠民票价,330 张座位中,110 张池座票价为 30 元/张,220 张楼座票价为 20 元/张,观众可通过南京博物院官方微信小程序进行购买,每人限购三张。这一系列非遗展演项目的成功实施,使博物馆赋能经济发展得以实现,对周边就业、餐饮、文创、交通、旅游、会议论坛等相关产业和社会经济发展产生了积极带动、辐射作用,并在文旅融合的大背景下进一步激发了博物馆对旅游业的文化增值作用,是一种新的经济形态和经济发展模式。

博物馆是一座城市的文化窗口。当下,参观博物馆已成为一种重要的生活方式,无论是欣赏文物,还是聆听戏曲,抑或是打卡盖章,越来越多的博物馆成为"网红"出圈,形成大众与传统文化的双向奔赴,成为一座城市最重要的营销名片,博物馆的文化客厅作用越来越明显。南京目前有注册备案博物馆 70 座,是实至名归的"博物馆之城",相信这样一座拥有众多高水平知名博物馆的城市,无论作为旅游目的地,还是作为就业定居地,都会具有更大的吸引力,也会在经济、政治、文化等方面发挥更大的影响力。

参考文献

[1] 王文章:《非物质文化遗产概论》,文化艺术出版社,2006 年版。

[2] 苑利,顾军:《非物质文化遗产学》,高等教育出版社,2009 年版。

[3] 齐玫:《博物馆陈列展览内容策划与实施》,文物出版社,2009 年版。

[4] 乌丙安:《非物质文化遗产保护理论与方法》,文化艺术出版社,2010 年版。

[5] 陆建松:《博物馆展览策划:理念与实务》,复旦大学出版社,2016 年版。

[6] 杨红:《非物质文化遗产展示与传播前沿》,清华大学出版社,2017 年版。

[7] 黄洋,陈红京:《博物馆陈列展览设计十讲》,上海交通大学出版社,2019 年版。

[8] 王春法:《赋能城市未来——博物馆的力量》,《科学教育与博物馆》,2023 年第 1 期.

[9] 龚良:《论南京"民国特色旅游"》,《南京社会科学》,1995 年第 4 期。

[10] 龚良:《让文化景观遗产融入美好生活》,《东南文化》,2010 年第 3 期。

[11] 龚良:《博物馆展览空间与文化景观的营建——南京博物院"呼吸"展分析》,《东南文化》,2016 年增刊第 1 期。

[12] 王美诗:《非物质文化遗产展的定义、分类及价值追求》,《东南文化》,2021 年第 5 期。

[13] 许捷:《叙事展览的结构与建构研究》,浙江大学,2018 年。

深化地域文化软实力建设 培育城市高质量发展新动能

——基于江苏南通非遗传承的研究

张慧珺[①]

摘　要:南通作为一座与江海同生共长的城市,拥有独特的江海文化。在城市的高质量发展中,传承和弘扬地方优秀传统文化具有重要实践价值和地位。而非物质文化遗产作为地方优秀传统文化的凝练和精华,在延续城市历史文脉、发掘培育新兴文化、凝练城市文化内涵等方面都具有先天优势。多年来,南通市利用多媒体展示等技术手段来展示非遗项目的传统技艺和独特魅力;通过社交媒体推广、互动体验活动等方式吸引年轻人的关注和参与;将非遗元素融入现代设计中,创造出融合传统与现代的非遗创意产品等。多措施并举地开展好非物质文化遗产的保护传承工作,将有助于南通在中国式现代化进程中保持独特性,凸显城市的品质和品格。

关键词:城市　高质量发展　非物质文化遗产　南通

引　言

我国城镇化发展到目前阶段,百姓的日常需求已经开始从低层次的温饱迈向高质量的发展和享受型的需求进行转变,期待更优质的消费内容、更高的公共设施覆盖率以及更高水平的公共服务等。

城市文化内涵是城市吸引力的重要组成部分,用文化来打造核心竞争力,打造城市经济新的增长点,推动经济多元化发展,已经成为决策者们的共识。良好的城市文

---

① 张慧珺,南通市文化馆(南通市非物质文化遗产保护中心)馆员、非遗保护办主任。

化氛围也与居民生活质量息息相关。城市建设规划千篇一律已经成为广受关注的问题，大家都意识到，与众不同的人文景观、文化资源等差异性禀赋反而能够凸显城市的魅力。高质量的城市发展要求城市传承优秀传统文化，延续城市历史文脉，发掘培育新兴文化，凝练城市文化内涵。[①] 南通位于江之尾、海之端，是一座与江海同生共长的城市，自古以来，就是江海贸易的重要枢纽和船舶制造中心，也是文化交流的重要场所。在这样的环境下，南通地区的文化不间断地与外界交流和融合，形成了独特的地方文化。南通的文化艺术、民间习俗和传统手工艺术等方面的文化元素不断地得到保护和传承，形成了独特的江海文化。南通要在中国式现代化进程中保持独特性，要在城市高质量发展进程中凸显城市品质和品格，就离不开对江海文化的传承与发展。

一、南通的城市文化基因

(一) 城市画像——新时代背景下的中国近代第一城

南通市位于江苏东部的长江入海口，东濒黄海，南临长江，古称“通州”。清末，祖籍南通的爱国实业家张謇在南通展开了一场以实业带动城市发展的成功试验，改变了后周显德五年(公元 958 年)以来封建中等商业城市的面貌。

在大力践行“实业救国”之余，张謇积极地向西方学习，在南通实践了先进的城市规划与建设理念：他在此创建了电气公司、电话公司、公共汽车公司、体育场、公园等城市公共服务设施，养老院、育婴堂、残废院、栖流所等慈善机构，以及中国第一座公共博物馆、第一所师范学校、第一座气象台等数个“中国第一”，两院院士吴良镛评价南通为“中国近代第一城”，是中国人基于中国理念，比较自觉地、有一定创造性地、通过较为全面的规划、建设、经营的第一个有代表性的城市。[②]

张謇对南通全方位的经营，使南通这座封闭落后的小城初现近现代化城市文明的曙光，也使与时俱进的理念深入人心，引领着南通在时代的浪潮中不断开拓创新，逐渐成为 GDP 比肩新一线城市的长三角北翼中心。发展至今，南通依然承袭着“崇文重教”的理念，在大力发展经济建设的同时，挖掘先辈存留的宝贵精神财富，继承发扬优秀文化传统，精神文明建设取得丰硕成果，中国式现代化南通新实践的文化基因得以延续。

---

① 张文忠，许婧雪，马仁锋等：《中国城市高质量发展内涵、现状及发展导向——基于居民调查视角》，《城市规划》，2019 年第 11 期。

② 吴良镛：《关于“南通——中国近代第一城”的探索与随想》，《南通大学学报(哲学社会科学版)》，2005 年第 3 期。

（二）城市血脉——高度融合、兼容并蓄的江海文化

自距今 5000 余年前海安青墩出现人类活动以来，南通历经多次地形演变与人口流动，故南通的城市文化也经历了来源复杂的不同文化形态的碰撞，包括北方黄河流域的中原文化、齐鲁文化和长江流域的荆楚文化、维扬文化、吴文化等。在各方移民千百年来的生产生活交往中，这片土地上逐渐生成内涵丰富的全新文化——江海文化。根据南通地方学者的研究论证，“江海文化”可定义为南通区域内人们产生的方言、艺术创作、人文景观和民俗风情等。[①]

江海文化依托南通得天独厚的地理环境和源远流长的历史文化，是城市的发展长河中物质和精神文明的总和，也是历代人民生产生活智慧的结晶。江海文化的内涵如江海奔腾不息一般，海纳百川、包容豁达，它蕴含着放眼四海的广阔胸襟、吃苦耐劳的品德操守、勇立潮头的冒险胆识，已成为南通城市的文化血脉，融入了每位江海儿女不负时代的奋斗中。

二、南通非遗的特征与价值

（一）南通非遗的地域文化特征

南通的非物质文化遗产托生于滨江临海这一特殊地域，反映了南通地区独特的历史、地理和文化背景，体现了南通地区人民的智慧、创造力和精神追求。它具有海洋文化的特征。比如吕四渔民号子，就属于汉民族民歌的原生态渔歌，主要反映吕四渔民出海捕鱼劳作的过程，真实地展现了渔民们升帆、扯篷、起网等劳动的节奏、力度，对当地语言文化发展、民俗乡风、民间音乐等地方民俗研究都具有参考价值。南通非遗里还有一项非常特别的项目——“南通老船木制品制作技艺”。正是因为南通地处“淮南江北海西头”，沿江靠海之处形成了多个渔民聚居区，所以有着大量的木制渔船，船木材料密度高、硬度大，并且经过常年海水浸泡的木材也具备了防水、防虫、防腐等性能。老船木制品无论多么复杂的构件，都是通过榫卯结构以及老船木上穿凿的缺口和孔缝自然咬合，最大程度地保留了老船木天然的纹路和质感，[②]这很符合江海文化的传承和创新——“传统不守旧，创新不忘本”。这些非遗项目传承着南通地区海洋文化的精华，成为南通地区非常重要的文化符号。此外，南通非遗还具有农

---

① 阚耀平：《南通江海文化旅游开发研究》，《国土与自然资源研究》，2012 年第 5 期。

② 石硕，蒙健：《“非遗”项目在高职艺术实践教学中的开发研究——以南通老船木制作技艺为例》，《南通航运职业技术学院学报》，2016 年第 3 期。

业文化特征。比如大家耳熟能详的南通蓝印花布印染技艺，得益于南通滨江临海的区位优势，温暖湿润，适宜棉花生长，自古就有蓝印花布“衣被天下”的美誉。工艺师们在吸收借鉴民间剪纸、传统刺绣等艺术门类精华的基础上，不断丰富蓝印花布制版纹样，寓意吉祥喜庆，制品结实耐用，受到群众的广泛喜爱。传统音乐类目里的海门山歌源自吴歌，垦殖耕作、纺纱织布等生产劳动与吴语山歌相融合，形成了劳动或休息时随口编唱的即兴山歌，或是有完整故事情节、生动人物形象的叙事山歌，旋律悠扬婉转、语言生动有趣，成为南通非遗隽秀柔美的代表项目。这些都充分体现着南通地区的悠久农耕文化和手工艺传统。

南通是大江和大海的产儿，独特的地理环境、青墩人自古传承至今的悠久历史以及居民五方杂处形成的文化兼容并蓄的独特风韵，造就了南通非物质文化遗产汇纳百川的气度，使之成为南通地区非常重要的文化资源。

（二）南通非遗的传承保护模式与重要价值

南通市自 2004 年开始全面展开非物质文化遗产保护工作，经过近二十年的积累，多种途径、多举并用地保护和开发这些珍贵的文化资源，形成了上下联动、科学保护的立体格局。

南通已基本建立起四级名录体系，传承队伍日益壮大，保护基础不断夯实。南通的非物质文化遗产在南通各地均有分布，分为民间文学、传统音乐、传统美术、传统技艺等 10 大类，历经数代非遗人的传承与保护，目前拥有 1 个人类非遗项目、12 个国家级非遗项目、53 个省级非遗项目、148 个市级非遗项目；拥有市级以上传承人 287 名，其中国家级传承人 7 名，省级传承人 41 名。

南通市积极构筑保护载体，建设传承基地，使得全市面广量大的非遗项目能够拥有特定的场所和机构用于保存、传承和展示。截至目前，共有传承基地 119 家，包括项目专题博物馆、大师工作室、社会组织、学校等，它们提供了学习和交流的平台，每年吸引数十万人前来参观、考察、研学，大大增强了公众对非物质文化遗产的认识和保护意识，并为非遗传承者提供了一个有利的环境，推动着项目的传承与发展。南通市还每年春秋两季连续举办非遗公益培训班，梅庵派古琴艺术、南通板鹞风筝制作技艺、南通仿真绣、灯彩、剪纸、“八碗八”制作技艺、红木雕刻等免费非遗课程大受欢迎，目前已开办 33 期 241 个班次，受训人数总计逾万人次。

打造靓丽窗口，展示南通非遗风采。南通非物质文化遗产馆是由市非遗保护中心投资建设的综合性非物质文化遗产博物馆，2012 年起正式开放，2019 年完成大规模提档升级。非遗馆在原有实物、史料、图片等展示内容的基础上，增加了更具视觉效果的多媒体展陈方式，布展时注意采用“跨界文创”等形式，将南通非遗特色展示出来。比如跳马伕项目是历史悠久的传统舞蹈,策展时选取了另一传统技艺类非遗项目——南通面塑——与之相融合,栩栩如生地再现跳马伕的雄浑场面。此外,南通沈绣博物馆、南通通作家具博物馆、南通蓝印花布博物馆、南通中医药文化博物馆等专题馆也都在不断向海内外游客推介南通的非遗资源,展示着南通江风海韵的独特风姿。

开展非遗课题研究,为非遗保护传承提供理论和实践指导。南通市在非遗研究领域开展了大量工作,特别是2020年编辑出版了《江海记忆文丛》,包括《概览》和《传承》三卷本,全面系统地介绍了南通非遗项目,展示了省级以上代表性传承人的风采。这既是系统研究、持续分享南通非遗的工具书,也是一套思想性、时代性、艺术性相结合的非遗理论研究新成果。2021年南通市非遗保护中心又与南通市社科联联合开展了“2021年度南通市社科热点课题(非遗专项)研究”,共收到上报项目142项,涉及戏剧、传统工艺、非遗进校园、非遗与旅游的融合等多个领域。通过对各个领域非遗的深入研究,可以更好地了解和认识其独特的文化内涵和价值,为非遗保护工作提供了理论支持和指导。同时,非遗保护实践中的案例和经验也为研究提供了宝贵的素材和实证数据。

为不断推动非遗融入现代生活,南通市充分利用互联网和数字技术,建设非遗数据库;利用社交媒体平台发布有趣、生动的非遗内容,吸引年轻人的关注和参与;建设“云上学才艺”非遗公共课项目,让更多人能够不受时间和地域限制地了解和学习非遗知识。充分利用一年一度的“文化和自然遗产日”设计主题宣传,举办非遗与创意文化相结合的活动,如“南通非遗集市”“非遗购物节”“文创产品展”等,打造更多融合传统与现代的非遗品牌活动,地方优秀传统文化的种子正在百姓的日常生活中悄悄发芽。

南通非遗作为南通城市的重要文化遗产,传承了南通地区丰富的历史文化精华,展现了南通城市的历史文化底蕴,体现了南通地区的地域文化特色,反映了南通城市的文化传统和风土人情。南通非遗所蕴含的艺术价值和文化价值,能够吸引国内外文化爱好者前来参观、研究和交流,促进南通与国内外其他城市的文化交流与合作,加强南通城市的文化影响力,提升南通的城市文化软实力。

三、基于非遗传承的南通城市高质量发展路径探索

南通城市高质量发展的核心是以产业创新升级为主线、绿色低碳发展为基础、优化城市空间布局为支撑、打造文化名城为特色、开放合作共赢为动力的多维度发展模式。要提高城市品质和形象,就要加强城市基础设施建设,积极推进非物质文化遗产

保护、传承和利用，发展文化创意产业，打造南通文化品牌，提高城市知名度、吸引力和竞争力。

（一）加强非遗资源整合

2018 年，《国务院机构改革方案》发布，文化部和国家旅游局的职责合并，设立文化和旅游部，这代表国家从行政机构层面将文化和旅游工作更紧密地结合在一起，而将非遗传承与旅游融合不仅能让游客更深层次地感受非遗文化的独特魅力，也能为文旅行业注入蓬勃生命力。其实，早在 2011 年，南通市非遗保护中心就举办过文化旅游产品创意设计大赛，旨在开发出一批独具南通特色、颇具市场潜力的文化旅游产品。2021 年，“南通手信・非遗有礼”南通市非遗文创设计大赛再次启动，以大赛为纽带，汇聚创意设计资源，挖掘具有创新性和成长性的文创人才和创新企业，激发和培育非遗文创产业新活力。参赛作品融合了非遗项目、文化创意及原创手工，涉及工艺品、日用品、化妆品等多个种类，突出地方文化元素，通过非遗文创精品的研发，打造真体面、有脸面、上台面的南通非遗“伴手礼”，并通过“南通非遗集市”“非遗嘉年华”等大型活动推广推介，使之发展成为有品牌、有产品、有市场的南通特色非遗文化产业。非遗元素的产业开发之路也是推动非遗生产性保护的重要举措，是顺应全面实施乡村振兴战略的合适之选，有利于盘活地方特色文化资源、挖掘特色文化产业的经济价值。非遗项目有了自我造血能力，传承之路才能走得更好、走得更远。

（二）创新宣传推广方式

互联网时代，直播和短视频成为流行的传播方式，南通市创新宣传方式，通过“文化南通”“南通非遗”的微信公众号、视频号、抖音号等新媒体矩阵的建立，为南通非遗蕴含的地方优秀传统文化和现代生活搭建起融合的桥梁。功能上不仅有活动信息的报道宣传，还有活动预告预约、重点活动在线直播、非遗项目云上课堂，特别是“南通非遗”微信公众号，特设“南通灯谜天天猜”专栏，至今已连续开展 1400 余期，吸引了海内外灯谜爱好者近 20 万人次参与，很好地推广宣传了“南通灯谜”这一省级非遗项目。2021 年举办的“追江赶海游南通”大型融媒直播走进南通非物质文化遗产馆，以动静结合、身临其境的方式，带观众品味南通的非物质文化遗产，整场直播共吸引 21 万网友在线游览南通非物质文化遗产馆。这样的创新形式不仅能够打破地域界限，更广范围地实现非遗的传承传播，向国内外传播南通非遗的魅力和价值，也更能够以新颖的表达和现代的呈现吸引年轻群体的关注，提升南通的文化软实力和城市吸引力。

（三）拓宽非遗传承渠道

活态传承是保护非遗传承的根基所在，年轻群体是保护非遗传承的有生力量。为了让南通非遗不断发扬光大，南通市非遗保护中心与教育部门、中小学校、职业技术院校合作，在推进“双减”政策落地的同时，搭建起非遗传承保护平台，大力推进“非遗进校园”工程，将非遗传承与班本课程、校本课程建设相结合，形成常态化培养模式，从非遗知识普及到技能培训再到传统文化传播，更好地发挥非遗以史育人、以文化人、培育社会主义核心价值观的优势作用，推动“非遗＋教育”，特别是在职业技术院校挖掘和培养一批感兴趣、有情感的年轻人传承传统工艺。“非遗进景区”“非遗进社区”等一系列活动的开展，都在很大程度上拓宽了非遗传承的传播渠道，提高了民众对非遗的保护意识，在全社会营造全民关注非遗、参与非遗传承保护的良好氛围，有效推动区域内非物质文化遗产共享新格局，既满足了人民日益增长的美好生活需要，又助力了南通传统文化的高质量发展。

（四）打造非遗活动品牌

“南通非遗集市”是南通市自 2019 年起精心策划实施的文化品牌活动，也是深入贯彻《中国传统工艺振兴计划》、推动非遗和旅游深度融合、实现非遗创新发展的一个新尝试。“南通非遗集市”精选非遗精品、文创伴手礼、传统美食进行展示展销，现场进行非遗技艺展演互动等，通过观非遗、尝美味、品文化，让传统文化与现代艺术交融，广大人民群众与参展传承人及工艺师面对面交流，现场观摩体验，零距离地感受南通传统手工技艺的魅力，亲身体验慢工出细活的美好。

“南通非遗集市”是非遗展示与交易的一个公共性经济平台和开放性公共文化空间，也是进一步促进文旅深度融合的创新举措，在展示非遗特有文化内涵的同时，也带来了一定的经济收益，目前已成功举办了七届。值得一提的是，第五届“南通非遗集市”分四个专场开展非遗展示体验普及推广，除在南通非物质文化遗产馆通过网络平台进行非遗云直播外，南通大学专场还邀请师生现场体验非遗美食，参与非遗知识有奖竞答；滨江公园专场共选调近 60 个非遗项目进行展览、展示、展销，为期 2 天的展览吸引了近四万游客；南大街·丁古角专场有近 40 个非遗项目进行展览、展示、展销，5 天 4 夜的展期内，日均客流量超 10 万人次。“南通非遗集市”的参与主力不再局限于老年人，更多的是年轻人与家庭出游群体，85 后和 90 后成为非遗商品的消费主力。非遗产品年轻化包装与宣传模式，打破了人们对其认知的刻板印象与固有思维，开始与年轻人产生情感共振。“南通非遗集市”的成功出圈正是因为其充分体现了非遗产品的生活化气息，真正实现了人民的非遗由人民共享，也让南通这座历史文化名城更具人间烟火气，成为留得住年轻人的宜居城市、宜业城市。

（五）强化非遗旅游融合

南通与上海一江之隔，文化融汇交织，经济、文化、旅游等交流合作项目正在不断落地开花。南通非遗项目作为江海风情文化的重要载体，连续多年参与（上海）旅游招商推介会，使江海文化元素也成为推介会上一道靓丽的风景线。特别是在2023南通文化旅游（上海）招商推介会上，最新的南通文旅宣传片、传统舞蹈“如东跳马伕”让在场嘉宾充分领略了诗画南通的灵秀之美；“海安花鼓”“如皋木偶”“如东杂技”“启东评弹”等充满江风海韵的表演，吸引了游客们纷纷驻足观赏。活动现场还设置了“南通剪纸”“板鹞风筝”“海安烙画”“红木雕刻”等16个非遗工艺美术展区，以及“如皋蟹黄包”“西亭脆饼”“海门颐生酒”等15个非遗美食展位。独特的非遗技艺和产品、丰富的南通传统美食，让众多市民游客驻足观赏、品尝、购买。通过宣传展示，不断推动非遗项目“见人见物见生活”，实现“创造性转化、创新性发展”，使“指尖上的南通”和“舌尖上的南通”走进生活、更接地气。以文化引领为城市高质量发展铸魂，提高了城市美誉度，不断增强着南通在长三角北翼的影响力和辐射力。

结语：赓续江海文脉，让非遗生根于城市与生活

非物质文化遗产凝结着一个民族、一个地区的文化、历史和传统，素有“江海门户”之称的南通，正以追江赶海之姿，以通江达海、勇立潮头的开拓精神，全面展示着南通丰富的文化内涵和发展成果，不断擦亮“江海明珠”的文化品牌形象。南通的非物质文化遗产展示着包容汇通的博大胸襟，映射了弦歌不辍的厚重文脉，已然成为南通重要的文化符号。城市成为非遗的舞台，展现着现代的繁荣，又映射着底蕴的深厚；非遗生根于城市与生活，为城市赓续传统，为生活注入艺术与情感。传承保护非遗之路，是传承历史和文化之路，也是城市社会、经济、文化的可持续发展之路，更是为城市高质量发展注入新的动力之路。

非物质文化遗产保护视野下民俗博物馆的在地性研究

——以南京市民俗博物馆为例

胡水清[①]

摘　要：非物质文化遗产作为一种活态文化，代表了一定区域内群体的生活方式、精神观念和集体人格。民俗博物馆作为集中展陈一个地域非遗民俗的空间，展示了这一地域几百年甚至上千年的生活文化缩影。以“展示民俗和民间文化为主要内容”的民俗博物馆，对起源于民间且依赖民间生活土壤的非物质文化遗产的保护与传承具有重要意义。以非遗的保护传承为目的，依托南京非遗馆，对民俗博物馆进行了环境、展陈方式及文化呈现上的在地性研究。

关键词：非物质文化遗产　民俗博物馆　在地性

每一个地区都有自己独特的文化传统，非物质文化遗产从某种程度上是这一地区文化传统的全部积淀，是民众参与的全部生活文化的积淀。因此，非遗民俗只有植根在民众生活的土壤里，才能释放出源源不断的生命力，达到保护传承的最终目的。《关于加强我国非物质文化遗产保护工作的意见》中提出要充分发挥各级图书馆、文化馆、博物馆、科技馆等公共文化机构的作用，有条件的地方可设立专题博物馆或展示中心。根据2011年颁布的《中华人民共和国非物质文化遗产法》第三十五条，图书馆、文化馆、博物馆、科技馆等公共文化机构和非物质文化遗产学术研究机构、保护机构以及利用财政性资金举办的文艺表演团体、演出场所经营单位等，应当根据各自业务范围，开展非物质文化遗产的整理、研究、学术交流和非物质文化遗产代表性项目的宣传、展示。2021年颁布的《关于进一步加强非物质文化遗产保护工作的意见》中

① 胡水清，南京艺术学院人文学院硕士研究生。

进一步完善了对于民俗博物馆的相关要求，提出在现有基础上，统筹建设并利用好国家非物质文化遗产馆，鼓励有条件的地方建设非物质文化遗产馆，推动国家级非物质文化遗产代表性项目配套改建、新建传承体验中心，形成包括非物质文化遗产馆、传承体验中心(所、点)等在内的，集传承、体验、教育、培训、旅游等功能于一体的传承体验设施体系。以南京市为例，目前共建立了 14 个非遗馆，它们是非遗传承、展示、宣传中不可或缺的重要角色。

民俗博物馆依托器物来展示物质形态与非物质形态的民俗文化，为非遗回归原生土壤提供了展示和传播的空间，不仅让人们看到了非遗民俗的物质形态，而且让受众在非遗的展演中更好地领略精巧的技艺，体会其中丰富的文化内涵。现今民俗博物馆普遍存在地域关联性不高的弊病，展览与民众生活方式、文化习惯等融合度不高，不利于地方文化传承。我们对南京市民俗博物馆馆展开了系统的考察，从博物馆环境、展陈方式及文化元素三个方面研究民俗博物馆在地性对非遗保护传承的重要性。

一、环境要素的在地性

民俗博物馆的存在为非遗回归原生土壤提供了展示和传播空间。于海广先生曾说:“在什么样的环境里生活就会形成什么样的文化，就会产生什么样的非遗。因此只有在与其适应的环境中，非物质文化遗产才具有突出的个性和强烈的目的指向。”可见非遗与环境的密切关系。现在，非遗正在逐渐脱离我们的日常生活，脱离产生它的原生土壤。因此非遗馆的选址与建筑更需要充分考虑在地性理论，根植当地土壤，充分融入当地民众的生活中。国务院颁布的《关于加强我国非物质文化遗产保护工作的意见》(国发[2005]42 号)指出要“坚持非遗保护的真实性和整体性”，要求“保护非遗项目所拥有的全部内容和形式，将非遗保护与项目所处的生态环境、人文环境和相关的制度习俗结合起来进行保护”。

(一) 建筑在地性

民俗博物馆在建筑上需要考虑在地性理论，自身的建筑需要贴近当地特色民居建筑风格。南京非遗馆依托甘熙宅第建造而成，是南京面积最大、保存最完整的私人民宅，建筑风格既有江南民居“青砖小瓦马头墙，回廊挂落花格窗”的娟秀雅致，又有北方“跑马楼”的浑厚大气。非遗艺术品背后的文化内涵浸润着甘家大院质朴的生活气息，让游客获得沉浸式文化体验。

（二）选址的在地性

民俗博物馆展示的是被一代又一代人传承、检验、总结的，有着悠久传承历史的生活文化。实现建筑的在地性概念不仅需要在建筑风格上贴近当地民居，还需要从当地人文环境入手，寻找到被当地人所认同的环境空间。以秦淮灯会为例。秦淮灯会是流行于南京的民俗活动，最早可以追溯到南朝时期，享有“天下第一灯会”和“秦淮灯彩甲天下”的美誉，主要在夫子庙附近举办。南京市民俗博物馆位于南京市秦淮区，距夫子庙、老门东仅五分钟车程。非遗馆内设有秦淮灯彩展厅，陈列有灯彩的制作工艺、成品及文创产品。游客大可以由非遗馆至夫子庙移步换景，体验老南京人的生活气息，使游客更好地体会非遗蕴含的文化内涵。

二、展陈方式的在地性

科技的发展丰富了博物馆的展览方式，影像展、线上展、VR 互动展等新兴模式应运而生，这些展览方式在民俗博物馆展览中也有运用，例如扬州淮扬菜民俗博物馆。用影像投影的方式带游客参观了传统扬州人一天的饮食日常。这样的展览方式弥补了食物无法保存展览的缺陷，但是游客的参与度较低，无法亲身体验淮扬菜的独特魅力。淮扬菜民俗博物馆惨淡的观展人数与博物馆的展陈对象和方式有很大关系。本章以南京民俗博物馆的云锦为例，阐述如何通过展品及展览方式的选择来体现非遗的地方性。

（一）展品的选择

民俗博物馆的展陈对象是依托于物质和非物质形态表现的民间文化，这与其他博物馆有很大区别。南京云锦博物馆旨在展示云锦不同朝代的审美发展、不同人物的成衣规格或是不同花样的华美繁复。而民俗博物馆旨在展示云锦织造工艺、纹样寓意和礼俗文化。云锦具有“妆花”的独特织造技艺，呈现出逐花异色的织物效果，这一工艺至今仍需要织锦师傅人工织造，无法被机器生产代替。云锦的花纹善于通过缠枝、锦群、蝙蝠等不同纹样来表达吉祥的精神期望，是南京人民长期精神创造的积淀。同时南京云锦包含非常丰富的礼俗文化，例如云锦上机、下机都需要举办的祭拜仪式以及云锦师傅的收徒仪式等。

（二）展览方式的选择

非遗在展陈方式上需要选择动静结合的活态展示。传统的静态陈列模式，即仅仅依托器物去展示物质与非物质的民间文化是远远不够的。展品无法完全展现南京云锦妆花工艺的独特之处，非遗蕴含的文化现象更是无法与人割裂而单独呈现的。非遗展览方式的选择应该是有人在场的动态展示。南京非遗博物馆中的云锦展示厅陈列了一架可正常工作的大花楼木织机，在展览过程中由云锦师傅进行现场织锦演示操作，前来观展的游客可以近距离观看云锦的织造技艺。在展厅入门处安置了一台小花楼织机，游客们可以尝试简单的织机操作来增强体验性与参与性，进一步感受织锦的工艺细节。展厅还提供云锦成品及相关文创产品的售卖。人们在非遗馆云锦展厅可以参与完整的云锦文化参观与体验互动。

（三）传承人的参与性

展陈方式的在地性不仅需要选择具有地方文化特色的物品进行活态展示，还需要特别关注到非遗传承人的在场性与参与性，重视传承人在展览过程中的文化输出。在民俗博物馆中展陈的民间文化是与群体息息相关的，仍在传承、在发展的生活文化，因此作为非遗展示与传播空间的民俗博物馆进行展陈时应遵循非遗活态性、生活性等保护原则。云锦师傅展示织锦、售卖文创及交流互动的过程也就是在传递云锦及南京文化。同时非遗技艺的传承者是在地方文化与集体人格共同作用下成长的，也应该成为非遗展示的一部分。

三、文化元素的在地性

非物质文化遗产作为一种活态文化，代表了一定区域群体的生活方式、精神观念、集体人格。非物质文化遗产保护的核心是隐藏在技艺背后的深层的精神、观念与文化内涵。民俗博物馆作为集中展陈一个地域非遗民俗的空间，展示了这一地域几百甚至上千年的生活文化缩影，对于展示宣传地方特色文化及城市个性起到了至关重要的作用。地方民众通过观展体验能极大地增进自身对地方文化的了解与认同，提高自身的文化自信。加强地方文化发掘可以吸引外来游客，表达与宣传地方文化，树立地方文化形象。发展文旅融合路径，可以实现文化促进经济、经济反哺文化的良性循环。民俗博物馆文化表达的在地性可以分为显性文化表达和隐性文化表达两种方式。

（一）显性文化表达

文化的显性表达主要体现在直观可见的物质表达上，即通过静物的展示来实现文化传递。例如秦淮灯彩展厅，展厅展示了具有南京传统风格的灯彩如兔子灯、荷花灯、狮子灯等，且兔子灯造型依然活跃在每年的秦淮灯会上。由此通过展示物质形态的非遗物件展示了南京传统的元宵花灯文化。显性文化元素还体现在民俗文化的展示上。南京非遗馆中设有展示育儿、婚嫁习俗的展厅。婚嫁展柜以各种实物、模型的形式，完整还原了老南京婚嫁“纳采、问名、纳吉、纳征、请期、亲迎”的全部流程与习俗，观众还可乘坐花轿进行互动。前来参观的同行人中如有 3 岁以下的孩子，可在这里参与“抓周”体验。

（二）隐性文化表达

隐性文化元素主要通过营造文化氛围、通过文创产品进行文化传递以及通过传承人进行文化表达等不同方法方式来呈现。

首先是营造文化氛围。就南京非遗馆白局展厅而言，游客尚未入厅便可以听到极具地方特色的说唱艺术，说的是最正宗的城南老南京话，唱的是明清俗曲和江南民调，极具南京地方特色。南京民俗博物馆在周六、周日开放了夜游活动，观众可以在下午五点至八点期间进入民俗馆参观，每天都会进行白局、水袖等表演。新增 3D 互动设施表演，将京剧与漫画进行融合，游客在观览过程中可以感受到浓厚的文化氛围。

其次是通过文创产品进行文化表达。非遗作品与文创产品对非遗元素的使用及形成文化表达的深度不可同日而语。非遗作品需要恪守非遗制作要求，尽可能表现非遗的传统形式，避免对不了解该非遗艺术的民众产生误导；而文创产品的设计不要求完全运用非遗元素，在制作工艺上也无须严格遵守非遗技艺。文创的目的在于把传统文化生活化、实用化与美观化，设计文创产品时进行自由发挥创新的余地更大，可以深掘地方文化的某一特点，从而有效传播地方文化。但是目前民俗博物馆中进行展示售卖的文创产品大多没有与非遗作品区分开，文创的设计形式过于单一，创意程度普遍不高，大多是使用非遗技艺复制或采用传统形象进行的简单造型。例如非遗馆中的面塑展厅，很难区分文创产品和非遗作品，大部分的面塑非遗作品过于现代化，丧失了对南京传统地方文化与色彩的表达与运用。文创产品的市场还需要反思，需要传承人、文化产业公司以及消费者的共同努力。应继续发掘非遗深层的地方文化内涵，灵活运用文化元素，大胆创新，对文化元素进行复制、还原、重构，设计出面向现代、适应生活的文创产品，实现非遗的创造性转化与创新性发展。

传承人是地方文化与非遗文化表达的重要一环，在创造非遗作品、传承非遗技艺的同时不能忽略文化的表达。这也要求传承人要加深对地方文化及非遗蕴含文化的学习与理解。需要定期参与针对非遗传承人举办的传统文化研修班，增强自身对传统文化的了解，努力发掘非遗项目内在的精神价值与文化价值，从而将其更好地融入非遗传承制作与创新的过程中。南京非遗馆中的绒花展厅展览的绒花作品非常丰富,制作精美。在传统文学作品中也有很多对绒花首饰的描写。传承人根据对古籍资料的考据可以复制古时的绒花饰品,也可以借鉴传统绒花样式进行新的创作。前两年大火的清宫影视剧中许多头饰都采用了绒花工艺,顿时让非遗绒花流行起来,媒体上越来越多的人开始自学制作、售卖绒花。这一现象为非遗绒花带来了极大的机遇与挑战:虽然绒花的市场因此扩大,但是绒花师傅需要制作出足够精美优秀的绒花作品,才能具有足够的竞争力。

综上所述,显性文化的表达是为了直观展示地方文化风采,隐性文化的表达则是为了更好地传播与发扬地方文化,推动塑造文化地标。

四、结　语

地方性是非物质文化遗产的一个重要特点,民俗博物馆要充分考虑在地性的因素,为非遗展示与传播提供拟原生态土壤,模拟非遗融入民众生活的场景,为非遗实现创新与发展创造可能。同时民俗博物馆需要展现地方文化特色,宣传地方文化,增强本地民众的文化自信自强,提高凝聚力与向心力;对外成为地方文化窗口,吸引外地游客观览,让外地游客领略地方传统文化,感受民间非遗民俗魅力。民俗博物馆还需要深掘地方文化内涵,丰富展厅文化内容,鼓励文创产品的创新设计,促进非遗民俗的传播发展,加快非遗民俗融入日常生活。

参考文献

[1] 宫泉激:《一个村办民俗博物馆的诞生》,《中国文物报》,2010 年第 2 期。

[2] 万云:《非物质文化遗产保护视域下的民俗博物馆叙事研究》,《东南文化》,2020 年第 5 期。

[3] 戴琳:《文脉传承下的文化馆建筑在地性研究》,《昆明理工大学学报》,2018 年第 5 期。

[4] 高小兰:《非遗传承视域下乡村民俗博物馆的建设与发展》,《北京人文印记》,2021 年第 2 期。

[5] 向云驹:《非遗在地化传承的新破点》,《非遗传承研究》, 2022 年 3 期 。

[6] 刘晓春:《非物质文化遗产的地方性与公共性》,《广西民族大学学报》,2008 年第 3 期。

文化再生产视角下非物质文化遗产生产性保护与现代活用
——以苏州桃花坞木版年画为例

吴　妍[①]

摘　要:布迪厄提出“再生产”这一概念来说明社会文化的动态过程,认为文化的传承与发展并不是简单的复制,而是通过不断地再生产来进行的,该理论对于今天的非物质文化遗产生产性保护的实践具有启示意义。在非物质文化遗产保护的语境下,苏州传统工艺美术桃花坞木版年画作为国家级非物质文化遗产,通过生产性保护的方式重新进入消费市场和人们的日常生活,实现自身在现代社会的再生产,通过对桃花坞木刻年画技艺的传承与创新、年画的生产与消费等问题的探讨,可以反思生产性保护的方式如何进一步促进非物质文化遗产保护与活态传承。

关键词:文化再生产　生产性保护　非遗活用　桃花坞木版年画

绪　论

自2004年8月中国加入联合国教科文组织《保护非物质文化遗产公约》以来,“非物质文化遗产”(以下简称“非遗”)的概念在国内逐渐被大众所熟知,非遗传承与保护的措施和理念也在政府、传承人和市场的多方实践中不断得到发展和改进。2005年,国务院办公厅颁发了《关于加强我国非物质文化遗产保护工作的意见》,其中就明确指出“非物质文化遗产是各族人民世代相承、与群众生活密切相关的各种传统文化表现形式和文化空间”,并且在同时颁发的《国家级非物质文化遗产代表作申报评定暂行办法》中,确定了我国非物质文化遗产的范围,包括“(一)口头传统,包括作为文化载体的语言;(二)传统表演艺术;(三)民俗活动、礼仪、节庆;(四)有关自然界和宇宙的

---

① 吴妍,华东师范大学社会发展学院民俗学硕士研究生。

民间传统知识和实践;(五)传统手工艺技能;(六)与上述表现形式相关的文化空间"六大类别。在这些具有权威性的官方文件中,虽然民俗活动被单独列为一项,但事实上其他类别中也包含了很多民俗文化表现形式。一方面,由于诸多民俗文化诞生在传统的中国农业社会,社会经济模式和现代社会大相径庭,它们失去了原生的社会环境,面临着生存和发展的诸多问题;然而另一方面,这些民俗文化承载着地方生活的记忆,是广大民众的智慧创造,具有宝贵的历史价值、民族价值和精神价值,因此"非物质文化遗产保护工作选择了许多种民俗文化表现形式作为对象"[①]。

从普通民众群体所创造、享用和传承的生活文化到成为由"政府主导、社会参与"的非物质文化遗产保护工作的对象,借助布迪厄"文化再生产"的理论框架理解"非物质文化遗产"的概念,非遗实际上是一种传统的民俗文化在当代社会的"再生产"。法国社会学家布迪厄于 20 世纪 70 年代提出"文化再生产"这一概念,借用经济学领域的"再生产"一词,布迪厄试图以此概念来表明社会文化的动态过程。布迪厄的论述揭示了文化再生产过程的运作逻辑:一方面,文化通过不断的"再生产"维持自身平衡,使社会得以延续;另一方面,文化再生产是在既定时空之内各种文化力量相互作用的结果,被再生产的不是一成不变的体系,也因此文化再生产为社会、文化的进化提供了可能。[②] 在当前非物质文化遗产保护的语境下,传统民俗文化的传承和发展已经不仅仅是民俗主体个人或群体单独的行为,政府制定政策方针、市场参与开发流通,多方力量的介入,使民俗文化从特定地域、族群的生活中被抽离出来,不断被"客体化",再生产为作为民族文化符号的非物质文化遗产代表作。[③]

从该理论视角出发,非遗保护方式之一的"生产性保护"可以被看作一种非物质文化遗产再生产的实践。2012 年,文化部《关于加强非物质文化遗产生产性保护的指导意见》中指出:"非物质文化遗产生产性保护是指在具有生产性质的实践过程中,以保持非物质文化遗产的真实性、整体性和传承性为核心,以有效传承非物质文化遗产技艺为前提,借助生产、流通、销售等手段,将非物质文化遗产及其资源转化为文化产品的保护方式。"在诸多非物质文化遗产已无法依靠自身实现传承与延续的情况下,推出"生产性保护"的保护方式,在"生产性保护"中,契合现代社会需要、符合时代主题和审美,作为非物质文化遗产的民俗产品被不断再生产出来,重新融入社会生活和市场消费,使民俗文化在现代社会中焕发新的生机与活力。

本文以国家级非物质文化遗产苏州桃花坞木版年画的生产性保护实践为例,在

---

① 乌丙安:《21 世纪的民俗学开端:与非物质文化遗产的结缘》,《河南社会科学》,2009 年第 11 期,第 1—4 页。

② 宗晓莲:《布迪厄文化再生产理论对文化变迁研究的意义——以旅游开发背景下的民族文化变迁研究为例》,《广西民族学院学报(哲学社会科学版)》,2002 年第 2 期,第 22—25 页。

③ 徐赣丽,黄洁:《资源化与遗产化:当代民间文化的变迁趋势》,《民俗研究》,2013 年第 5 期,第 5—12 页。

布迪厄“文化再生产”的理论框架下进行探讨，并在文化再生产的意义上对桃花坞木版年画生产性保护以及桃花坞木版年画在现代社会如何寻求传承的延续和新的发展机遇进行思考。

一、苏州桃花坞年画发展历程及现状概况

木版年画是指先在木版上进行雕刻、上色，再用木版在纸上印刷制作而成的年画，它是出于民间年节张贴需要而诞生的民俗艺术。冯骥才在《中国木版画》总序中指出，木版年画虽然具有独特的艺术性，但它“不是单纯的艺术。在民间的生活中，它更是一种风俗的需要，是年俗的方式与载体”①。一方面，木版年画寄托了广大民众在新年伊始的春节中对来年幸福美满的企盼；另一方面，年画也因其是“广大民间进行道德伦理规范、生活知识教育、文化艺术传播的重要工具，所涉及的历史、宗教、神话、传说、小说、生产、建筑、风光、戏曲、自然、游戏、节庆和社会生活之广阔，可谓无所不包”②而具有浓厚的人文价值。虽然木版年画的制作遍布全国，但因孕育于不同的社会和文化土壤中，各地的年画都具有强烈的地方性，苏州桃花坞木版年画就是江南地区具有代表性的木版年画艺术。

苏州桃花坞木版年画因其起源于苏州阊门桃花坞地区而得名，桃花坞木版年画色彩绚丽鲜明，制作精美秀雅，其画面内容则十分贴近百姓的民间生活，承载了节日吉祥喜庆、驱鬼辟邪、戏剧故事人物等丰富多彩的中国传统社会记忆，具有典型的江南民间文化的艺术风格，蕴含着浓厚的民间文化内涵，是我国南方流传最广、影响最大的民间木刻年画类型，和天津杨柳青年画一并享有“南桃北柳”的美称。桃花坞木版年画在明代发展成为独立民间艺术形式，到清末发展到了鼎盛。早期的桃花坞木版年画因受苏州文人画吴门画派的影响，在画风上显得淡雅婉约，画面内容也主要以姑苏生活图景为主。随着商品经济的繁荣、市民阶层的崛起，桃花坞木版年画的受众和主要购买者转变为广大的市民百姓，市井文化逐渐融入桃花坞木版年画的创作中，使桃花坞木版年画的风格发生改变，各种象征趋吉避祸、添子添福等吉祥寓意的形象和符号成为桃花坞木版年画的主要内容，包括在民间广受欢迎的各路保护神形象，如门神神荼、郁垒，财神关公、赵公明等，也包括金钱虎、牡丹花、桂花等在民间具有特殊寓意的民俗符号，此时苏州桃花坞木版年画真正进入广阔的民间生活，成为广大民众的年俗用品。

清末社会动荡、经济衰退，民众的生活水平下降，年画的消费购买也随之减少，桃花坞木版年画作坊大量关闭，并且由于战乱，诸多桃花坞木版年画作品没有得到很好

① 冯骥才:《中国木版年画的价值及普查的意义——〈中国木版年画集成〉总序》,《民间文化论坛》,2005 年第 1 期,第 53—58 页。

② 同上。

的保存，甚至毁于一旦，桃花坞木版年画艺术逐渐式微。直到新中国成立之后，在政府的大力支持下，社会各方重新开展对桃花坞旧版年画的挖掘、整理和抢救，且辅助年画店恢复生产工作等，使桃花坞木版年画的技艺和创作得以传承至今。但是归根结底，由于现代生活较以前发生了巨大改变，原本作为吉祥符号存在于年节习俗中的年画，在丰富多样的图像生产以及电子媒体技术应用等原因的冲击下，已经从现代人的新年节庆中逐渐退出。在笔者于 2022 年 10 月对苏州桃花坞木版年画技艺的传承者叶小香进行的访谈中，她也直言："桃花坞年画现在面临的最大问题，就是如何回到老百姓的日常生活中。"[①]2006 年，苏州桃花坞木版年画入选第一批国家级非物质文化遗产项目名录，在非物质文化遗产保护的背景下，桃花坞木版年画的生产性保护工作如火如荼地开展，新一代的传承者们在继承和延续桃花坞木版年画"和气致祥"的文化内涵的同时，也在探索如何将其与现代社会的物质和精神文化进行融合，使桃花坞木版年画能够在现代社会中迸发出新的生命光彩。

二、生产性保护与非遗的文化再生产：桃花坞木版年画的个案研究

"场域"这一概念是布迪厄分析社会动态过程的一个分析单位，布迪厄认为社会就是由不同的"场域"组成的，每一个场域内部都具有相对的自主性，而同时又充满各方行动主体，各种力量相互斗争，推动该"场域"更具有其独立性，而在"场域"外部，不同的"场域"之间也会发生相互作用，社会文化正是在"场域"内部和外部的各种作用下运动着。

根据布迪厄对"场域"的阐释和论述，笔者认为，对苏州桃花坞木版年画的生产性保护可以视作一个"场域"进行分析。在生产性保护工作的"场域"中，桃花坞木版年画实现了自我超越和文化更新[②]，从传统生活中的年俗用品被再生产为作为苏州文化符号的非物质文化遗产。由于非遗保护工作是由国家政策引领以及政府主导开展的，因此这个"场域"的运作总是无可避免地与"权力场"发生着关系，同时桃花坞木版年画的生产性保护工作中有着社会各界的共同参与，包括非遗传承人、企业、市场、学者等，在多方力量的不断推进下，苏州桃花坞木版年画实现了传统图像的再创作、年画文创产品的开发以及作为城市文化符号的建构等现代再生产。

（一）年画图像的再生产

桃花坞木版年画历时悠久，在其鼎盛时期诞生了很多经典的年画作品，然而由于

① 访谈人：吴妍，访谈对象：叶小香 苏州桃花坞木版年画博物馆工作人员，访谈时间：2022 年 10 月 4 日，访谈地点：苏州市姑苏区大儒巷刻桃印花店。

② 高宣扬：《布迪厄的社会理论》，同济大学出版社，2004 年 12 月版，第 30 页。

历史上的诸多原因，很多年画文物被毁坏而没有保存至今，只留下了零星图纹样式，这也是桃花坞木版年画衰落的原因之一。新中国成立之后，在政府的大力支持下，社会各方才共同开展了桃花坞旧版年画的挖掘、整理和抢救等工作，对古版进行复刻重印。一方面，如果不对传统版式进行复刻重印，那么桃花坞木版年画就会失去它的根脉，再谈保护与传承也就没有任何意义；另一方面，同一幅图式被不同的传承者在不同的时空中重新制作，不能认为是对年画图像简单的复制保存，应理解为传承者基于不同的社会、时代背景对于某一经典图像的再创作。

以苏州桃花坞木版年画的经典图式《一团和气》为例，《一团和气》虽为苏州桃花坞木版年画的经典图像，但它从古流传至今，并非被固定、静态地保存下来，其图像细节和象征意义发生的诸多演变正是在不同传承人的手中被再生产出来的。笔者目前搜集到的资料中包括清代乾隆版式图(图 1)、由国家级非物质文化遗产传承人房志达印刷的图式和现代苏州桃花坞年画市级传承人乔兰蓉所制作的图式。从古至今，虽然它们都是沿袭了雍正版式的《一团和气》，其中的形象也皆为一位慈祥和蔼的老婆婆手拿“一团和气”的卷轴，但是它们在细节上的处理就具有各自的风格。桃花坞木版年画脱胎于苏州文人画吴门画派，因而在明清时期，其更具有文人画的艺术风格。乾隆版式的《一团和气》中的老婆婆身着精美繁复的服饰，手拿的卷轴也具有花纹点缀，图像中使用书卷、佛手、长命锁、万字纹、如意纹、祥云纹等吉祥符号，均可以看出当时年画主要还是面向文人雅士这一受众群体，符合该阶级清丽高雅的审美品位。

图 1 清代 · 乾隆版《一团和气》

乔兰蓉于近年制作的《一团和气》，和清代乾隆版式的图像相比，缩小了年画的尺寸，使这张年画既可以张贴在家中，也可以制作成摆台放于桌面，这就不同于古代社会人们将年画挂放于厅堂之上，更加符合现代人的使用习惯。在配色上，此版《一团和气》则更接近于由房志达于 20 世纪复刻的《一团和气》，以粉红色搭配翠绿色，使画面呈现出“大俗大雅”的风格，而不同于乾隆版以红色和橘色为主色调的《一团和气》，图式在花纹上有所简化，在衣服样式的设计上也有所改变。这种图像上的变化实际反映出桃花坞木版年画的变迁历史，从清中后期开始，随着市民经济的发展，桃花坞木版年画逐渐面向城市市民售卖，其风格、题材创作也不再拘泥于文人喜好，而是更符合民间百姓的审美取向。

而桃花坞木版年画新图像的创作也是符合木版年画自身内在发展规律的。年画的图像本身就是一种艺术创作，它来源于大众的生活、民众的观念和社会的形态，是现实生活的折射和升华。桃花坞木版年画历久弥新，近年来有不少桃花坞木版年画新作诞生，在田野调查的过程中，笔者就见到了不同传承者所创作的多幅桃花坞木版年画新作。例如苏州桃花坞木刻年画社和乔兰蓉年画工作室每年都如期推出以生肖为主题的年画作品，这是传统年画中十分少有的题材。近年来由于人们对于生肖的重视以及生肖年画的创作风格十分符合现代审美，因而这成为年画创新的“重头戏”，在桃花坞木版年画的创作中，生肖作为某一年份的符号，其整体画面的设计依旧是为了表达人们对某一年的美好企盼；此外，还有具有传承人个人风格的年画创作尝试，当前，桃花坞木版年画的传承人群体基本上都接受过专业的美术训练，因此在创作中，他们擅长将年画的创作技法与水墨画、现代画甚至漫画的风格相结合，创作出了一批具有新的艺术风格的现代年画。如今的非遗传承人本身也是生活在现代社会中的人，他们的创作灵感自然离不开现代生活的经验，同时也只有融合新颖的现代元素，所创作的年画新作才能具备新的现代含义，更加符合现代人的审美趣味，更能推动传统的年画技艺重新融入现代社会。

文化再生产理论，重点在于显示再生产过程中多元因素交错共时互动的复杂性。在更迭的时空和变迁的社会中，不同的传承者汲取他们各自生活世界的感性经验。在年画的创作中，经典的图像不断地被再生产出新的含义和用途，反映当时的时代生活样貌的新年画图像被创作出来，从而实现了桃花坞木版年画文化生命的延续和年画图像在不同连续时空中的再生产。

（二）年画意义的再生产

笔者于 2022 年 10 月前往苏州市吴中区的玖号院桃花坞木版年画工坊拜访了桃花坞年画的市级传承人乔兰蓉，这里是她的年画工作室之一。在继承和发扬桃花坞年画传统技法的基础上，乔兰蓉带领其个人工作团队“乔麦年画工作室”，创作并设计出许多全新桃花坞木版年画与主题文创产品。在苏州桃花坞木版年画的传承人群体中，她在打通桃花坞年画的市场销售渠道方面最具有代表性。

杨慧子(2017)指出：“文化创意产品是将文化资源以创意的形式展现出来的现代社会的产品，也是将精神层面的概念进行物化之后形成的产品……”她提出“非物质文化遗产创意产品”(简称“非遗文创”)的概念“特指以非物质文化遗产为资源进行设计的文化创意产品”。[①] 在非物质文化遗产保护的背景下，通过开发文创产品获得市场空间，使非遗项目重新进入消费领域，已经成为非遗生产性保护的重要途径之一。在乔

① 杨慧子：《非物质文化遗产与文化创意产品设计》，中国艺术研究院，2017 年。

兰蓉的工作室中，笔者便见到很多由她们团队研发的桃花坞木版年画非遗文创产品，包括印有年画图案的瓷盘，以苏州风景年画为元素设计而成的文件夹，印有传统年画包括《一团和气》《神荼》《郁垒》等图案的明信片、红包等，除此之外，还有和肯德基、百雀羚等品牌合作推出的联名款年画，作为图案融入这些品牌的包装设计中。可以看出，在将年画推向市场的这条道路上，乔兰蓉及她的工作室进行了非常多的尝试。

年画原本一直作为一种意义载体存在于民间生活之中，在民间大众的观念中，木版年画艺术的实用性总是在其艺术性之上。年画的图像作为一种吉祥符号应用于年俗节庆中，因此经典桃花坞木版年画作品总是以门神、财神等神仙形象或同样象征富足生财、幸福安康的物品作为其图像内容。百姓们所张贴的并非年画本身，而是年画图像所传达出的观念、思想，他们将对未来生活的美好企盼寄托于年画的图像中。但此处所提出的"年画意义"不同于以往年画作为符号载体所象征的意义，在现代社会和非物质文化遗产保护的语境下，桃花坞木版年画具有了作为国家级非物质文化遗产和苏州地方文化符号的意义与价值，其自身实现了意义的再生产。而这种意义和价值也成为消费者购买桃花坞木版年画及其非遗文创产品的新的原因和动力。因此，在现代社会中，当贴年画的习俗逐渐从广大民众的生活中退场时，通过文化创意产品的设计研发，桃花坞木版年画能够以新的形式重新回到广阔的日常生活中。这是非物质文化遗产生产性保护为桃花坞木版年画所赋予的现代意义和新的文化生命。

三、结语：非遗生产性保护——在"再生产"中坚守"本真性"

自20世纪60年代"本真性"一词被引入文化遗产保护领域，一直以来，非物质文化遗产的"本真性"都是非遗生产性保护中为学界所热议的话题。王文章在《非物质文化遗产概论》中提出"本真性"是非物质文化遗产保护的原则之一："本真性是要保护原生的、本来的、真实的历史原物，保护它所遗存的全部历史文化信息。坚持本真性原则，有助于提高对文化遗产价值的认识，坚持正确的保护理念和实践，有效地防止'伪民俗'和'伪遗产'占用可贵的保护资源和财富。"[①]苑利和顾军也将"原真性"列入他们所提出的非物质文化遗产保护的十项基本原则中："所谓非物质文化遗产的原真性保护，就是让非物质文化遗产在原生状态下，按其原有方式进行自主传承。"并认为保护和传承非物质文化遗产而随意改变其周边环境的做法、随意更换其传承空间的做法都是不值得提倡的。[②] 强调"本真性"事实上是认为要在非物质文化遗产的保

① 王文章主编：《非物质文化遗产概论》，教育科学出版社，2013年版，第323—324页。

② 苑利，顾军：《非物质文化遗产保护的十项基本原则》，《学习与实践》，2006年第11期，第118—128页。

护中，不丢失其文化内涵和核心灵魂，这是生产性保护被批判的一个方面之一，如刘晓春就指出，随着生产性保护的实施，传统手工技艺类“非遗”的市场导向性得到增强，要对为迎合市场而出现的损害“核心技艺”“核心价值”的情况予以警惕。①

笔者认为上述观点都具有一定的道理，但是如若从“文化再生产”的角度来看，我们可以认为非遗的“本真性”并不是静止和凝固的，而是在历史的发展中不断被再生产出来的。学界中，已有学者认为要用“发展变迁的视野考察非物质文化的本真性”②。刘魁立在 2004 年就指出：“本真性既不可能脱离特定的时空而存在，也不能抛开人们对事物的价值判断来认识。”③刘晓春在此后的文章中进一步提出：“现实生活中并不存在所谓历史活化石的民俗，只有当人们抛弃了原生态的幻象，以传承、变化、发展的眼光看待民俗的时候，成为非物质文化遗产的民俗才真正具有生生不息的活力。”④基于这类观点，不可否认的是，在非物质文化遗产保护的背景下，“生产性保护”的方式正是因为其最契合非物质文化遗产“活态流变”的特征，能够促使非遗在继承其传统技艺的基础上重新融入市场消费，使其在现代社会中焕发新的生机与活力，才成为非物质文化遗产保护不可或缺的重要方式。生产性保护令本已脱离社会发展轨迹的非物质文化遗产寻求到了新的生产途径和生命价值，这即它在当下社会的“本真”存在。以苏州桃花坞木版年画为例，如若不进行年画图像的创新和非遗文创产品的开发，年画势必会逐渐退出人们的生活，年画技艺也就无法再继续传承下去。木版年画作为民间大众的艺术创造，同时也是广大民众内心对美好生活的希望和理想的寄托。在今天，桃花坞木版年画的文化内涵没有随着它作品形式的创新和多样化而改变：“到过年的时候，大家不管挣到钱没挣到钱，家里是怎么样，总归是开开心心的，不能说丧气的话，永远是这种乐观饱满的精神，年画它永远是把最理想的这种美好生活体现在画面当中。”⑤在传承人对桃花坞木版年画的生产性保护实践中，年画的图像和意义被不断地“再生产”，其中所蕴含的最核心的“年画精神”直到今日依然得以延续，如今苏州桃花坞木版年画还是地方文化符号和苏州历史的见证，它的象征意义和文化内涵在历史的演进中变得更加丰富，这就是非物质文化遗产生产性保护的意义。

---

① 刘晓春，冷剑波：《“非遗”生产性保护的实践与思考》，《广西民族大学学报（哲学社会科学版）》，2016 年第 4 期，第 64—71 页。

② 刘晓春：《谁的原生态？为何本真性——非物质文化遗产语境下的原生态现象分析》，《学术研究》，2008 年第 2 期，第 153—158 页。

③ 刘魁立：《关于非物质文化遗产保护的若干理论反思》，《民间文化论坛》，2004 年第 4 期，第 51—54 页。

④ 刘晓春：《谁的原生态？为何本真性——非物质文化遗产语境下的原生态现象分析》，《学术研究》，2008 年第 2 期，第 153—158 页。

⑤ 访谈人：吴妍，访谈对象：乔兰蓉 苏州桃花坞木版年画市级传承人，访谈时间：2022 年 10 月 6 日，访谈地点：苏州市吴中区玖号院桃花坞木版年画工坊。

当代城市民俗文化与民众的互动路径研究

——以2023年春节期间上海市长宁民俗文化中心的活动为例

谢　威①

摘　要:民俗在当今社会已经发展成为一种特殊的文化资源,是包含着文化系统和社会、经济系统的复合体。当代城市民俗文化的传播不仅注重与社会层面的互动,更体现出一种回归民众主体的人文关怀。以上海市长宁民俗文化中心为例,其作为上海市首个经营特色群众文化的事业单位,自2004年创建以来,始终围绕民俗文化保护、传播公共文化的主旨开展工作,为当地艺术在民众中的普及打开了一扇窗。2023年春节期间,上海市长宁民俗文化中心联合北新泾街道办开展了系列民俗艺术活动,与周边的社区居民形成了良好的互动。首先,它通过与街道办的合作对社区居民进行集体和个体的"情感治理",由此成为民俗文化与社区的互动基石;其次,社区居民对民俗文化的接收模式主要通过"身体在场"的方式,既包括"体验的身体",也包括"观看的身体";最后,该中心民俗文化的复兴路径的核心在于重建和强化民俗仪式,并以此达到保护文化空间、促进文化多维传播的目的。

关键词:民俗文化　情感治理　身体在场　仪式重建　长宁民俗文化中心

引　言

我国文化人类学者费孝通先生指出:文化是流动和扩大的,有变化也有创新,个人可以是一种文化的载体,在文化的不断创新中成为变体,经个人进入集体创造成为社会的共识,使文化有了社会性。文化如果不为社会所接受就很难保留下来。② 因

---

① 谢威,北京舞蹈学院人文学院硕士研究生。

② 费孝通:《对文化的历史性和社会性的思考》,《思想战线》,2004年第2期。

此,从民俗保护的视角来看,当代城市民俗文化的传播同样离不开“人”本身。如何在实践层面将民俗文化真正融入民众生活,是当代民俗学者亟待探索的问题。

2023 年春节期间,笔者通过线下走访结合线上调研,发现以上海市长宁民俗文化中心为核心的“民俗文化圈”在春节期间已经形成具有一定规模和影响力的文艺群体,并不断向外辐射,逐渐带动了大量周边社区居民对民俗艺术活动的参与,可以作为一个民俗文化与民众互动的优秀案例。其与周边社区居民的互动主要通过举办民俗艺术体验活动、组织观看民俗艺术相关展览和演出等方式来进行,呈现出三个显著特点:第一,与街道办合作对居民进行“情感治理”从而引发其心理共鸣;第二,强调居民的“身体在场”,在体验、观看、参与中提高居民对艺术的接收与认知程度;第三,在中国的传统节日中重建当地民俗仪式,保护文化生存空间。

一、情感治理:民俗文化与社区的连接基点

从情感社会学的角度来看,情感(emotion)是把人们联系在一起的“黏合剂”,人类的特征之一就是在形成社会纽带和建构复杂社会结构时对情感的依赖。从面对面的人际交往到构成现代社会的大规模的组织系统,情感在所有的层面上都是推动社会现实的关键力量。乔纳森·特纳把社会分为微观、中观、宏观的社会组织,并认为“每一个水平的社会组织都具有自身的力量。在微观水平上,‘情感’是推动两人互动的几种力量之一,两人互动是微观领域的功能单元,两人互动镶嵌于中观的社会结构中,由此进一步融入宏观结构之中”①。

在中国这样一个庞大的社会,文化的形成与传播同样需要以民众的情感为土壤。因此,对于当代文化艺术的发展来说,以艺术为载体的“情感治理”既是促进民众相互交流的一种手段,同样也是推动艺术实现社会价值的一种方式。长宁民俗文化中心通过与周边社区街道办的合作,逐渐形成了一种特殊的“情感网络”(即特纳所说的“社会组织”),每个居民都是该网络上的一个点。在丰富多彩的民俗艺术活动中,社区工作人员与文化中心的文化工作者相互协作,帮助社区进行“情感治理”,其中既包括艺术工作者与居民之间互动的微观单元,也包括对社区整体与民俗文化中心相联系的宏观结构,使得艺术在民众中的传播达到了“1+1>2”的效果。

(一)“以观治情”的社区集体情感治理

所谓“以观治情”,是在社区中营造一种集体性的、积极的价值观,让居民形成一

① [美]乔纳森·特纳,简·斯戴兹著;孙俊才,文军译:《情感社会学》,上海人民出版社,2007 年版,第 135 页。

种对该观念的正向情感积累，提升社区治理主体的公信力。而我国民俗文化是中华民族在长期发展历程中形成的，以中华民族的民族精神为核心，它所蕴含的价值观念已经在人民心中具备了群体文化认同的基础，可以作为社区情感治理的切入点之一。例如，长宁区的北新泾街道在其微信公众号中曾多次提到"全域打造高品质美丽街区""积极争创第七届全国文明单位"的发展路线，而长宁民俗文化中心所在的"北渔路"就分属该街道管辖之下，由此北新泾街道提出"打造'乐居北渔'美丽街区"的口号，强调复合的沿街功能，构建活跃的居民生活空间。"高品质"是习近平总书记在多个场合提到的关键词，他强调"要树立战略眼光，顺应人民对高品质生活的期待，适应人的全面发展和全体人民共同富裕的进程……"[①]因此，"高品质街区"不仅需要满足人民的物质需求，还需要满足人民更高的精神需求。北新泾街道办将举办民俗艺术活动作为实现居民精神需求的一种方式，在无形中让当地居民产生了一种集体情感的价值取向，从而达到"以规治情"的目的。

2023年春节期间，长宁民俗文化中心与北新泾街道办相互协作，通过对居民的集体情感治理形成民俗文化与当地居民的连接。一方面，北新泾街道办会积极响应长宁民俗文化中心举办的系列民俗艺术活动，陆续对这些活动进行宣传。例如在线上通过微信公众号等平台发表多篇宣传文章，如《过年就要"文艺"一下！长宁这里的"非遗"年味赏不完》《升灯祈福 热闹元宵|长宁非遗元宵游园会》等，在线下通过街道中心组成员走访、慰问、号召附近的居民，让他们感受节日氛围的同时也能够获得一种被关怀的幸福感。长宁民俗文化艺术中心的馆长朱彦提道："中年人是我们现在社会上最忙的一批人，上有老下有小，而且还要承担家里的经济大任，所以说他们来参与活动更多是带着孩子来，那么也有些是爱好者，他来做表演、做演员，会用业余的时间去选一门自己喜欢的艺术，然后双休日来参加沙龙社团的活动，然后练习了有一年以后可以变成社区里面的文化节目，在传统节日时进行演出，这样的中年人比较多一点。"[②]另一方面，长宁民俗文化中心开展了一系列"非遗在社区"的公益活动，让居民能够真切体验艺术给生活带来的变化。其中就包括与当地面向特殊人群的学校合作，例如教孤独症儿童设计杯垫、体验非遗艺术，从而获得良好的社会效益。

因此，"高品质"的集体价值观结合"合作型"的传播途径，促成了当地居民在民俗艺术中的高度参与。

---

① 王洋：《顺应人民对高品质生活的期待，着力解决百姓的急难愁盼问题——书写温暖人心的民生答卷》，《人民日报》，2022年2月26日，http://www.gov.cn/xinwen/2021-12/10/content_5659697.htm.

② 内容来源：访谈记录。访谈人：谢威，访谈对象：访上海市长宁民俗文化中心馆长朱彦谈时间：2023年1月25日，访谈地点：上海市长宁民俗文化中心二楼读书阅览室。

（二）“以情治情”的居民个体情感治理

社区的本质即“人区”，滕尼斯对社区的经典概念界定就包含着人际亲密关系情感深度、道德义务等心理与精神因素。相较于其他场域，社区更加充满“人情味”和“烟火气”，因而在治理的过程中更加无法忽视情感的作用。

在此次调研过程中，令笔者印象最为深刻的一点在于：北新泾街道办精准地抓住了社区中不同人群的情感需求，从而有针对性地对每个个体进行“情感治理”。这一点在 2023 年 1 月 24 日至 27 日的非遗手作体验活动中表现得最为明显。虽然在“上海长宁文化艺术中心”公众号中的官方表述是“亲子手作体验活动”，但是当天参与其中的居民构成十分丰富。从年龄层次上看，老、中、青年龄阶段的人群都包含其中；从身份背景来看，他们既有亲子，也有一些单身青年，如外卖员、快递员，还包括女性白领、退休妇女；从性别上看，参与该活动的男性较少，女性居多。

首先，对于外来务工的外卖员来说，他们的情感需求在于在人群中获得尊重、认可与温暖。在“制作宫灯”体验活动中，参与的外卖员表示大多是受到街道办的工作人员邀请而来。他们中既有与妻儿一起的，也有未婚青年。前者因为工作经常无法与家人团聚，因此在春节期间一起参加非遗手工体验活动可以成为他们增进彼此感情的机会；对于后者，他们身处异地，缺乏家庭的归属感，而在这类活动中既能感受到浓郁的人情味，又能短暂忘记疲惫的工作和生活。北新泾街道社区党群服务中心主任谈敬月说：“首先外卖小哥的文化层次普遍不高，其次参与这种活动会让他们获得一种归属感和幸福感，我们会选择有孩子的，这样他因为家庭也会来。拍照的时候他可能不看镜头，但是他会看自己的孩子和妻子露出幸福的笑容，像昨天那个小哥就来了两次。”①

其次，对于生活相对稳定的亲子来说，他们的情感需求在于提升亲子关系，同时锻炼儿童的动手能力。如在“制作宫灯”“植物扎染”这样的活动中，由于工序较多，父母会选择帮助孩子完成其中最难的部分，其他部分由孩子独自完成。尤其是在“制作宫灯”的活动中，参与者需要磨木棍、贴宣纸、剪窗花，大部分家庭会选择让力气大的父亲负责磨木棍，母亲和孩子负责贴宣纸、剪窗花，一家三口的合作，既能够让居民亲身体验非遗艺术，同时又能够提升家庭之间的亲密关系，获得良好的情感治理效果。

最后，对于每天高强度工作的女性白领和退休妇女来说，她们的情感需求在于通过艺术放松身心，并满足自己对于高品质生活的追求。例如在 1 月 26 日的“DIY 画包”的活动中，手工老师会在教学的过程中多次对学员进行言语上的情感引导：“这个

---

① 内容来源：访谈记录。访谈人：谢威，访谈对象：北新泾街道社区党群服务中心主任谈敬月，访谈时间：1 月 27 日，访谈地点：上海市长宁民俗文化中心二楼阅览室。

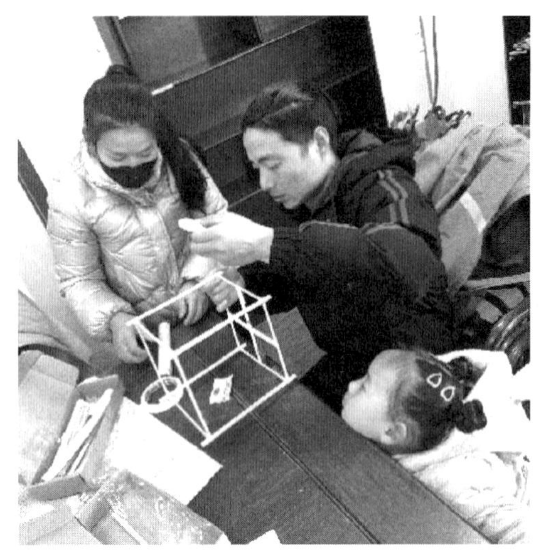

图 1 外卖员与家人一起做宫灯(笔者自摄)

图 2 外卖员与家人合影(笔者自摄)

包包不一定需要按照包上给定的色彩进行绘画,而是可以随心所欲,不管是送人还是自己用都是独一无二的!”当一些女性看到手工老师最后呈现出精美的布包作品时,会表现出羡慕的神情。这表明,对于这部分女性居民群体来说,她们对于生活品质的要求并非一味地追求昂贵的奢侈品,而是拥有属于自己独一无二的艺术作品。“在阳光正好的午后,我们一起静下心来画画,这是一件多幸福的事情!”每当手工老师给予大家这种正向的情感引导时,许多女性居民都会用方言积极与老师进行交流互动,给予一定的情感反馈:“是呀,就觉得特别放松!老师我想问问您这个地方是怎么画的……”由此,这种情感治理就形成了一种双向的情感交流,而不仅仅是单向的手工教学。

二、身体在场:民众对民俗文化的接收模式

麦克卢汉提出了“媒介即讯息”的观点。“媒介即讯息”表明了媒介对于人类生活和传播的巨大意义及作用。媒介就是我们生物学意义上的身体。在面对面交流的时候,每个个体都是媒介,能够自行筛选、接收信息、理解信息意义并进行反馈。因此,我们称这种媒介形态为“身体媒介”。

2023 年春节期间,长宁民俗文化中心提供给当地居民的形式可分为两类:体验类与观赏类。体验类的主要包括民俗手工艺制作,观赏类的主要包括游行表演活动、参观非遗展览等,因此,他们对于民俗文化的身体接收模式可以分为“体验的身体”和“观看的身体”。

(一) 体验的身体:民众作为"自我"的主动参与

"身体作为自我构建的始基,既不是纯粹的肉体,也不是心灵的容器,它是人与人进行交往、对话的场所,是自在与自为的统一。"[①]在以阅读、学习等身体实践活动为主要特征的非遗民俗文化中心的场域内,居民主要以"自我"的主动参与为表征,其身体是居民介入艺术体验的一种媒介。

对于手工类的民俗艺术体验活动来说,居民的"身体在场"具体体现出两个特征。

第一,通过"身体在场"强化自我认同。做手工作为娱乐休闲的方式,是现实生活中不少人的选择,参与者在面对有着共同兴趣爱好的人时,更容易产生身份认同,不仅仅是他者的认同,更有经由他者认可而实现的自我确认。尤其是在"制作宫灯""手作花环""植物扎染""手工插画"这样的活动中,他们获得认可的来源有一部分是现场的手工老师给予他们的肯定:每个人从一开始面对原始材料不知何从下手,到跟随老师的步骤动手剪纸、磨木、放灯,最终制作出一个完整的宫灯,每一步骤中老师都会给予一定的言语鼓励,使他们获得一种成就感。另一部分认可则来自周围和他们有着共同兴趣的同伴:在当下以电子媒介占主导的学习方式几乎占据了我们的生活,然而他们却有着共同的兴趣来通过"身体在场"学习传统文化。亲身体验本来就是人类最为原初的学习方式之一,这种自然的学习方式尽管耗时耗力且原始质朴,却暗含了有效学习最本质的"密码"。[②] 这种审美情趣上的相同点使得原本是陌生人的他们成了朋友,也实现了一种对自我的认同。

图 3 DIY 手绘包活动准备阶段(笔者自摄)

图 4 手工老师引导参与者(笔者自摄)

① 刘明洋,王鸿坤:《从"身体媒介"到"类身体媒介"的媒介伦理变迁》,《新闻记者》,2019 年第 5 期。

② 吕璟,潘知常:《跨文化传播中的"身体在场":中国形象的场域建构》,《南京社会科学》,2022 年第 8 期。

第二，在身体表征中呈现出一种对雅文化的倾向。这与上海的地域文化密不可分。上海作为一个国际大都市，其人群组成的结构较为复杂，因此长宁民俗文化中心选择在不同的节日有针对性地根据不同人群的需求对活动进行设计。一种是主要面向大众举办的"俗文化"活动，如舞龙、舞狮游行；一种是提供给上班族、白领、企业等群体的"雅文化"活动，如评弹、戏曲、插花、皮影戏等。而能够参与手工体验类活动的人群普遍受教育程度较高，他们更倾向于欣赏"雅文化"型的艺术。受其生活、工作习惯的影响，他们的身体也比较适应这种静坐的状态，因此，民俗手工艺术的"身体在场"体验既契合了他们的身体需求，也满足了他们的精神需求。

（二）观看的身体：民众作为"他者"的沉浸观演

春节期间，在长宁民俗文化中心举办的展览、游街之类的民俗艺术活动中，参与的居民可以分为两类：一类是观看者，一类是表演者。

前者主要包括新闻记者、摄影爱好者、居民、周边商场的工作人员等，他们虽然没有在非遗活动中进行表演，但是在观看的过程中，他们会与其他一同观看的居民建立起一种时空共在性，形成一种"互动仪式链"。正如柯林斯所言："互动仪式链由共同在场、对局外人设定界限、共同注意对象、共同情绪或情感体验分享四种主要要素构成，以产生仪式结果。"①例如当表演者身着民族传统服装，通过舞龙舞狮、迎财神、花鼓舞、莲湘舞、大头娃娃舞等表演建立起一种传统节日的时空场域时，观看者在这个场域中的观看是"具身性"的观看，他们会不自觉地被表演者引入一种古老的文化情境中，这是表演者与观看者的第一次互动。而当他们在这种文化情境中获得一种愉悦感时，又会用手机、相机记录下此刻所见，其中一部分人会选择通过发朋友圈等方式来获得他人的关注和认可，由此产生了观看者与表演者的第二次互动。

图5 表演者与居民互动（笔者自摄）

表演者大多由青年和中老年人群构成，他们并不都是专业的民俗艺术传承人，大多为慕名而来的志愿者，经过长宁民俗文化中心一段时间的培训后在大街上进行表演。一些参与

① ［美］兰德尔·柯林斯著；林聚任，王鹏，宁丽君，译，:《互动仪式链》，北京：商务印书馆，2009年。

者表示:“之前都是作为观众体验各种非遗,这次真正成了非遗文化的践行者和传播者,我印象很深刻,内心也感到非常骄傲和自豪。”①这说明,他们的具身表演使其改变了对自我的认知,完成了在民俗艺术中的身份转变。而这种对自我的认知转变同样也与周围观众的认可密不可分:一方面,他们作为表演者被周围的群众观看;另一方面,他们也在观看着周围的观众。例如当一些居民用相机对其进行拍摄,或是主动邀请表演者合影时,表演者会非常喜悦。例如有一位参与表演的老人主动教周围的小朋友如何抖空竹,还有一位老人主动延长了自己的表演时间。这同样说明,观看者与表演者之间是一种双向的互动,他们对于彼此来说都在通过“他者”建构“自我”。

三、仪式重建:长宁区民俗文化的复兴路径

上海民俗学家蔡丰明认为:现存于上海城市中的传统民俗文化空间,是一种再生态的文化现象,它们已经与原来的现实生活场景相脱离,已经被现代社会中的人们按照自身的文化需求进行过一定程度的复制、再创与加工改造。它们的文化内涵中,固然还保持着一定成分的传统民俗文化原貌,但同时也融入了某些代表现代都市人的文化情趣与文化理念。因此,较为客观地说,至今仍存的上海城市传统民俗文化空间,实际上已经不是一种纯粹的原创文化类型,而是一种经过复制、重塑与改造过的再生文化形态。② 笔者认为,面对此类文化形态,民俗艺术工作者需要先重建民俗文化的传统形式,再强化其中的民俗仪式,而长宁民俗文化中心开展的系列文化保护活动恰恰体现出一种“重建—强化”民俗仪式的思路。

(一)重建民俗仪式——保护文化生存空间

“礼乐相须以为用,礼非乐不行,乐非礼不举。”这说明“礼”与“乐”的关系应该是相辅相成的。若是“乐”没有了“礼”的场合,“乐”必失。联合国教科文组织倡导非物质文化遗产代表作项目的评选与申报的目的,是要唤醒或强化人们对自身文化传统的认知与认同的意识。所谓保护,恰恰是由于生存空间受到了巨大的冲击,受到了挑战。这并非都是由于社会变迁带来的农耕文化与现代文明的冲突所造成的,有一部分非遗的消亡是由于政策实施不当。例如一些乡镇的文化市场管理部“不许乡民们

---

① 腾讯网:《长宁春节非遗新体验,让老年人仿佛重回童年时光》,2022 年 2 月 26 日,https://new.qq.com/rain/a/20230127A02CT100.

② 蔡丰明:《上海城市传统民俗文化空间》,《民间文化论坛》,2005 年第 5 期。

搞这些庙会及葬礼用吹鼓手等方面的活动,违者罚款、没收'家伙什儿'"[①]。因此,民间礼俗仪式平台的搭建对于保护文化生存空间至关重要。

上海长宁民俗文化中心所开展的一系列民俗文化活动,其核心也都离不开对民俗文化仪式的保护。例如春节期间的"迎神"仪式、"行街"仪式以及元宵节期间的"上灯"仪式等。无论是观演类的活动还是体验类的活动,其活动地点基本在民俗文化中心内部或人流众多的街道、购物中心。这类传统民俗仪式不仅让儿童和青年人感受到节日的欢乐氛围,也会让老年人产生一种怀旧情感。在笔者的访谈对象中,有几位老年妇女表示自己"好像回到了小时候,家家户户过年过节都会参加这样的活动"。因此,民俗文化仪式所营造的文化空间既包括物理意义上的空间,也包括精神层面的空间。只有合理搭建起民俗文化的场域才能引发居民的共情,这是官方与民间在社区艺术传播中打破二元对立局面的关键。

图 6 行街表演中的"大头娃娃舞"(笔者自摄)

(二)强化传播仪式——促进文化多维传播

美国传播学者詹姆斯·凯瑞提出了"传播的仪式观",他认为,在传播仪式中,共享、共同参与是引发共情的必要因素。长宁民俗文化中心春节期间的活动中,民俗仪式以艺术为载体,在居民的共享中被不断强化,从而促成了文化的多维传播。

首先,参与活动的居民之间相互达成了一种"信仰共享"。在线上的微信公众号平台、微信朋友圈、当地官网上,官方结合中国传统文化,不断强化民俗文化中心系列活动的主题意义和精神,使得民众在主流媒体影响下进行自我的价值观重塑;在线下的民俗艺术活动中,参与者身处同一时空,共享同一场域。当参与者与志同道合的人相互交流时,就会达成一种对民俗文化的信仰共享,如"中华民族共同体"意识等,由此强化了当地民俗文化传播仪式的效果。

其次,来自不同背景、不同地方的居民会达成一种对该地域民俗文化的"文化共享",这主要借助特定的文化符号得以实现。近年来,上海市提出打造"红色文化""海派

---

① 项阳:《民间礼俗——传统音声技艺形式的文化生空间》,《音乐类非物质文化遗产保护国际学术研讨会论文集》,文化艺术出版社,2009 年版,第 190—200 页。

文化”“江南文化”三大文化品牌，而长宁非遗文化正是“江南文化”的内容之一。例如，叶雕是我国新兴的一类剪纸艺术，如今已然在长宁区非遗传承人的创作中显现出浓郁的江南特色。2023 年春节期间的北渔路民俗文化街上，李亚非的“叶子里的大观园——《红楼梦》”主题叶雕作品在“非遗快闪”的橱窗中吸引了大批来往的行人。从大观园的美食到戏曲，凸显出鲜明的情本主义与江南诗性文化色彩。近年来，他的创作根据时代特色和地域文化不断更新，如“老上海风情”主题系列、“梅兰竹菊四君子”系列等，吸引了许多外国游客的目光。这说明在长宁区当地，叶雕艺术已经成为一种代表江南特色的文化符号，为来自世界各地的人们所共享。此外，类似的民俗艺术种类还包括皮影、行街、撕纸、面塑、丝竹等，近年来许多本地中青年人作为“新鲜血液”不断涌入这些民俗文化的传播仪式链中，将其融入本土气息，不仅强化了“江南文化”的符号代表，也实现了民俗艺术的接收对象从社区居民到外地游客的转化，从而使得原本的“受传者”变为“二次转播者”。

结　语

“民情通古乐，俗艺化人文。”文化是历史留给人类的财富，其形成与发展都与人类本身密不可分。在农业文明与现代文明的冲突之下，我国的民俗文化、民俗艺术正面临着远离民众的现状，尤其是大城市中的文化保护活动，大多以政府为主导。要真正实现民俗艺术从“精英层”的保护回归“大众层”的参与，艺术工作者需要从心理方面、实践方面、文化方面进行多向度探索。上海市长宁民俗文化中心与周边居民互动的实践为当代城市民俗文化的复兴提供了一个良好的范例，但其同样也存在一些待完善之处，例如数字化服务手段单一、非遗进社区资源配置供给不平衡等。[①] 因此，如何促进公共文化服务体系建设并推动民俗艺术在民众中的传播，仍是当代城市民俗文化发展需要继续探索的问题。

① 黄之琳:《“非遗+旅游”:构建长宁文化产业带的新举措——非遗传承保护在推进区域文化产业发展中的特殊效用》,《产业与科技论坛》,2022 年第 13 期。

被建构的“地方”

——黄龙岘“甘氏家族”与“邢家大院”传说的“在地化”生成过程

刘一凡　白　莉　张晓玫[①]

摘　要：传说是叙述者对地方独特风物或历史事件的想象与“再建构”，其叙事被赋予了“在地化”特征。黄龙岘独特的地理环境为传说的发生提供了孕育的土壤，明清时期文人义士的活动事迹模塑了村民的历史记忆与价值观念，并成为传说形成的基础。而这种价值观念的形成与传播同甘氏家族活动事迹的流布、地理意象的地方性感知、自然观与孝悌观念的结合三个方面直接相关，为黄龙岘传说“在地化”的生成与传播提供了动力。

关键词：传说　在地化　“甘氏家族”　“邢家大院”

民间传说作为一种口承叙事，承载了该地区人民共同的历史记忆。[②] 这种历史记忆的形成经历了历时性的发展过程：传说来源于人们对地方独特地理风物所赋予的某些想象，来源于某些具有重大影响的历史事件或经历，传说享用者又基于维系身份认同等现实的需要，结合自身所处的地理环境与文化语境，对某一“基本史实”进行不断的想象与“再建构”，以具有地方特性、为地方赋予了特定的情感和个性的方式进行表达，因此传说经历了“在地化”的生成过程，具有地方性的叙事特征。

“在地化”（localization）又称“本地化”“地域化”，是指将某一事物转化为符合本地要求的过程。[③] “在地化”这一概念最初受“全球化”（globalization）话语的影响而产

---

① 刘一凡，南京师范大学本科生；白莉，南京师范大学社会发展学院副编审；张晓玫，土耳其马尔马拉大学硕士研究生。

② 万建中：《传说建构与村落记忆》，《南昌大学学报（人文社科版）》，2004 年第 35 辑第 3 期。

③ 万建中：《话语转换：地方口头传统的“在地化”——以新余毛衣女传说为例》，《贵州民族大学学报（哲学社会科学版）》，2017 年第 5 期。

生，在探究社会文化与身份认同变迁方面具有较好的学术解释力。[①] 社会科学领域中的“在地化”研究往往针对文化或符号传播、人群迁徙、制度移植过程中的地方适用性或身份建构问题展开讨论，该背景下的“在地化”理论隐含了外来与本土之间从对立到融合的过程。而国内的民俗学研究领域中，不同语境下“在地化”理论、方法的运用使这一概念的含义逐渐丰富，“在地化”不仅指“跨地域”视角下各种外来经济要素或文化要素在地方落地生根的过程，而也可以表现地方社会自身的某一文化因素不断融合地方风物、地方习俗与历史记忆，进而构建地方性表达的历时性经过。本文所使用的“在地化”含义主要偏向后者。

受后现代主义视角下的历史记忆理论[②]与 20 世纪末国内“格尔茨热”[③]的影响，近十几年国内传说研究领域出现了“在地化”视角下的研究成果，这些研究大多批判继承了“华南学派”区域社会史研究的方法与理路，从区域互动、族群变迁、话语权力、历史记忆的层累建构等角度探讨传说的产生、流布与地方化过程。[④] 上述研究大多从一个特定的传说母题出发，探讨其在不同地区的传播和演变情况。而与之不同的是，本文所研究的黄龙岘两则传说并非像“孟姜女”“梁祝”等传说那样在全国各地广泛传播，而是具有一定的地方“非典型性”，且黄龙岘地区受战乱的影响，历史断层较为严重，已经很难追溯其最初母题。因此，笔者无意于考证黄龙岘的传说是否来自某个更宏大的地域传说系统，而是试图结合黄龙岘村村民的口述资料，探讨当地的地理意象、明清以来乡村的礼俗互动以及村民朴素的自然观是如何影响传说发生与传播的。

南京市江宁区黄龙岘村地处茶林密布、山清水秀的环境中，村落的北、东、南三面环山。明清以来，黄龙岘村所处小丹阳地区涌现了许多的文人义士，积累了深厚的历史文化底蕴，为当地民间传说的形成提供了坚实基础。其中“甘氏家族”与“邢家大

---

① 余洋洋、巫达：《全球化与在地化》，《广西民族大学学报（哲学社会科学版）》，2021 年第 43 卷第 4 期。

② 赵世瑜：《小历史与大历史：区域社会史的理念、方法与实践》，北京大学出版社 2017 年版，第 106 页。

③ 宋小飞：《萨满教美术的艺术民俗学解析——以吉林省乌拉街满族镇萨满教为个案》，社会科学文献出版社，2014 年版，第 7 页。

④ 相关研究成果有：李星星：《沿海地区民间信仰的在地化研究——以温州灵溪镇齐天大圣宫及其信仰为例》，硕士学位论文，上海大学，2013 年；李琳，李英：《洞庭湖区杨泗将军信仰的在地化研究》，《文化遗产》，2013 年第 2 期；陈泳超：《背过身去的大娘娘：地方民间传说的生息动力学研究》，北京大学出版社，2015 年版；叶涛：《民间文献与民间传说的在地化研究——以沂源牛郎织女传说为中心的探讨》，《民族艺术》，2016 年第 4 期；郭俊红：《全国第三届牛郎织女传说学术研讨会会议综述》，《民间文学论坛》，2017 年第 2 期；毕雪飞：《古典的遗传：日本牛郎织女传说的在地化分析——以大阪交野牛郎织女传说为个案的探讨》，《民俗研究》，2017 年第 3 期；万建中：《话语转换：地方口头传统的“在地化”——以新余毛衣女传说为例》，《贵州民族大学学报（哲学社会科学版）》，2017 年第 5 期；李常清、崔桂莲：《“鬼女红叶”传说的文本传承研究》，《上海理工大学学报（社会科学版）》，2018 年第 40 辑第 2 期；马光亭：《层累的“地方”——以青岛即墨小龙山地区秃尾巴老李传说的在地化为例》，《民俗研究》，2019 年第 4 期；彭栓红、李旭昕：《夏禹传说的“在地化”——基于山西夏县夏禹传说的考察》，《山西大同大学学报（社会科学版）》，2021 年第 35 辑第 2 期；赵世瑜：《猛将还乡：洞庭东山的新江南史》，社会科学文献出版社，2022 年版；黄景春：《黄帝神话的在地化生产及其文化产业开发》，《苏州教育学院学报》，2022 年第 39 辑第 5 期。

院”传说属于价值观念类传说，反映了历史上甘氏家族和邢一凤在小丹阳一带的活动给村民留下的历史记忆，而这些记忆又间接模塑了当地村民重孝悌、敬畏自然的伦理观念。村民在相关人物故事的口承叙事中，结合当地的自然地理意象与自身的价值观念，对相关人物故事进行想象与“再建构”，从而形成了传说的地方性表达。笔者试图结合黄龙岘村民的口述资料，分析两则传说“在地化”的生成过程。

一、黄龙岘村“甘氏家族”与“邢家大院”传说的史实考证

黄龙岘村两则传说中所述名人故事均于史籍中有记载，其相关人物的活动事迹可能是传说题材的史实来源。

（一）“甘氏家族”的史实考证

“甘氏家族”在黄龙岘村的流传，应和明清时期科举世家甘氏家族在南京地区的活动事迹相关联。明清时期方志、文人随笔中关于甘氏族人活动事迹的记载同传说中的意象基本吻合，反映了甘氏家族的活动对黄龙岘地区的文化记忆存在影响。而当地村民以相关故事母题为基础，结合当地地理环境与自身的价值观念，对传说的发生背景、相关人物关系、情节等进行浪漫的改造，形成了独具特色的地方传说叙事方式。

黄龙岘村传说中提到甘熙葬母与甘熙同道长和法师交游的故事：

> 据说甘熙的生母去世后，甘熙为给生母找一块山水形胜之地，一路寻找来到了黄龙岘村一个名叫小尖山的地方，据说小尖山是一块神牛宝地，甘熙随后就把生母葬在牛头之上，并在东边建有两进头的大宅，在此居住守孝。
>
> 甘熙常常游迹于黄龙岘村周边的山水，去过黄龙岘村东边的云台寺和寺中方丈彻夜畅谈，留下佳话。到过黄龙岘村西南面的牛迹山道观，和道长观看天书，并留下佳作。并给自己居住的山庄起名为潜龙山庄，并在此地终老，后葬于生母身旁。①

关于甘熙葬母的情节，史载甘熙的“先祖妣”和“先妣”均葬于朱门乡史家村。《白下琐言》记载：“前埠大庙（祠山大帝庙）在江邑朱门乡，去城七十里……庙之南为史家村，村后名松山，即先祖妣、先妣墓。”②而结合地方志的记载和历史地图标识，“江邑朱

① 黄龙岘村当地村民胡先生口述资料：《黄龙岘》，整理人：金逸潇，访谈时间：2021 年 10 月 3 日，访谈地点：黄龙岘新时代文明实践站。

② ［清］甘熙：《白下琐言》，南京出版社，2007 年版，第 91 页。

门乡"正位于现在黄龙岘村所在一带。[①] 黄龙岘村所在地原属朱门乡，今天地图上仍然有"朱门镇"的地名，位于黄龙岘村西南方3公里处，同史载"朱门乡（镇）"的地理位置大致一致，说明《白下琐言》所记其母亲的埋葬情况应为传说故事的直接来源。

牛迹山（部分史籍记作"牛脊山"）虽不见于现在的地图，但结合地方志记载和历史地图的标识，其地理位置应该离朱门镇、云台山等不远。[②] 而甘熙所撰《白下琐言》中则有牛脊山的直接记载："茅君别院，在朱门乡之牛脊山，一作牛迹……明顾遴初、陈横崖皆有题识，距先祖妣墓仅十里，尝搜访而终不可得。"[③]牛脊山距离甘熙祖母的墓仅十里，结合甘熙葬母的传说，进一步印证了甘熙在这一带活动的可能，且传说中所说的"道观"极有可能是史籍中所说的"茅君别院"。

而在传说的叙述者胡先生提及甘熙将生母卜葬于"小尖山神牛宝地"，并在东边建"潜龙山庄"进行守孝，则可能是胡先生本人或其他村民针对故事母题进行的浪漫想象，从而在原有史实的基础上增加了具有地方特色的表达。黄龙岘周边现存"小尖山""潜龙""云台山""牛迹山"等地名，村民在口耳相传的过程中正是将自身对于村落周边自然地理意象的感知融入传说的叙事中。此外，传说中甘熙卜葬、守孝的实践正是村民日常孝悌观念的体现，反映了他们对乡村伦理的认可。

（二）"邢家大院"传说的史实考证

"邢家大院"传说讲述了邢大探花经历家族命运大盛大衰的故事，宣扬了因果报应、忠义天道的思想：

> 邢一凤考中探花后，家母请看相先生为邢探花算了一卦，说邢探花以后是大富大贵之人。看相先生指导邢家迁祖坟而使之家族显赫，看相先生从此也双目失明，作为回报邢家则每天给看相先生吃一只老母鸡。后邢家因给看相先生吃了一只掉进粪池里淹死的老母鸡而被看相先生察觉，看相先生为了报复则诱骗邢探花错误地改动祖坟，导致其家道衰落。[④]

"邢家大院"传说所述"邢探花"考中"探花及第"，后在看相先生的帮助下升至"河

---

① 《上元江宁乡土合志》记载："江宁乡镇旧分四路：……在中路，有东善桥亦太南乡；有元山镇、陶吴镇为朱门、处真二乡……在西南路，有六塘桥为铜山乡；有铜井、牧龙亭亦处真乡；有朱门镇亦朱门乡。"见[清]陈作霖：《上元江宁乡土合志》，《金陵全书·甲编·方志类·县志·第22号》，南京出版社，2010年版，第111、112页。

② 《同治上江两县志》记载牛脊山"在江宁县南六塘桥五里，西南界当涂，有茅君别院。旧有西汉永光五年碑，金陵金石，此为最古矣"。见[清]莫祥芝、甘绍盘：《同治上江两县志》卷三《山考》，《中国地方志集成·江苏府县志辑》，江苏古籍出版社，1991年版，第42、43页。

③ [清]甘熙：《白下琐言》，南京出版社，2007年版，第60、61页。

④ 黄龙岘村当地村民胡先生口述资料：《邢家大院》，整理人：金逸潇，访谈时间：2021年10月3日，访谈地点：黄龙岘新时代文明实践站。

南八府巡按”[①]，其人物原型当为明代中后期的士人邢一凤。邢一凤(1508～?)，字伯羽，号雉山，南京龙江左卫籍，河南祥符人，明世宗嘉靖二十年(1541 年)辛丑科沈坤榜进士第三人，与传说中所述官职、地望基本相符。[②]

同时，传说的叙述者在传说中也对“牌坊村”的村名来历进行了叙述：

> 牌坊村，因邢氏家族出了探花及第，皇帝赐予牌坊而得村名。
>
> 过了几年，邢家探花真的官越做越大……皇帝因其母亲为了儿子一生守节未嫁，特恩赐贞节牌坊一座，故牌坊村的村名由此而来。
>
> 过了一年后，邢家探花就出了大事，他因被人诬告，被皇帝革职……皇帝所赐贞节牌坊也在 1958 年修建牌坊水库时被拆除。[③]

可见传说中所述“贞节牌坊”的立废均与科举家族邢氏的兴衰有紧密的关联。明清时期往往以立牌坊的形式宣扬登科者业绩，《白下琐言》记载：“登巍科膺显秩者往往建立牌坊，苏、常最多，予乡则少……邢一凤及第坊在武定桥，见《金陵世纪》《金陵私乘》诸书，亦皆无存，惟大中桥西顾尚书坊，岿然独峙耳。”[④]则邢一凤立牌坊应确有其事，虽然“及第牌坊”同传说中的“贞节牌坊”性质不同，但立牌坊的前提均是其本人登科显达。

此外，《白下琐言》记载：“明邢雉山太常一凤先世墓，在江邑南乡蒋笔山，去城六十里……近墓有村，皆邢姓。”[⑤]笔者后文将会分析，邢一凤墓所在的“蒋碧山”正位于黄龙岘村北部不远处，且很有可能就是现在地图上仍存在的“蒋门山”，与甘氏族人的葬地及其传说也有一定的联系。

可见黄龙岘村“邢家大院”传说有其人物活动的史实来源，而传说在流传的过程中，叙述者基于自身的地方叙事逻辑和话语背景，对传说的细节进行了不同程度的想象和增添，其中的地名、时间等细节信息在流传的过程中逐渐发生变异，融入了地方性知识与话语。

二、黄龙岘村“甘氏家族”与“邢家大院”传说的“在地化”生成过程

传说基于某一历史事实，而叙事者对传说的叙述经历了一个不断与地方性知识、地

---

① “巡按”并非官府承认的正式官名，而是明清时期民间戏曲、小说中对监察御史这类官职的俗称。

② 《圣门志》记载“探花(一人)邢一凤，开封府祥符县人”。见(明)吕元善：《圣门志》卷二下，明崇祯二年(1629 年)刻本。

③ 黄龙岘村当地村民胡先生口述资料：《邢家大院》，整理人：金逸潇，访谈时间：2021 年 10 月 3 日，访谈地点：黄龙岘新时代文明实践站。

④ [清]甘熙：《白下琐言》，南京出版社，2007 年版，第 37 页。

⑤ [清]甘熙：《白下琐言》，南京出版社，2007 年版，第 113 页。

方的人文语境与话语结构融合变异的“在地化”过程，体现的是传说享用者在特定历史时期的思想认知。下面笔者将从传说发生学的角度，着重探讨两则传说所体现的具体背景及其背后所反映的村落现实及人们的信仰观念，以探究其“在地化”的表现。

（一）家族文化的传承与流布是传说发生的文化语境

甘氏家族这一科举世族在小丹阳一带的活动及其家风的传承是相关传说得以产生与流布的文化语境，其传递的忠孝观、自然观等深深影响了今天小丹阳地区的乡村伦理与信仰，而黄龙岘传说中关于甘氏家族事迹的叙述正是这一“礼俗互动”的结果在当下最生动的体现。

“礼俗互动”既是中国传统社会的一种社会、文化现象，又可视为一种权力话语的实践。“礼”指制度化的国家礼仪，“俗”指民众自然生成的生活习惯，“礼俗”也可以合在一起指中国传统社会中礼俗相交、以礼节俗的一种社会状态或文化特质。[①] 目前“礼俗互动”这一概念已积累了多种含义并形成不同的研究范式[②]，笔者倾向于从社会话语实践的角度，探讨以甘氏家族为代表的科举世家的礼仪规范与行为实践如何在乡村流布，乡村又如何自觉或不自觉地接受了这种来自上层的观念与价值，并使之成为乡村伦理风俗的一部分，进而影响了村民的传说叙事。

据小丹阳甘氏后人甘𣏌的考证，甘氏家族早在东汉就已迁徙金陵，后避地巴郡。建安年间甘宁重新仕于东吴，其子孙世代居住在小丹阳。元代时其家族后裔创立有相堂。至明代有相堂的一支迁居金陵城，并于清代始立有恭堂，甘熙即属于迁入金陵城的这一支。[③] 明清时期金陵甘氏家族留下的资料中也往往将自己的祖先追溯至东吴到东晋的甘宁—甘卓一支，但至元代之前这一支的迁徙与分合的历史断层较为严重，追溯的过程有穿凿之嫌。小丹阳甘氏家族前代的迁徙流变情况或许并不重要，笔者试图从小丹阳甘氏自明代迁入南京城内参与科举仕途前后开始，考察甘氏家族这一支在小丹阳地区的分布情况及其与传说流布的关系。

明清之时甘氏家族迁入城内并进入南捕厅是其成为科举世家并扩大影响力的重要契机。元陈皋谟撰《有相堂记》记载小丹阳甘氏于元代至元三十一年（1294 年）建有相堂，开头所述“观地理，西北有岗，甘府君墓存焉”，与甘熙《白下琐言》中所述“甘

---

① 张士闪：《礼俗互动与中国社会研究》，《民俗研究》，2016 年第 6 期。

② 李向振先生梳理了“礼俗互动”的学术史，认为“礼俗”和“礼俗互动”在中国传统语境中兼有“社会事实”与“话语建构”双重语境，而现代民俗学学术研究体系多从话语建构的层面探讨礼俗关系，已形成社会权力结构意义上的“国家—社会”框架、权力空间意义上的“中心—边缘”模型以及文化政治意义上的“主导性意识形态—民间观念”模型，见李向振：《礼俗互动：作为一种中国社会研究范式的可能性分析》，《民俗研究》，2023 年第 1 期。胥志强先生认为可以从行为规范、政治意识形态、权力话语实践三个方面理解礼俗互动的不同内涵。

③ 甘𣏌：《金陵甘氏考》，凤凰出版社，2010 年版，第 17、18 页。

墓冈”一致，而“今甘村以名族，竟莫溯其源”①，可见元代时甘氏家族已成为小丹阳名族。明代甘氏家族有相堂中的一支从小丹阳迁居金陵城内，甘福墓志中记载“先世居江宁之甘村，七世祖始改居城内”②，《甘福行述》中记载“至七世祖凤泉公，崇祯间，自甘村迁居城内。世有隐德，不乐仕进”③。关于甘氏始迁城内的时间，甘氏后代不同人的行述中记载各异，甘氏后人甘㯳通过考证谱牒记载、分析先祖葬地的变化和家族经济状况得出结论，认为甘氏始迁城内的年代在明弘治年间④，可备一考。嘉庆年间甘国栋新立分支堂号“友恭堂”，其子甘福又营建津逮楼⑤，其建筑即现在的“甘熙故居”旧址，民间传说中的“甘家大院”“九十九间半”等俗称皆来源于此。

那么甘氏家族迁入城内并成为科举大族是如何影响了后来黄龙岘村地区“传说圈”的形成呢？胡阿祥先生在论及江宁非遗地名时认为：“甘茂（墓）岗等地名能够延续久远，正与甘氏家族的世代传承及其对祖先的慎终追远有关。”⑥甘氏族人迁入南捕厅后仍然保持对小丹阳祖茔、祠堂的祭祀活动。这些祭祀活动的延续，使得忠孝、天道等思想的传承成为可能，进而为传说的形成提供了天然土壤。

笔者依据文献梳理了明清时期甘氏家族知名人物的葬地，从表1中可以看出，除明末清初少数甘氏祖先葬于大定坊新茔外（大定坊祖茔应是甘熙七世祖应楼公初迁城内时建的新茔），其余均归葬小丹阳地区，反映了甘氏家族浓厚的归葬祖籍的观念。值得注意的是，有两处葬地可以和黄龙岘村建立直接的联系。一个是朱门乡的“松山兆域”，甘熙的祖母龚太恭人和母亲阮太恭人均葬于此地（前已述黄龙岘村所在地原属朱门镇）。《白下琐言》中记载甘熙于灵谷寺求签得“浩荡朱门白日开，温毡重席待君来”签，并夜宿庙中感梦得此葬地，又于松山旁营建“朱门丙舍”以为祠祀⑦，考虑甘熙的个人名望，其葬母事在乡里想必是一件较为震动的大事，其孝行事迹因而有流传民间的可能。另一处重要的葬地是“江宁南乡蒋碧（壁）山”。清末知名的方志学家甘元焕的行述中已明确指出“葬于江宁南乡蒋壁山之阳黄龙岘村祖茔左侧”⑧，可见“黄龙岘村”的地名在清末已经存在，也说明了“黄龙岘村”所在地就是甘氏家族的一处葬

① ［元］陈皋谟：《有相堂记》，见甘㯳：《金陵甘氏考》，凤凰出版社，2010年版，第222页。

② ［清］梅曾亮：《赠奉直大夫甘府君（福）墓志铭》，见甘㯳：《金陵甘氏考》，凤凰出版社，2010年版，第226页。

③ ［清］甘煦、甘熙：《梦六府君（甘福）行述》，见甘㯳：《金陵甘氏考》，凤凰出版社，2010年版，第237页。

④ 甘㯳：《金陵甘氏考》，凤凰出版社，2010年版，第64—68页。

⑤ ［清］王芑孙：《江宁甘氏友恭堂记》，见甘㯳：《金陵甘氏考》，凤凰出版社，2010年版，第224页；甘㯳：《重建津逮楼记》，见甘㯳：《金陵甘氏考》，凤凰出版社，2010年版，第235页。

⑥ 胡阿祥、吕凡、段彬等著：《印记：江宁非遗地名》，南京大学出版社，2019年版，第112页。

⑦ ［清］甘熙：《白下琐言》，南京出版社，2007年版，第174页。

⑧ ［清］甘增沂：《诰授朝议大夫覃恩四品封典赏戴蓝翎同知衔加一级萧县训导在任候选知县显考健侯府君行述》，见甘㯳：《金陵甘氏考》，凤凰出版社，2010年版，第259页。

地①，而前述《白下琐言》中所记的“邢一凤”也葬在“江邑南乡蒋笔山”，这究竟是一种事实的巧合还是甘氏对邢探花事迹的一种想象已不得而知，但足以说明甘氏族人的事迹对黄龙岘村地区民间、乡里的影响是存在的。

表 1　明清小丹阳甘氏家族重要葬地统计表

家族葬地	死者	时代	文献依据
金陵城郊大定坊甘氏祖茔(今雨花台区软件谷)	甘应楼及其后世子孙	明代	大定坊先茔，自前明崇祯间迄今二百余年，应楼公以下四世考妣葬焉。②
	甘弘裕奴仆孙祥	明末	祥，南乡人……先高祖悯之，葬诸大定坊祖茔之侧。③
始祖敬候墓附近	族人甘韶九之母	嘉庆年间	甘村距始祖晋于湖侯墓未半里。嘉庆壬申九月，族人韶九葬母于其地。④
	甘福	1768～1834	尤肆力形家言，既葬亲得吉地，于甘村建祠祭。⑤
江宁南乡建昌寺附近纪家山	甘熙十一世祖甘永昌(正三)	1429～1511	建昌寺在江宁南乡……距寺里许，有纪家山，予十一世祖正三公墓在焉……墓旁祔葬者累累，皆公以下子孙也。⑥
	甘永昌子嗣甘瑭、甘文高		《金陵甘氏考》人物索引⑦
江宁南乡蒋碧山	甘延年	1777～1857	江宁克复，乃得归葬蒋碧山之阡。⑧ 同治乙丑，奉移归里。以同治十二年闰六月十六日，谨卜兆于江宁南乡蒋碧山之阳，万善桥新阡，子山午向兼癸丁。⑨
	甘延年配偶邓氏	光绪年间	安葬江宁山南乡蒋碧山之阳。先府君、先妣(可能是甘延年及其夫人戴太恭人)墓南十数武。⑩
	甘元焕	1841～1897	遵遗命葬于江宁南乡蒋壁山之阳黄龙岘村祖茔左侧。⑪
江宁灵母山附近	甘熙祖父甘国栋	嘉庆十四年(1809)	兹为其先君(指国栋公)葬江宁南灵母山之东北。⑫

① 从地理位置看，“蒋碧(壁/笔)山”和文章前述黄龙岘村北部的“蒋门山”比较吻合，疑为同一地名。

② [清]甘熙：《白下琐言》，南京出版社，2007 年版，第 88 页。

③ [清]甘熙：《白下琐言》，南京出版社，2007 年版，第 88 页。

④ [清]甘熙：《白下琐言》，南京出版社，2007 年版，第 115 页。

⑤ [清]梅曾亮：《赠奉直大夫甘府君(福)墓志铭》，见甘樾：《金陵甘氏考》，凤凰出版社，2010 年版，第 226 页。

⑥ [清]甘熙：《白下琐言》，南京出版社，2007 年版，第 135、136 页。

⑦ 甘樾：《金陵甘氏考》，凤凰出版社，2010 年版，第 275 页。

⑧ [清]谭廷献：《貤封朝议大夫静斋甘公(延年)墓表》，见甘樾：《金陵甘氏考》，凤凰出版社，2010 年版，第 227 页。

⑨ 《敕封承德郎貤封朝议大夫国学生先考静斋府君行述》，见甘樾：《金陵甘氏考》，凤凰出版社，2010 年版，第 254 页。

⑩ [清]甘增沂：《甘勲(元焕)生母邓氏墓志》，见甘樾：《金陵甘氏考》，凤凰出版社，2010 年版，第 228 页。

⑪ 《诰授朝议大夫覃恩四品封典赏戴蓝翎同知衔加一级萧县训导在任候选知县显考健候府君行述》，见甘樾：《金陵甘氏考》，凤凰出版社，2010 年版，第 259 页。

⑫ [清]姚鼐：《甘氏享堂记》，见甘樾：《金陵甘氏考》，凤凰出版社，2010 年版，第 228、229 页。

续 表

家族葬地	死者	时代	文献依据
江邑归善乡西板山	甘熙某一"先大父"(奉直君),疑为甘国栋		越至己巳,始得西板山地,葬先大父。建置享堂六楹,祭田百亩。[①] 嘉庆己巳,得江邑归善乡西板山吉壤,葬奉直君。[②]
朱门乡松山兆域	甘熙祖母龚太恭人	嘉庆年间	先祖妣龚太恭人墓在江邑朱门乡史家村松山。 乙亥,复得朱门松山地,葬先大母。先妣祔焉。[③]
	甘熙生母阮恭人	道光年间	乙亥,复得朱门松山地,葬先大母。先妣祔焉。[④] 前埠大庙(祠山大帝庙)在江邑朱门乡,去城七十里……庙之南为史家村,村后名松山,即先祖妣、先妣墓。[⑤]

清代甘氏鼎盛时期族人还维持着定期的家族祭祀传统并修建、维护祠堂,在甘氏聚居地与祖茔地也形成了浓厚的家族风气。于湖敬候甘卓墓附近是甘氏重要的聚居地和祭祀地,嘉庆二十三年甘熙的父亲同族人甘韶九在于湖敬候墓侧重建宗祠[⑥],并请熟人黄兰圃撰《甘府塘记》记录此事[⑦],为当时一件盛事。到了甘福、甘熙辈则更加注重祭祀先人的忠孝传统,甘福为其父甘国栋卜葬于"江宁南乡灵母山"后,在墓旁营建六间享堂以供后人祭祀[⑧],甘熙为其祖母龚氏和母亲阮氏营建"朱门丙舍"[⑨]

值得注意的是,在甘熙的叔父甘延年的墓志中,记载了这样一件事:"咸丰三年,贼破江宁,府君避居官山冢祠,泯焉无长物,而所识有陷贼后出者,犹馆之丙舍,不能容,僦郇舍农家皆满。"[⑩]甘延年在太平天国战乱中收容逃难者,并"馆之丙舍",此处的"丙舍"很可能就是甘熙两年前(1851 年)为其祖母和母亲建立的祠堂"朱门丙舍"。根据黄龙岘村当地乡贤吴先生的介绍,黄龙岘村地处朱门附近,人口流动较为频繁,当地的很多居民是太平天国战乱时期从河南、安徽等地逃难而来。[⑪] 在这一特殊的历史背景下,甘氏族人乐善好施的品性很可能为时人所铭记,为传说的发展提供了原始

① [清]甘煦、甘熙:《梦六府君(甘福)行述》,见甘樾:《金陵甘氏考》,凤凰出版社,2010 年版,第 238 页。

② [清]徐玉丰:《甘氏朱门丙舍记》,见甘樾:《金陵甘氏考》,凤凰出版社,2010 年版,第 229 页。

③ [清]甘煦、甘熙:《梦六府君(甘福)行述》,见甘樾:《金陵甘氏考》,凤凰出版社,2010 年版,第 238 页。

④ [清]甘煦、甘熙:《梦六府君(甘福)行述》,见甘樾:《金陵甘氏考》,凤凰出版社,2010 年版,第 238 页。

⑤ [清]甘熙:《白下琐言》,南京出版社,2007 年版,第 91 页。

⑥ [清]甘熙:《白下琐言》,南京出版社,2007 年版,第 107 页。

⑦ [清]黄兰圃:《甘府塘记》,见甘樾:《金陵甘氏考》,凤凰出版社,2010 年版,第 230 页。

⑧ [清]姚鼐:《甘氏享堂记》,见甘樾:《金陵甘氏考》,凤凰出版社,2010 年版,第 228 页。

⑨ [清]徐玉丰:《甘氏朱门丙舍记》,见甘樾:《金陵甘氏考》,凤凰出版社,2010 年版,第 229 页。

⑩ [清]谭廷献:《貤封朝议大夫静斋甘公(延年)墓表》,见甘樾:《金陵甘氏考》,凤凰出版社,2010 年版,第 227 页。

⑪ 黄龙岘村民吴先生口述资料,访谈时间:2021 年 10 月 2 日,10 月 3 日,10 月 6 日,访谈地点:南京市黄龙岘观景平台、茶叶摊、自然教育教室。

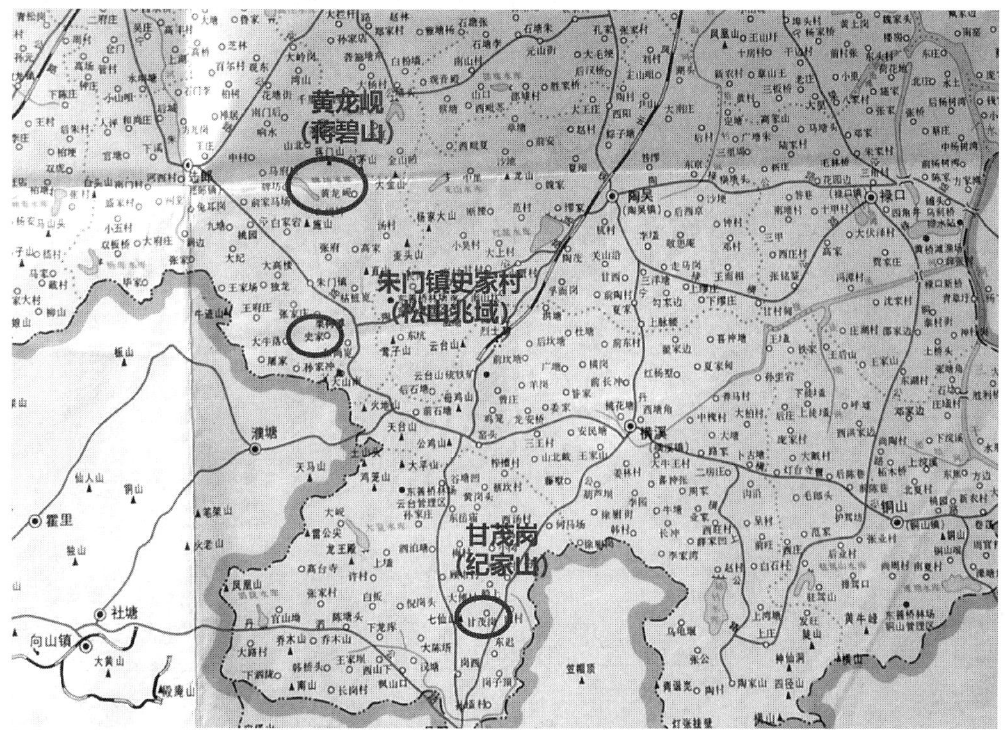

图 1　新中国成立后江宁县行政区划图中所见甘氏家族葬地相对位置示意图①

素材,而“甘氏家族”传说恰成为当地人表达感念之情的话语媒介。

因此,从“甘氏家族”传说的文本看,传说中的具体人物、风物、事件均存在历史或现实中的依据,不仅传说中甘熙母亲的葬地同甘氏家族的葬地“蒋碧山之阳”“朱门镇史家村松山兆域”等比较吻合,传说所反映的忠孝观与朴素自然观的结合也反映在甘氏家族实际的卜葬、营建宗祠等习俗中。这些高度吻合的信息增加了传说的可信度,也使传说具有更明显的本地特征。新中国成立后小丹阳一带仍然保留许多以“甘”字命名的村庄或地名,如陶吴镇云台山东南方的甘村、甘西村、甘家村、甘村甸,丹阳乡的甘茂岗、大(小)甘村、油坊桥等②,与《白下琐言》中记载的“建昌寺在江宁南乡,出聚宝门九十里,距小丹阳三里。其地有油坊桥,亦名甘府桥……距寺里许,有纪家山,予十一世祖正三公墓在焉”③“始祖敬侯墓,在江宁南乡小丹阳甘墓冈,其地名甘泉里,桥曰甘府桥,村曰大甘村、小甘村,皆以甘得名”④十分吻合,可以成为甘氏活动对乡里影响的又一辅证。(见图 1、2、3)

① 江宁县地名委员会编:《江苏省江宁县地名录》附图,内部资料,1984 年。

② 江宁县地名委员会编:《江苏省江宁县地名录》,内部资料,1984 年。

③ [清]甘熙:《白下琐言》,南京出版社,2007 年版,第 135、136 页。

④ [清]甘熙:《白下琐言》,南京出版社,2007 年版,第 146 页。

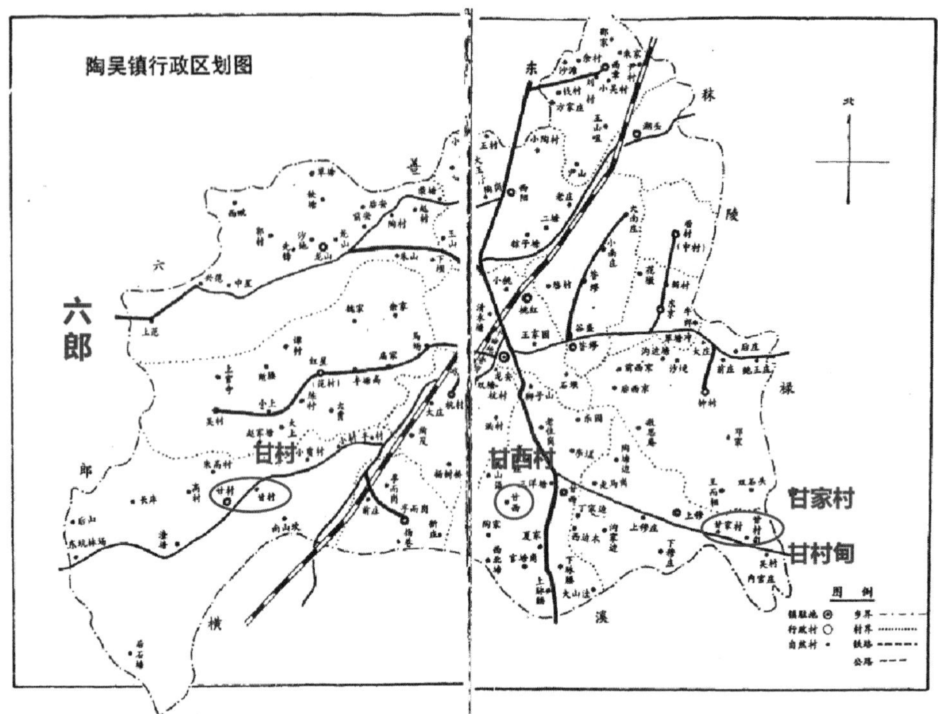

图 2　新中国成立后陶吴镇行政区划图中所见以"甘"命名的村庄①

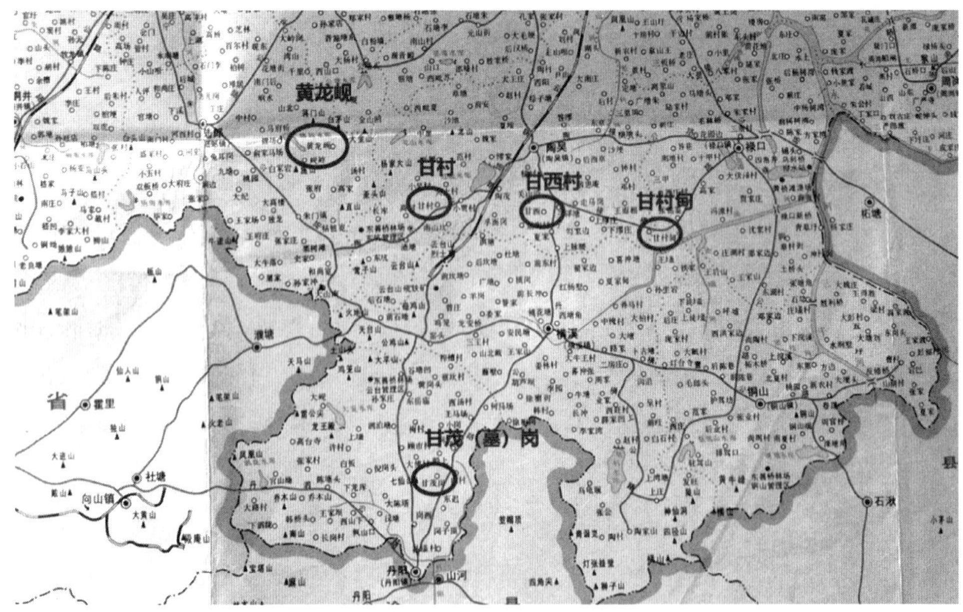

图 3　新中国成立后江宁县行政区划图中所见黄龙岘村周边以"甘"命名的地名②

---

① 《陶吴镇志》编纂领导小组 编:《陶吴镇志(1911～1990)》,南京出版社,1992 年版,图版第 2、3 页。

② 江宁县地名委员会编:《江苏省江宁县地名录》,内部资料,1984 年。

“邢家大院”传说虽未直接涉及甘氏家族的信息，但其中许多具体意象的表述与“甘氏家族”传说相同，可能也受到甘氏家族文化符号传播的影响。例如，“邢家大院”的“九十九间半”来源于“甘家大院九十九间半”的说法；邢探花升至“河南八府巡按”，皇帝赐“贞节牌坊”一事，查《江苏省江宁县地名录》，其中对黄龙岘村西侧同属陆郎乡的“牌坊村”做了说明，“此处有光绪六年所见的善门牌坊一座，记载河南八府巡按甘圣年家人事迹”[①]（按甘熙父亲甘福的同辈兄弟有“甘永年”“甘遐年”“甘延年”“甘鹤年”等，此处的“甘圣年”活动时间在“光绪六年”，应该也属甘氏这一支），其中“河南八府巡按”的说法同“邢大探花”传说相同，则“邢大探花”母亲的牌坊和“甘圣年”牌坊的说法可能有同样的来源；此外，“邢家大院”和甘熙的传说都涉及“小尖山神牛宝地”的说法，都反映了当地人卜葬的观念。

因此，说甘氏家族的活动事迹与影响模塑了当地人的信仰观念，为两则传说提供了传播、演变的基础。甘氏家族归葬祖茔与定期的祭祀实践使忠孝、天道的观念传播乡里，为当地村民提供了传说发生的具体情境，进而影响其自我认知与身份建构。而在更具体的层面上，传说中的人物、风物与事件同史实或现实相吻合，传说所反映的忠孝天道、家族仪式与因果观念也与村民日常的伦理价值相契合，成为乡村“礼俗”的一部分，使传说具有合理性与可信性，进一步促进当地人对相关传说的讲述与传播。

（二）地理意象、文化景观对传说建构的作用

传说依托特定的地理意象或文化标志物而具有地域性的特征，而对于这种地理意象和文化景观的感知又涉及讲述者主观的心理判断。陈泳超先生在论述传说与民俗研究语境问题时强调传说的“实感性”，即“在一个限制性的时空内，历史中所涉及的风物、意象必须落实到实践者日常生活环境的某些‘实物’上，才能唤起人们的自我感知”。[②]

黄龙岘村民叙述的人物传说基于一定的历史人物或事件，而流传的过程中又融合了村落地理环境标志物进行想象和改造，从而在主观上建构了村落“边界”与村落族群的认同。日本民俗学家柳田国男阐述了“传说圈”的概念，即传说总是与独特的地理意象与风物相关，依附于地方的传统特征。[③] 黄龙岘村处于丘陵地形，四周多山，而在村民朴素的地理观念中，山水等自然意象构成村落的边界，也是村

① 江宁县地名委员会编：《江苏省江宁县地名录》，内部资料，1984 年。

② 陈泳超：《背过身去的大娘娘——地方民间传说的生息动力学研究》，北京大学出版社，2015 年版，第 7 页。

③ 转引自万建中：《民间文学引论》，北京大学出版社，2006 年版，第 172 页。

民辨认方位的参考物，由此形成的社会文化空间（即“传说圈”）同地理空间也是基本吻合的。黄龙岘胡先生所讲述的当地晏公庙的传说即体现了村民对于村落地理边界的感知：

> 晏公原为一条作恶多端的黄龙，后妈祖收服晏公后建庙镇压，并派神龟、雄狮、小青龙和长蛇四神常年在此地监管晏公的作为。[①]

根据当地村民介绍，晏公庙旧址周边的几座山名（如蛇山（见图 4）、龟山（见图 5））正好与传说中四小神的名字相吻合。而“晏公是一条黄龙”的说法又隐含了村民对于“黄龙岘”村名来历的认识，黄龙岘村地形多山，连绵似龙，故称“黄龙岘”[②]。可见黄龙岘村蛇山、龟山等地理意象的存在构建了村民对村落边界的认识，进而村民能够笃信传说发生的地理背景。

图 4　黄龙岘蛇山（张晓玫 2021 年 11 月 15 日摄）

① 黄龙岘村当地村民胡先生口述资料：《晏公庙遗址与传说》，整理人：金逸潇，访谈时间：2021 年 10 月 3 日，访谈地点：黄龙岘新时代文明实践站。

② 黄龙岘当地村民吴先生口述资料：《记忆中黄龙岘的历史》，访谈时间：2021 年 10 月 2 日、10 月 3 日、10 月 6 日，访谈地点：南京市黄龙岘观景平台、茶叶摊、自然教育教室。

图 5　黄龙岘龟山古当铺遗址（张晓玫 2021 年 10 月 3 日摄）

此外，当地村民也通过对周边山水加以浪漫化的描述，增加了传说的神秘感，这种神秘感使得传说假假真真，进一步加强了传说的在地化色彩。“甘氏家族”传说中提及“小尖山神牛宝地”“云台山上的古寺”“牛迹山道观”等地理意象，村民将其与甘熙和邢一凤的事迹附会，这隐含了村民对村落周边独特地理风物的自豪感，也为传说增添了神秘色彩与人文气息。

（三）村民朴素的孝悌观、自然观是传说发生的深层心理基础

传说是一种民间集体或个人记忆的表达，传说被叙述和流传的时间越久，其本身的“遗忘”和“再建构”就越使其越发远离其形成之初的“历史真实”，而更接近流传地区的“地方性真实”。正如万建中先生所说：“村落的意义不是关于村落生活或村落历史上的某种基本事实，而是一种村落建构物，是社会文化构拟于村落族群边界制度。”①因此，村落历史上长期形成并为叙述者所认可的价值观念是传说形成地方性叙事的深层心理基础，当传说的启示意义与村民长期奉行的伦理观念相契合时，村民会

① 万建中：《传说建构与村落记忆》，《南昌大学学报（人社版）》，2004 年第 35 卷第 3 期。

进一步认可、强调并传播这种叙事。黄龙岘"甘氏家族"与"邢家大院"传说的形成与流布离不开村民长期奉行的孝悌观与自然观。

"甘氏家族"与"邢家大院"传说均提到主人公葬亲人于"小尖山神牛宝地"：

> 据说甘熙的生生母去世后，甘熙为给生母找一块山水形胜之地，一路寻找来到了黄龙岘村一个名叫小尖山的地方，据说小尖山是一块神牛宝地，甘熙随后就把生母葬在牛头之上，并在东边建有两进头的大宅，在此居住守孝。[①]
>
> 就在今天的黄龙岘村一个叫小尖山的山中，传说此山是一头神牛在此卧榻之地，甘熙就把母亲葬在了神牛宝地的牛头之上，自己在母亲墓地的东面地块，并建了三进头的大瓦房在此守孝，并给自己的山庄起名为潜龙山庄。(现在黄龙岘村西侧还保留"前龙"的地名。)[②]
>
> 看相先生就带着邢家母子，来到现在的黄龙岘村门前的一个叫小尖山的山中间，并对邢家母子说道，此山是一头金牛在此地卧腹，将你父亲遗骸葬在金牛腹背之上就行。[③]

在村民的演述中，"小尖山"显然已经成为一种具有纪念物性质和堪舆元素的文化符号。民间考察居址、墓葬的形势时有著名的"喝形"法，即凭直觉观测将山比作某种生肖动物，并将动物隐喻的吉凶与人的吉凶衰旺相联系，这是万物有灵观的一种残余[④]，体现了当地人"择吉"的思想观念。江宁小丹阳地区存在许多与"牛"相关的地名，例如前述牛迹山，传说谷里境内金牛洞山的金牛洞中，一日跑出一头神牛，来到此山西坡一块巨石之上，石上牛脚和牛锁链的印痕清晰可见，因此得名[⑤](村民口述传说中也涉及"金牛洞")；牛首山因南北双峰似牛角而得名，且是佛教牛头宗的发源地；六郎镇西北侧的牧龙亭镇于南宋《景定建康志》中记为"牧牛亭"[⑥]，可见此前也与牛的意象有关。从地名的渊源可以看出牛的意象是这一地区比较典型的堪舆元素。

一般认为民间堪舆流派按照操作的侧重点划分为源于江西的"形势派"和源于福建的"理气派"，而黄龙岘村人物故事传说中的堪舆流派更多偏向于"江西派"，即堪舆家因地制宜、因形选择，观察来龙去脉，注重分析地表、地势、地物、地气、土壤及方向，

---

① 黄龙岘村当地村民胡先生口述资料:《黄龙岘》，整理人:金逸潇，访谈时间:2021 年 10 月 3 日，访谈地点:黄龙岘新时代文明实践站。

② 黄龙岘村当地村民胡先生口述资料:《潜龙山庄》，整理人:金逸潇，访谈时间:2021 年 10 月 3 日，访谈地点:黄龙岘新时代文明实践站。

③ 黄龙岘村当地村民胡先生口述资料:《邢家大院》，整理人:金逸潇，访谈时间:2021 年 10 月 3 日，访谈地点:黄龙岘新时代文明实践站。

④ 何晓昕，罗隽:《中国社会民俗史丛书:风水史》，上海文艺出版社，1995 年版，第 153 页。

⑤ 中国人名政治协商会议南京市江宁区委员会 编:《江宁历史文化大观》，南京出版社，2008 年版，第 38 页。

⑥ 胡阿祥，吕凡，段彬等著:《印记:江宁非遗地名》，南京大学出版社，2019 年版，第 92 页。

尽可能使住宅或坟墓位于山清水秀的位置。[①] 其理论要点可以归为“(觅)龙、(点)穴、(察)砂、(观)水、(定)向”这“地理五常”[②]。在黄龙岘村这种丘陵多山的地形中,村民尤重“山环水抱”“环山聚气”的思想。黄龙岘村自身的来源传说就体现了“觅龙”“龙脉”的概念,根据村民口述:

> 黄龙岘村以前叫黄龙 yǎn(岗),这是古叫法,但后来外来人多了就普遍叫黄龙 xiàn。申办美丽乡村前,大家都叫这里黄龙岘(xiàn)村,这里地形连绵似龙,方圆几十里都是连绵的山。[③]

“形势说”的另一个重要的理论要点是“观水”。明清时期“水口说”十分盛行,成为堪舆形法中的理论基石。水口即水的来去之处,强调“源宜朝抱有情,不宜直射关闭,去口宜关门紧闭,最怕直去无收”[④]。黄龙岘村江(蒋)门山与水脉的关系即体现了这种“天门开”“地户闭”的思想:

> 据说黄龙岘村的西北面,有一个叫江门山的大山,据说是长江的大门,长江出口就在此山中,传说江门山上有一口古井是古人用生铁永久封死的,是不能打开的,一旦打开此古井,整个黄龙岘村立马会被全部淹没。黄龙岘村地下面有一条常年流淌的暗河,河水是从江门山经过黄龙岘村常年向东流淌而去,经久不息。(按:这里的“江门山”在清代方志中称“蒋门山”,可能是口传过程中发生演变)[⑤]

而在《甘熙葬母》与《邢大探花》的传说中,甘熙与邢家请来的看相先生为其亲人卜葬于“小尖山神牛宝地”,甘熙本人在其母墓侧建“潜龙山庄”守孝即体现了这种堪舆形势说中的“阴宅阳宅”“择吉”的思想,可以说传说中的堪舆元素就是当地村民朴素自然观、孝悌观的镜像,这种潜意识中的观念一致性使村民进一步对传说进行“在地化”加工。

结　语

通过分析“甘氏家族”与“邢家大院”两则传说,不难总结出黄龙岘居民崇德向善、重孝悌、热爱自然的价值观念。而此价值观念的形成与传承与甘氏家族活动事迹的

---

① 毛上文,温芳:《阴阳宅风水文化谈》,团结出版社,2007 年版,第 33 页。

② [清]赵九峰著;陈明,李非白话释意:《绘图地理五诀·地理总论》,华龄出版社,2006 年版,第 28 页。

③ 黄龙岘当地村民口述资料:《记忆中黄龙岘的历史》,访谈时间:2021 年 10 月 2 日、10 月 3 日、10 月 6 日,访谈地点:南京市黄龙岘观景平台、茶叶摊、自然教育教室。

④ 转引自何晓昕、罗隽:《中国社会民俗史丛书:风水史》,上海文艺出版社,1995 年版,第 156 页。

⑤ 黄龙岘村当地村民胡先生口述资料:《黄龙岘》,整理人:金逸潇,访谈时间:2021 年 10 月 3 日,访谈地点:黄龙岘新时代文明实践站。

流布、地理意象的地方性感知、自然观与孝悌观念的结合三个方面直接相关，为黄龙岘传说“在地化”的生成与传播提供了动力。甘氏家族家风的传承与扩布促成了科举大族与乡村“礼俗互动”的形成，使忠孝、天道的观念深入民间，为传说的发生提供了酝酿的土壤。村民对村落自然环境和地理标识物的感知与传说中的地理意象吻合，增加了传说的可信度，使村民倾向于用地方性的风物对传说的母题进行再创作。传说中所体现的伦理思想与村民长期持守的价值观念相契合，成为传说发生与传播的深层心理基础。

民间传说是古村落无形的文化财富。黄龙岘传说隐含的自然观、伦理观与现代文明社会的价值理念存在耦合之处，传说中蕴含的淳朴民风、乡土情结与家族认同等地方性观念是古村落宝贵的精神资源。因此，深入分析传说“在地化”的生成过程有助于我们更好地理解村落的地方性文化特色，对于实现乡村文化振兴、促进乡村善治具有重要的参考价值。

数字化视角下的非物质文化遗产知识产权保护的探究①

沈 凌②

摘 要:非物质文化遗产具有悠久的历史,是人类文明在漫长的社会发展中形成的多种多样、各型各式的文化艺术形式,不仅丰富了我国传统文化内涵,也体现了中华民族的精神内核。当前科技的快速发展,使很多具象化的、抽象化的艺术形式面临着数字化转换的发展机遇,但与此同时,非物质文化遗产的知识产权保护也受到了一定威胁。非物质文化遗产的知识产权保护意义在于促进传承人以及传承文化的权利实现,并激励非物质文化遗产继续传承与创新。本文通过对非物质文化遗产目前传承与保护现状的分析,探讨数字化背景下非物质文化遗产知识产权保护的措施以及传承路径。

关键词:数字化视角 非物质文化遗产 知识产权保护

我国正处于社会深化改革的重要阶段,坚持道路自信、政策自信、制度自信以及文化自信是我国实现中华民族伟大复兴的重要举措,传统优秀文化作为我国历史文明中的重要组成部分,是重要的特色社会主义建设战略资源。我国具有非常丰富的非物质文化遗产,根据文旅部门数据调查显示我国已发现近一百万项非物质文化遗产资源,其中入选联合国教科文组织非遗名录的有四十多项,非遗的传承与发展不能埋于民间,而是要结合当前的社会发展需求以及技术应用特征充分激发其自身的现代化活力。非物质文化遗产能够弘扬我国传统文化,并让公众更多地了解中华民族

---

① 基金项目:江苏省社会科学基金项目研究成果“江苏省大运河文化带非物质文化遗产知识产权保护研究”(编号:22FXD004)。

② 沈凌,金陵科技学院人文学院副教授。

的灿烂文明,但是与此同时也要注重非物质文化遗产的保护与传承,单独依靠传统的学徒式或家族式传承方法,已不能满足当前文化发展的需求,还需积极探索数字化非物质文化遗产的知识产权保护措施,让传承创新与产权运营并驾齐驱,构建数字化时代的全新型融合发展模式。

一、非物质文化遗产的数字化保护及传承现状

(一) 数字技术问题

如上所述,我国非物质文化遗产资源非常丰富,但是大多散落在民间,民间由于形式多种多样,因此采集过程无法使用统一的标准,目前的非物质文化数据信息采集标准化水平偏低,而且不同地区由于地域经济以及技术等多项因素差异,还存在着后台数据库共享的壁垒。例如部分地区经济环境比较薄弱,因此后台数据更新以及修复周期漫长,很多时候会由于历史原因造成数据的损失或遗漏,而较长的更换周期也会导致保护费用以及管理费用增加。归根结底,非物质文化遗产的数字化、保护与传承需重点关注,数字技术问题需建立统一性的模块化标准并不断注重采集数据的修复以及共享。

(二) 知识产权问题

数字化技术的快速发展已经逐步渗透到人们的生产生活以及学习当中,不仅改变了现阶段人们的生产关系,也为传统艺术形式发展提供了更多途径。虽然在一定程度上数字化为非物质文化资源产业提供了重要的存储以及传播渠道,但也对物质文化传承保护方式造成了一定冲击,一方面是数字化存储不完善,在一定程度上会造成资源流失,另一方面无序化的管理也可能让市场出现混乱。目前非物质文化遗产的知识产权问题还有待加强,尤其在数字化管理、数字化修复以及数字化传播等方面,还缺少相关的法律依据,这也导致数字化非物质文化遗产的产权不够清晰,可能增加非物质文化遗产继承与创新的阻力。

(三) 数据采集问题

古老文明在中华大地上不断的流转和创新,不同年代的非物质文化遗产有着自身鲜明的特征,虽然文化星光灿烂,但是也给现阶段的数字化资源采集造成了一定困难,由于采集标准并不统一,因此影响了非物质文化遗产数字化转换的工作效率。归纳原因,首先是非物质文化遗产本身具有一定的收集难度,其次是独特性造成了数据

采集无法使用统一性标准。由此可以看出在数字化时代非物质文化遗产的数据采集存在根本性问题，需应用资源管理和分发技术，对非遗文化资源进行统一的整合开发，同时也要预留拓展模块，为后期可能出现的非物质文化遗产进行数字化统计和记录做好准备。

二、非物质文化遗产的保护传承原则

（一）有利于传承保护原则

近些年来，随着我国综合国力的增长，党和政府也更加关心我国的文化发展需求。非物质文化遗产代表着我国古代的文化精华，在可持续发展背景下既要实现非物质文化遗产的经济价值，同时也要关注非物质文化遗产的传承与保护。很多非物质文化遗产具有抽象性和表演性，因此可以根据数字化技术特点，在保持非物质文化项目原貌的基础上进行创新与传承，但在整个过程中要为非遗项目制定数据档案，保证其发展的同时能够保留以往的文化内涵及精髓。近些年来有部分地区片面追求非物质文化遗产的商业价值，因此导致了创新不足，甚至有敷衍了事的现象。任何形式的传承都必须对非物质文化遗产进行保护，只有在保留原有精华的基础上进行创新，才能让非遗项目更好地传承下去。

（二）有效整合资源原则

数字化技术的融入看似为非物质文化遗产的发展提供了更加多元化的途径，但是很多非遗项目还需以多层次的线上线下融合方式进行内容传播及拓展，单纯以数字化形式进行传播，也会走向单一发展的道路，因此就需要相关工作人员有效整合资源，并根据非遗项目的特点内容以及发展需求进行创新。对于濒危性项目或受众较小的项目，要及时进行拯救性挖掘；而对于受众群体较多的非遗项目，则可以积极开展线下与数字化技术融合的方式，以此推动非遗项目产业快速发展。

（三）降低风险原则

我国具有悠久而漫长的历史，在整个社会文明发展过程中形成了自身独特的文化属性，而且周边的国家也受到我国千百年来的文化影响，非物质文化遗产必须了解其自身的特点及属性，才能在新时代中激发生命活力，并根据当前的市场需求以及国情特点进一步发展。数字化环境虽然让非物质文化遗产的数据信息传播更便捷和快速，但是给网络维权也带来了不利影响。由于网络传播范围广、速度快，因此很难找到源头，而且也无法对所有传播者进行逐一传唤和治理，而从技术角度而言，对所有数字化信息的收集和阻断也存在难度，因此需注重数字化时代非物质文化遗产知识产权保护的实现路径；既要注重自身的价值性传播，同时也要提高防范性体制的构建。

（四）强化数字化保护方式

数字化措施本身也具备一定的优势，例如打破了时间与空间的限制，实现了多媒体、虚拟现实、三维动画等方式的融合，进一步展现出非物质文化遗产的魅力，而且目前的数字化保护措施更加多样化和多元化，数字化保护方法是人类技术的进步，采用网络数字技术，让文化遗产更加丰富、生动，使得后人可以不再凭空想象，让传承的艺术形式完整地展示出来，为科研提供了丰富的素材，也为继承留下了宝贵资料。

三、数字化视角下非物质文化遗产知识产权保护

（一）精神权利主体的确定

非物质文化遗产本身具有悠久的历史，包含的种类也非常繁杂。一般而言，文学、音乐、戏剧、杂技、手工艺以及民俗文化等都属于非物质文化遗产的类型，而且每种类型都是独具特色的文化价值形态，彼此之间具有较大的差异性，而遗产项目创作者大多已不能查实，通常以传承人的地域属性、群体属性以及传承规则进行分类。例如传统的地方戏剧表演，一般在区域性的民俗节日中会有所展现，而参与者众多，一方面体现了区域性的文化内涵，但另一方面也无法查实传承与继承的具体自然人。由此可见非物质文化遗产的精神权利主体确定工作尤为重要，在非物质文化遗产保护过程中，尤其对于表演类的录音制品应建立保护版权人的相关法律法规，数字版权不仅包含艺术和技术作品的作者所讲权利，还包括数字邻接权，即传播录制以及广播组织者对其加工传播项目的权利，只有从落实网络实名制角度入手加强非物质文化遗产的知识产权保护数字化技术探索，结合大数据以及云计算对个人的传播过程进行全面调控，这样才能更好地确定精神权利主体，对于侵权行为给予关注和严查，同时数字化技术也可以进行后台统计，确保发生集体权利侵权事件后，能第一时间依托合适的条款进行民事诉讼。

（二）经济权利主体的确定

如果说精神权利是一种虚化性的权利象征，那么经济权利则具有具象化的实体

象征意义，非物质文化遗产的精神权利主体能为文化项目的传承改良做出贡献，而在此期间所获得的收益也能反哺于非物质文化遗产的发展，由此可见，经济权利主体需对非物质文化遗产项目进行正当合理的开发，可以根据其自身的精神价值转化为消费品或服务品，但是目前在非物质文化遗产知识产权法和授权许可环节还有待完善，尤其是非物质文化遗产的经济领域开发，即经济转换如何确保其自身的合理性，其经济权利主体的确定也比较困难。一方面，各地区应根据非物质文化遗产特点建立经济权利主体框架，例如部分戏剧性的表演，其中的演员、导演以及勤杂人员都应得到相关报酬，在整个经济成本分散过程当中可以率先明确邻接权人是否为精神权利主体，在演绎传承发展创新的过程中率先明确精神权利主体授权，为防范后期可能出现的侵权行为打下坚实基础。另一方面，经济权利主体的授权方式应符合相关的法律法规以及行政制度，目前可依照著作权集体管理条例进行试行管理，鼓励非物质文化遗产进行全国联网登记，同时将其转化为数据性的信息。这样就可以通过大数据进行注册制度技术开发，既有利于传承人的经济权利维护，也能为代行使权利进行快速网络授权，对于非物质文化遗产项目的开发、传承以及传播都具有深远影响。

（三）非遗项目权利的适度弱化

知识产权保护对于技艺传承人具有至关重要的影响，同时也是文化传承必不可少的行政手段，但是非物质文化遗产具有较强的公共属性这一特点也决定了权利主体所享有的排他权应向公益层面进行倾斜，并对项目权利进行适度弱化，防止权利的过度垄断。例如，节日性的区域文化活动本身就具有公共属性，而其他人的参与和模仿并不会对非物质文化本身造成影响，同时还可能产生传播作用，如果放大非遗项目的权利，则可能让文化属性逐渐减弱，并形成区域性的文化保护问题，因此权利需要适当弱化。但是为了更好地对非物质文化遗产进行传播并明确精神主体地位，在改编以及传播过程中要注明出处，尤其在数字网络的虚拟世界中，很多不完整传播甚至会给人一种误导性的舆论倾向，认为传播者就是原创者。所以在网络数字保护过程中需满足公众的文化需求，并让双方当事人的利益获得保护。值得注意的是，如果非遗项目的精神权利主体受到法律保护，并可以从中获取利益，那么他人开发或传播作品必须获得授权许可，也就是说精神权利主体有部分的行使权利，但是对于公众类的非遗项目，则可根据其用途重新进行判断和裁决。

（四）完善知识产权制度的法律法规及行政体系

知识产权制度是基于原创保护思维的独创性表达，不仅要保护知识产权本身，同时也要对相关的著作商标理论进行优化完善。首先，非物质文化遗产的传播不能仅仅依靠传统的发展模式，例如依靠图书馆、博物馆等自身的传播效力，而是要根据大数据时代的发展特点，将每一个个体都作为传播路径，之前的立法保护只关注实体性的物品，而难以对于其他形式的虚化信息进行保护。但是在大数据时代，各类的照片录音以及文件等信息可以通过知识产权立法进行保护，这意味着具有内容的信息可以在公共领域进行流转，但是需要经过授权。其次，商标管理是政府和企业应共同承担的职能、责任，在法律层面应明确非物质文化遗产的商标管理权利以及保护措施，同时也要结合公众需求弱化商标管理的权力层面。由于之前出现过对区域性的著名小吃进行注册的案例，对其他主体造成了损害，因此需探索和创新符合非物质文化遗产商标法律保护的实践手段，以此明确非遗创新发展方向。最后，国家在商标管理以及知识产权保护方面要采用动态的管理方式，不能过度保护也不能放任自流，需要根据当前的社会发展形态不断优化和调整法律保护体系及行政法规手段，以适应当前我国日新月异的社会变化。例如，传统音乐有一定的精神价值，同时也包含了本地域的文化信仰，并反映了特定的生活以及思想方式，而随着网络的快速发展，很多人会利用传统的音乐进行改编或创新，在一定程度上会造成文化的过度延展甚至产生毁灭性的伤害，但著作权法并未对此类衍生作品进行有效监管，可能造成传统文化不断被剽窃。值得注意的是，非物质文化遗产不仅具备表演性的艺术，同时还体现了艺术的文化思想内涵，其中的信念以及情感表达互相成就，因此还需考虑如何利用法律法规及行政手段保护传统文化利益。

结　语

综上所述，知识产权是国际上所形成的对文化、艺术、思想、宗教等进行保护的方式，非物质文化遗产本身具有复杂的表现方法，因此在数字化时代，相关部门及工作人员应率先分析非物质文化遗产的数字化保护以及传承现状，针对可持续发展需求，探索非物质文化遗产的传承保护原则，并结合目前数字化时代下非物质文化遗产传承特点探讨知识产权保护方法以及措施。通过确定精神权利主体、经济权利主体，进一步明确各自的责任和义务，然后还要关注非遗项目权利的适度弱化，以保护其发展为目的进行适当的传播，并通过完善知识产权制度的法律法规以及行政体系，为我国的非物质文化遗产知识产权保护奠定扎实基础，并建立主体与客体之间的分享机制来促进非遗项目的合理传承。

参考文献

[1] 袁慕贞:《非物质文化遗产知识产权法律保护模式探究》,《法制博览》,2021 年第 24 期。

[2] 姜琳:《基于区块链技术的文化创意产业知识产权高效保护策略分析》,《法制博览》,2021 年第 17 期。

[3] 王祉茹:《中原地区非物质文化遗产与知识产权保护问题的思考》,《河南科技》,2020 年第 36 期。

[4] 王桂霞,樊颖:《非物质文化遗产文创产业的知识产权保护问题与应对策略》,《法制博览》,2021 年第 35 期。

[5] 蒋思齐:《知识产权背景下的中原非物质文化遗产保护》,《河南科技》,2021 年第 26 期。

[6] 孙雯,葛慧茹:《数字化时代非物质文化遗产知识产权保护的再思考》,《艺术百家》,2020 年第 5 期。

[7] 向光富,姜黎皓:《非物质文化遗产知识产权法保护的障碍:原因及对策》,《沈阳工业大学学报(社会科学版)》,2020 年第 5 期。

[8] 刘雪凤,王家棋:《非物质文化遗产知识产权保护研究综述》,《南宁师范大学学报(哲学社会科学版)》,2020 年第 2 期。

[9] 胡颖欣:《非物质文化遗产的知识产权法律保护》,《魅力中国》,2020 年第 30 期。

[10] 李芳:《大数据时代文化产业知识产权的保护机制研究》,《艺术科技》,2021 年第 5 期。

[11] 周荣军:《知识产权保护对文化产业出口竞争力的影响》,《湖北社会科学》,2020 年第 3 期。

[12] 彭宏艳:《非物质文化遗产知识产权法保护障碍及对策》,《法制与社会》,2021 年第 19 期。

徐州非遗知识产权保护的困境与路径探索

杨尚雅①

摘　要：非物质文化遗产是特定的人群及其集体在长期的生产、生活实践、创作中产生的，是一种创造性的集体智力成果。但是，知识产权具有排他性和独占性的特征。文章阐述了在此矛盾下徐州市非遗知识产权保护中传承人间、地区之间、网络平台间非遗知识产权保护的现状，并在概念界定、传承人维权意识与维权能力、产权化与去产权化三组矛盾中分析原因，提出了知识产权的法律知识培训、申请品牌、注册商标、完善原创保护机制等路径方法，探索一条适合非遗的知识产权道路，以期更好地利用非遗文化，做好中国品牌，讲好中国故事。

关键词：非遗　知识产权　文创产品

非物质文化遗产是特定的人群及其集体在长期的生产、生活实践、创作中产生的。它是地域民族的思想情感和审美观点的反映，是一种创造性的集体智力成果。但是，知识产权具有排他性和独占性的特征，如果想要使用它，除了法律上的其他规定之外，还需要获得专利权人的同意，并根据双方的约定，交纳相应的费用。尽管我国对非遗的知识产权进行了一定程度的保护，但是，由于个人利益、集体利益和社会利益之间的混淆，再加上对社会公众利益的保护需要没有得到充分的满足，对非遗知识产权的保护并没有达到预期的效果。② 在现代社会的发展中，在人们对艺术审美、生活实践等多方面的需求下，作为一种文化象征，"非遗"作品被赋予了"经济性"。一些非遗项目或资源与文化创意产业相结合，被创新性地开发和利用。但是，伴随而来的还有大量的滥制和仿冒产品。非遗资源的无偿使用与滥用是对文化的不尊重，

---

① 杨尚雅，徐州文化馆馆员。

② 王黎黎：《"非遗"知识产权保护的误区与纠正——基于四川省立法与实践对比》，《中央民族大学学报》，2015 年第 4 期。

对开创者与传承者都是不公平的。

一、徐州市非遗知识产权保护现状

徐州市在探寻非遗知识产权保护的道路上取得了一定的成绩。徐州市积极利用我国现行的《专利法》《著作权法》《商标法》等维护权利人的合法利益。除此之外，徐州市为非遗产品量身打造的可辨真伪的“非遗产品追溯码”也即将投入使用。“非遗产品追溯码”就像是非遗产品的身份证，投入使用后，每件产品的制作人、制作时间等基本信息都可通过扫码一一显示。这一定程度上对仿冒或粗糙滥制的非遗产品具有抵制作用。但是因现行的知识产权相关法律保护的局限性，且徐州市受到知识产权保护的非遗项目仅占非遗项目总数的极少部分，徐州非遗知识产权的保护仍然面临着很多突出的问题，具体表现在以下几个方面。

（一）传承人之间的模仿与借鉴

在保护非物质文化遗产的过程中，传承人间相互模仿、相互借鉴的现象十分普遍，几乎没有传承人去申请专利，但是与此相反，传承人对自己作品的保护意识还是很强的，比如说在邀请传承人参加展示展览的活动中，就会有传承人因害怕同行抄袭而刻意遮挡自己的作品。举办各种传承人交流会的时候，会有传承人故意隐瞒自身的“实力”。传承人直播带货、线上传承也使得相互模仿借鉴等情况防不胜防。甚至有传承人为了作品的原创问题发生争执，非遗作品的知识产权问题在传承人间平白增添了许多冲突。传承人的维权意识和维权能力之间形成了矛盾。知识产权问题慢慢就成为传承人之间的一个痛点。

（二）地区间的融合与交流

地区间的相互模仿导致非遗作品同质化严重，本身具有地方特色的非遗作品经过地区间的相互借鉴融合，非遗元素特点淡化、归属地不明，失去了非遗项目的特征，更增加了非遗保护的困难。以徐州剪纸为例，北方剪纸民俗气息浓郁，率性简洁，南方剪纸讲究线条，构图复杂，而徐州剪纸兼具北方的民俗气息与南方剪纸的纤巧精细，粗犷豪放中透着灵动，反映了苏北农民的现实生活与民风性格。但是随着近年来剪纸的地区间的交流，部分剪纸爱好者的作品在融合中已经失去徐州剪纸的风格特点，为追求技巧，失去了原汁原味，淡化了申请知识产权必要的独特性，给地区性的非遗保护增加了困难，与非遗保护的初衷相违背。

（三）网络平台上文创产品的仿制

在数字化的社会背景下，互联网平台已经成为“山寨”文化产品泛滥和盗版文化产品传播的重要场所。部分原因是，文化创意产品的盗版侵权壁垒较低，部分参与文化创意的研发企业对其版权的认识还不够深刻，其文化创意的运作和经营能力仍然十分有限，使不法分子有了可趁之机。另外，对文化创意的保护也有较高的立案门槛，难以固定证据，且诉讼周期较长。[①] 除此之外，电商直播类的渠道，使得盗版侵权的隐蔽程度大大增加，因此，要想获得合法的权利，也就变得更加困难。在未厘清公共与私人边界的情况下，一些商店不仅打上“原创正品”字样，甚至还剽窃了一些原创的宣传短片、照片，令消费者难以分辨，也令以创新为基础的文创企业遭受了巨大的损失。

可见，非遗知识产权的保护并不乐观，这与非物质文化遗产形成的方式有关，也与传承人的维权能力和产权保护有关。

二、徐州市非遗知识产权出现困境的原因

（一）非遗知识产权的追溯和界定问题

非物质文化遗产是否属于个人知识产权呢？知识产权法律制度中的“独创性”要求作品必须源于作者的独立构思，不能与他人的作品相同或者雷同，但是大部分非物质文化遗产是基于千百年劳动人民的生产生活积淀，是集体智慧的结晶，很多文化元素是大家共同的财产。以徐州香包为例，一些图腾图样（龙凤呈祥、花开富贵、吉祥如意）是千百年来大家共同传承和认可的，香包的形状（圆形、方形、葫芦形、苹果形）也是流传下来的，现如今很多作品就是这些图样和形状的组合，很难去界定是否属于个人知识产权，所以也难以满足《著作权法》《专利法》的要求。

属于谁的知识产权？权利主体的确定十分困难，非遗项目的产生是一定地域的民众长期以来的智慧成果，换句话说，一个地区的项目能否申遗成功，该项目在本地区是否被大众普遍从事或传承是非常重要的衡量因素。因此，非物质文化遗产的权利主体具有天然的不明确性。当然，在我们的保护过程中，也涌现出很多具有时代特点和意义的作品，比如徐州香包省级传承人井秋红老师的“绿码”和徐州香包省级传承人王振霞老师的“丝绸之路”等，具有非常鲜明的个人特色。这些作品凝聚了创作者的智力心血，理应受到著作权、专利权、商标权等一系列知识产权法律的综合保护。

① 周荀：《文创“出圈”，知识产权保护也当跟进》，《人民日报劳动观察版》，2022 年 8 月 20 日。

（二）传承人维权意识与维权能力的矛盾

近些年来，市场化的运作凸显了非物质文化遗产的经济价值，同时也导致了知识产权遭受侵犯的情况屡见不鲜。非遗保护使得传承人之间创新创作氛围浓厚，商品经济的发展使传承人的维权意识开始觉醒，但是如何合法有效地保护自己的知识产权，依旧是传承人知识的盲区。传承人不行动起来，维权意识也只是空话。

这一方面和非遗产品的生产方式有关，非遗作品大多是家庭式小作坊手工生产，有的非遗项目仅仅靠着两三个人传承，很多非遗作品现阶段无法产业化，维权能力有限，维权成本高。另一方面与传承人自身有关，非遗传承人大多年龄较大，法律知识有限，且大都专注于自己作品的创作与技术的提升，对产权保护方面有心无力。即使知道是侵权，他们也不知怎么去合法维护自己的利益。

（三）产权保护与去产权化

非遗知识产权保护可以在传承人之间形成尊重创作的良好氛围，形成非遗保护的良性循环。尤其是非遗文创产品离不开创新者的长期钻研和时间、精力、资金的投入。如果他人能搭便车、走捷径、凭借山寨产品与原创者竞争且获得不菲收益，必然会导致创新之花日渐凋零。抄袭剽窃大行其道，产业发展也将难以“续航”。① 但是非物质文化遗产也需要大家的模仿、借鉴、传承、交流。这两者之间的矛盾也是非遗保护中存在的问题。以运用知识产权制度开展保护较早的镇湖苏修为例，虽然申请了较为完善的知识产权保护，但是依然面临着作品库作品数少，与版权人谈判成本高、针法创新难等知识产权保护适用难题。② 一些非遗爱好者需要时间和空间去锻炼自己的技艺，需要学过来再创作，地区之间也需要交流学习，非遗保护的最终目的也是全民热爱、积极传承。过度的产权保护可能使大家畏首畏尾，害怕一不小心侵了权。产权保护的界限画不好反而会适得其反。

三、保护非遗知识产权的路径探索

（一）知识产权的法律知识培训

对非物质文化遗产进行保护的工作者在知识产权方面进行普法十分必要，尤其

---

① 黄骥：《知识产权保护护航文创产业高质量发展》，《光明日报》，2023 年 4 月 26 日。

② 王黎黎：《“非遗”知识产权保护的误区与纠正——基于四川省立法与实践对比》，《中央民族大学学报》，2015 年第 4 期。

是在非遗保护一线的非遗传承人们,知识产权的保护涉及其自身的切身利益。通过知识产权的普法宣讲与培训,一是可以宣传普及知识产权的相关知识;二是帮助传承人深化对知识产权工作的认识,赋予传承人维护自身权利的能力;三是培养尊重他人知识产权的意识,帮助传承人厘清侵权的边界;四是知晓侵犯他人知识产权所应承担的法律责任,起到警示和预防的作用。授人以鱼不如授人以渔,只有赋予传承人维护自身利益的能力,知识产权保护才有了最坚实的后盾。

(二)鼓励申请品牌、注册商标

商标作为企业品牌的重要组成部分,是企业在市场竞争中的核心竞争力。在商标注册方面,我国已经建立了完善的法律制度,并加强了对商标侵权行为的打击力度。商标注册可以有效避免他人恶意抢注、仿冒自己的品牌名称和图案,防止他人侵犯自己的知识产权。拥有自己独立注册的商标,可以使消费者更容易识别和记忆自己的品牌,提高商品或服务在市场上的知名度和美誉度,从而增加市场竞争力。目前徐州地区已经有少量的传承人对品牌经营加以注意,并且持有了知识产权,比如邳州玉雕的1000多件玉雕作品已在江苏省版权局备案,丰县泥池酒酿制技艺也拿到了中国地理标志商标,马庄香包、曹氏香包等品牌效应也越来越明显,这给具有一定规模的非遗项目保护起到了很好的示范作用。

(三)完善原创保护机制

一件好的文创作品,从创作到传播与维护,都离不开创作者本身。没有知识产权的保护,非遗文创的发展是不可能实现的。要在全产业链上发挥有效的管理作用,加强对非遗产品的监督,健全非遗文创产品的原创性保护制度,为非遗文创产品创造一个安全、公正的创作环境。尤其是在数字时代,网络平台已成为散布“山寨”文创产品、传播盗版文创内容的重要场域。有必要进一步优化平台经营者的管理权责,引导其加强对侵权行为的监测审查,以更加全面能动的方式屏蔽移除侵权产品和侵权内容,为文创产业发展营造清朗网络空间。在对文化、创意进行合理合法的利用的同时,广大的文创主体应该积极地获得授权许可,并主动地去避免侵权的危险,在源头保护、协同保护、依法保护上下足功夫。[①] 与此同时,在处理知识产权争议的时候,也应该准确地把握保护的范围和限制,避免出现利用知识产权来圈占文化公地和垄断创意源头的行为。

中华五千年悠久的历史给我们留下了丰厚的历史财富和巨大的文化宝藏。在这

① 佚名:《让知识产权保护护航文创产品高质量发展》,《搜狐新闻》,2023年4月29日。

里，有着无穷无尽的民间故事、精妙绝伦的民间技艺和丰富多彩的民间艺术，唯有循法循理，尊重创新，保护知识产权，方能利用好我国丰富的非物质文化遗产，创造出既具有艺术表现力又具有商业生命力的精品，在有序传承和有序传播中用好非遗文化、做好非遗产品、讲好中国故事。

乡村振兴视域下江苏传统戏曲活态传承及其现代功能

曹冰青①

摘　要:随着乡村振兴战略的推进,传统文化的保护与传承成为了重要目标。江苏作为中国传统文化的重要发源地之一,拥有丰富的传统戏曲文化资源。在现代文化的冲击下,乡村戏曲文化生态遭到破坏,传承人老龄化问题严重,缺乏专业的传承人,缺乏资金和场地,给戏曲传承带来很多困难。乡村振兴背景下传统戏曲活态传承有很多现代功能,例如丰富农村群众的文化生活,促进乡风文明建设,促进农村地区文旅深度融合等。积极探索江苏传统戏曲的活态传承和发挥其现代功能有很多路径,例如修复乡村戏曲文化生态环境,让江苏农村地区现有的戏曲文物活起来,在全媒体视域下进行数字化保护,这些都可以让传统戏曲在农村地区得到更好的传承和延续。

关键词:乡村振兴　传统戏曲　活态传承

乡村振兴战略是习近平总书记于 2017 年 10 月 18 日在党的十九大报告中提出的战略,报告指出,农业农村农民问题是关系国计民生的根本性问题,必须始终把解决好"三农"问题作为全党工作的重中之重。文化振兴是乡村振兴的根本,可以说文化是乡村的灵魂和命脉。传统戏曲是传统乡村文化的重要组成部分,同时也是非物质文化遗产的重要组成部分。

江苏省作为传统文化大省之一,是中国戏曲的重要发源地,拥有悠久的戏曲历史和丰富的戏曲文化资源。其中昆曲、京剧、苏剧、扬剧、淮剧、锡剧、淮海戏、童子戏、徐州梆子、扬剧、柳琴戏、杖头木偶戏、苏州滑稽戏、泗州戏等 14 项剧种先后进入国家级

---

① 曹冰青,南京博物院助理馆员。

非物质文化遗产名录。昆曲、苏剧、扬剧、锡剧、淮剧、江苏柳琴戏、徐州梆子戏、童子戏、阳腔目连戏、杖头木偶戏、京剧、滑稽戏、香火戏、泗州戏、丰县四平调、肩担木偶戏、吕剧、淮红戏、越剧(竺派艺术)、黄梅戏、皮影戏(七都提线木偶)等25项剧种被列入省级非物质文化遗产名录。此外,还有市级传统戏曲非物质文化遗产名录61项,剧种丰富多样。传统戏曲文化对乡村振兴发挥着重要的作用,通过挖掘和弘扬江苏传统戏曲文化,探索江苏传统戏曲活态传承的路径,可以促进当地文化产业的发展和乡村旅游业的繁荣,同时也可以传承和弘扬中华传统文化。

一、江苏农村地区传统戏曲活态传承现状综述

(一) 江苏农村地区传统戏曲演出综述

江苏传统戏曲的生存与发展和民间有着密切的关系,传统戏曲的演出,通常是在乡村的庙会、婚礼、丧事等民间活动中,这些活动是戏曲生存与发展的重要支撑。传统戏曲的表演形式、剧情、音乐等元素都是在民间不断地演变和改进的。在江苏农村地区,传统戏曲的演出主要有以下几种形态。

1. 延续性:传统节俗的日常演出

江苏农村地区传统节俗具有延续性的日常演出主要有两种方式。一是庙会戏曲,庙会是农村地区一个非常重要的节日,一些寺庙在庆祝节日时会举行戏曲演出活动,吸引村民前来观看。庙会戏曲通常在寺庙的广场上演出,是农村地区规模相对较小的一种演出形式。如宿迁市皂河镇正月的拉魂腔表演,当地人说:“不逛皂河庙会,等于没有过一个地道的宿迁年。”二是社火戏曲。社火是江苏农村地区传统的燃放活动,一些地方也会在社火活动时举办戏曲演出,称为社火戏曲。社火戏曲的演出形式与庙会戏曲类似,演出地点通常在村庄的广场上,如扬州江都吴桥的社火。如今这些演出还在延续。

2. 移风易俗:婚丧嫁娶戏曲演出市场萎缩

在江苏农村地区,婚丧嫁娶都是重要的家庭节日,会邀请戏曲团队来演出,以增加喜庆或悲戚的气氛。这种演出形式通常在家庭院落或者宾馆会场上举行。在移风易俗背景下,婚丧嫁娶多采用现代形式,戏曲演出逐渐减少。

3. 自觉传承:村民剧团恢复生机

在江苏农村地区,一些村民也会自己组织戏曲演出,称为“村民自演”。这种演出形式通常是由当地居民自己编写剧本且自己表演,演出地点在村庄的广场或者文化

活动室等地。如扬州高邮市 13 支村民剧团在每年新年期间进行戏曲演出、苏州常熟市支塘镇蒋巷村设有农民剧场等，随着乡村振兴战略的实施，村民剧团也越来越多。

4. 持续性：政府送戏下乡的常态化

乡村振兴战略实施后，江苏农村地区传统戏曲演出出现了新的形式，全省各地广泛开展送戏到基层活动，2018 年以来，每年送戏两千余场。2023 年，江苏省文化和旅游厅明确全省各地“送戏下乡”每个乡镇不少于 4 场。① 送戏下乡活动常态化开展。

（二）江苏农村地区传统戏曲活态传承困境

党的二十大报告指出：“全面建设社会主义现代化国家，最艰巨最繁重的任务仍然在农村。坚持农业农村优先发展，坚持城乡融合发展，畅通城乡要素流动。加快建设农业强国，扎实推动乡村产业、人才、文化、生态、组织振兴。”传统戏曲传承的重点和难点也仍在广大农村地区。

首先，由于城市化的发展和现代文化的冲击，戏曲文化生态遭到破坏，传统戏曲在江苏一些乡村地区逐渐失去了受众和市场，面临着一系列的困境。很多年轻人对戏曲文化失去了兴趣，进而导致传承受阻。

其次，传承方式缺乏持续性与专业性。传统戏曲的技艺和曲目都是通过师徒传承的方式流传下来的。在江苏农村地区，一些老艺人会找年轻的徒弟，将自己的知识和技艺传授给他们。传统戏曲在江苏农村地区流传已有几百年的历史，但大部分传承人都是老年人，随着传承人年龄的增长，他们很难继续传授戏曲文化给下一代。另外，农村地区的很多戏曲传承人没有接受过正规的专业训练，无法顺利地把自己的经验和技艺传承给后人。

最后，农村地区演出场域匮乏。戏曲演出场域大都集中在城市和县城，农村地区少之又少。在场域建设方面，截至 2022 年年底，江苏全省已建成小剧场一千多个，剧场主要集中在城市和县城。建成的戏曲专题博物馆如苏州昆曲博物馆、盐城淮剧博物馆、泰州梅兰芳纪念馆、淮安戏曲博物馆、戏曲百戏博物馆、祝大椿故居传统戏曲音乐博物馆、无锡锡剧博物馆、南京越剧博物馆等，亦基本分布在城市。

党的十八大以来，以习近平同志为核心的党中央高度重视非物质文化遗产的保护工作，非物质文化遗产保护法律法规体系建设等工作持续推进。2015 年 7 月 11 日国务院办公厅印发《关于支持戏曲传承发展若干政策》，为戏曲的传承发展提供了新的机遇。2006 年江苏颁布了《江苏省非物质文化遗产保护条例》，建立了国家、省、市、县四级保护名录体系，2015 年省委办公厅、省政府办公厅《关于支持戏曲传承发

① 江苏省文化和旅游厅官网，http://wlt.jiangsu.gov.cn/art/2023/4/23/art_817_10879087.html。

展的实施意见》出台，这些政策为江苏传统戏曲的传承提供了新的机遇。

二、乡村振兴视域下江苏传统戏曲活态传承的现代功能

谢柏梁在《中国戏剧发展的地域性特征》一文中说："与西方戏剧的单极发展和城市自我繁殖的生态情况不同，中国戏剧的发展路线始终是发源于农村，发展于都市，再影响和辐射到农村去。这样的戏剧发展有本有源，有中心还有腹地，因此分外富于民族传统和群众基础，从而成为近千年来中国人民活的历史教科书和生活指南媒介。"①他认为戏曲发源于农村，繁荣于城市，最终又传播到农村，戏曲的保护和传承离不开民间的土壤。戏曲起源于民间，有着独特的魅力和群众基础，在乡村振兴背景下也发挥着现代功能。

（一）娱乐功能：丰富农村群众文化生活

娱乐功能是传统戏曲的重要功能之一。传统戏曲作为一种具有浓厚文化底蕴的文艺形式，可以丰富农村群众的文化生活。在农村地区，人们的生活比较单调，缺乏娱乐活动和文化氛围。而传统戏曲不仅能够让农村群众在繁忙的劳作之余得到放松和娱乐，还能够让他们通过欣赏戏曲了解传统文化，增长知识，提升审美素养。例如起源于民间的徐州梆子，唱词通俗，群众中普遍流传着"放下锄，喝过汤，哼唱几句梆子腔""三庄一个班，十里一处台，爷爷领着小孙孙，就把梆子大戏唱起来"等民谚，可见群众对梆子的喜爱。对于拉魂腔，徐州周边有"三天不听拉魂腔，吃饭睡觉都不香"的说法。

此外，传统戏曲的表演形式多样，既有唱腔、说白，也有动作、表情等演出元素，能够使农村群众在观赏戏曲的同时，还有全方位的艺术感受，提高文化素养。例如发源于太湖之滨的无锡、常州农村地区的锡剧，最初就是当地乡民用民歌小曲来说唱故事的一种娱乐方式。

（二）教育功能：促进乡风文明建设

清代戏曲家李渔在《闲情偶寄 · 词曲部 · 结构第一》中说："故设此种文词，借优人说法与大众齐听，谓善者如此收场，不善者如此结果，使人知所趋避，是药人寿世之方，救苦弭灾之具也。"②他认为戏曲在古代有着广泛的群众基础，具有特殊教化功能。

在乡村振兴背景下，乡风文明的建设离不开优秀的传统文化。传统戏曲是中国

① 谢柏梁：《中国戏剧发展的地域性特征》，《文艺研究》，1993 年第 6 期。

② 李渔著，杜书瀛译注：《闲情偶寄》，中华书局，2014 年版，第 40 页。

文化的瑰宝，而在乡村中传承和发展传统戏曲更是有着无可替代的重要意义。传统戏曲不仅是一种艺术形式，更是一种文化传承与乡风文明建设的载体。传统戏曲中的人物形象、生活场景、人文情感等元素，都深刻地反映了中国传统文化的内涵和价值观念。

陈独秀对戏曲的评价阐释了戏曲特殊的教育功能："戏园者，实普天下人之大学堂也；优伶者，实普天下人之大教师也。"戏曲是一门综合艺术，包含了文学、历史、音乐、舞台艺术等多方面的知识。优秀的戏曲作品弘扬真善美，蕴含浓浓的家国情怀，具有育人功能。例如扬剧的《百岁挂帅》、京剧的《杨门女将》都是传统的爱国题材；锡剧现代剧目《董存瑞》是典型的红色题材，影响了很多人的成长；苏剧现代剧目《国鼎魂》中的爱国情怀影响深远，传播了社会主义先进文化。通过演剧乡村，可以有效地营造乡村的文化氛围，促进乡风文明建设。同时，传统戏曲也能够丰富乡村的文化生活，吸引更多的人参与其中，增强乡村文化魅力。因此，保护和发展传统戏曲，对于乡村振兴和乡风文明建设都具有重要的意义。

（三）繁荣经济：促进农村地区文旅深度融合

乡村振兴，离不开文化建设。中共中央办公厅、国务院办公厅印发的《关于进一步加强非物质文化遗产保护工作的意见》指出："在有效保护前提下，推动非物质文化遗产与旅游融合发展、高质量发展。深入挖掘乡村旅游消费潜力，支持利用非物质文化遗产资源发展乡村旅游等业态，以文塑旅、以旅彰文，推出一批具有鲜明非物质文化遗产特色的主题旅游线路、研学旅游产品和演艺作品。"近年来，随着文化和旅游融合发展的不断深化，一些乡村经典紧跟时代步伐，充分利用互联网等技术，发挥自身独特优势，走文化和旅游融合发展的道路。而戏曲与旅游的融合提供了新的契机：戏曲在田间地头演出，既拉动经济增长，也满足村民的文化生活需要，还有效赋能了乡村旅游的发展。

江苏传统戏曲是江苏省地方性艺术的重要组成部分，有着悠久的历史和深厚的文化底蕴。随着旅游业的发展，传统戏曲已成为乡村旅游的一种重要资源，对于促进农村地区文旅深度融合和乡村旅游发展具有重要意义。第一，传统戏曲可以为乡村旅游增加文化内涵。江苏传统戏曲具有深厚的文化底蕴和独特的表演形式，在为游客提供视觉和听觉享受的同时，也能为游客传递江苏传统文化的精髓，提升乡村旅游的文化内涵。另外，传统戏曲可以为乡村旅游增加特色元素，江苏传统戏曲各具特色，如苏州评弹、昆山昆曲等，这些传统文化元素能够为乡村旅游增添各地独特的文化符号，吸引更多游客前来体验。例如苏州昆山的千灯古镇，在众多江南水乡中独树品牌，为人们走进、了解昆曲文化提供了一个真实窗口，在江南古镇中形成了自己独特的文化旅游品牌，被中国曲艺家协会评为“中国曲艺之乡”。第二，传统戏曲可以为乡村旅游增加演艺节目。为游客提供传统戏曲演出，不仅能够增加游客的娱乐体验，还可以带动当地演艺产业的发展，支持和培育当地的文化产业。如镇江句容千华古村的古戏台，每天都会有传统戏曲演出，非遗项目与景点融为一体，让游客能够获得沉浸式的体验。第三，传统戏曲可以为乡村旅游增加就业机会。传统戏曲的演出需要演员、舞台工作人员、灯光音响工作人员等多种专业人才，这些就业机会为当地居民提供了更多的就业岗位，有利于当地经济的发展和繁荣。因此，挖掘和利用传统戏曲资源对江苏乡村旅游具有重要的推动作用，能够促进江苏传统戏曲资源和乡村旅游的深度融合，实现文旅融合、产业融合和发展融合的多赢局面。

三、乡村振兴视域下江苏传统戏曲活态传承路径

江苏传统戏曲在农村地区有着深厚的传承基础，有着广泛的传承和发展空间，多元探索江苏传统活态传承路径，将传统戏曲真正地融入农村现代生活中，能够让更多人了解、喜爱传统戏曲，更好地推动江苏传统戏曲的传承与发展。

（一）修复乡村戏曲文化生态环境

传统戏曲大多起源于民间、发展于民间。如今传统戏曲在农村的回归与发展，离不开良好的文化生态环境。首先持续推进“送戏下乡”活动。送戏下乡是一项有效传播戏曲文化的途径，通过将戏曲演出带到乡村和农村地区，使更多的居民接触到戏曲、了解戏曲、爱上戏曲。2023 年，江苏省文化和旅游厅明确全省各地“送戏下乡”至每个乡镇不少于 4 场，有条件的地区争取实现一村一场，省级继续扶持经济薄弱地区 39 个县(市、区)2 508 场，用心用力做好“送戏下乡”工作，数量相比前几年在逐年递增，努力实现常态化演出。[①] 通过这种方式，可以逐步培养出一批传统戏曲文化的爱好者，为传承和发扬传统文化打下基础。

在此基础上，送戏下乡渐变为种戏下乡。“种戏”是为了让村民了解戏曲、认识戏曲、喜欢戏曲，传唱戏曲、创作戏曲，并且学习表演戏曲，使戏曲一直有生命力，使戏曲在人们心中扎根。近几年，江苏省文化和旅游厅用心用力做好“送戏下乡”工作，场次越来越多。但不能仅仅满足于政府的送，如何实现种戏下乡，把戏曲扎根在基层、生产在基层，如何变被动为主动，仍是需要考虑的实际问题。农村要充分利用现有的古戏台、祠堂等，支持个人或村镇办文化活动，积极倡导先富起来的农民，通过婚丧嫁娶

---

① 江苏省文化和旅游厅官网，http://wlt.jiangsu.gov.cn/art/2023/4/23/art_817_10879087.html。

等活动，结合民间风俗和节庆文化开展戏曲演出，恢复演出场域的常态化演出。

此外，鼓励有条件的农村地区建设一批戏曲特色小镇。例如，巴城镇是一座有着2500多年历史的江南水乡古镇，是昆山历史遗存最多和文化内涵最为丰富的地区之一，也是闻名遐迩的阳澄湖大闸蟹之乡、“百戏之祖”昆曲的发源地。它建成“中国昆曲第一镇”，建设“戏曲百戏博物馆”，举办“阳澄曲叙”“昆曲小镇・巴城重阳曲会”“中国戏曲小梅花荟萃活动”等文化活动，文化内涵更丰富，让昆曲小镇更有品位。锡剧发源于无锡市锡山区东部的严家桥村。淮海戏，江苏省传统地方戏曲剧种，源于沭阳吴集镇的“拉魂腔”。江苏传统戏曲基本起源于民间，如果能建成戏曲特色小镇，无疑有益于戏曲的活态传承。

（二）多元构建传承人传承和保护机制

非物质文化遗产是活态的，对于传统戏曲来说，传承和发展关键在人，既要有传承人，又要有观众。作为一种文化遗产，传统戏曲需要一代又一代人才来传承和发扬。首先应该鼓励更多的年轻人从事传统戏曲文化的学习和传承，培养一批优秀的传统戏曲演员、剧作家和制作人，以推动传统戏曲的发展；其次，充分利用曲社、研习会等民间组织，让戏曲进校园；最后，不但要培养下一代演员，也要培养下一代观众，因为，没有观众，就没有戏曲。

（三）让江苏农村地区现有的戏曲文物活起来

据《中国戏曲志・江苏卷》统计，本省现存戏曲剧目总数，包括本戏、连台本戏、小戏、折子戏，约六千个。中华人民共和国成立后创作、改编（包括整理）的剧目有一千多个，很多手抄本散落在民间。戏曲文物方面，束有春曾做过统计：“全省馆藏戏曲文物只有1000多件左右。大部分馆藏戏曲文物，还是处在一种‘藏在深闺人未识’的境遇。”[①]戏曲文物对于研究戏曲的起源与发展有着重要的作用，有必要对馆藏的戏曲文物进行系统的研究，包括陶俑、砖刻、瓷器、戏单、唱词褶、乐器、手捏戏文、文本文献等。近年来，随着非物质文化遗产保护的深入，一些农村地区建立了乡镇一级的民俗博物馆，为当地非物质文化遗产的传承和发展营造了空间。目前，很多民俗博物馆实际只是相关民俗主题的展厅。可以在江苏农村地区建设戏曲博物馆，将收集到的各类戏曲文物进行系统的整理、展示和研究，让更多人了解和学习江苏农村地区的戏曲文化，将收藏的戏曲文物进行展览和演出，让更多观众感受到江苏农村地区戏曲文化的魅力，同时也能增强人们对戏曲文物的保护和认识。

---

① 束有春：《江苏戏曲文物研究》，中国文联大众文艺出版社，2008年版。

《江苏省非物质文化遗产保护条例》指出："利用非物质文化遗产进行创作、改编、展示、表演、产品开发、旅游观光等活动，应当尊重其原真性和文化内涵，保持其原有的文化生态和文化风貌。"可以将戏曲文物应用于现代戏曲创作中。通过对戏曲文物的研究和理解，将其中包含的戏曲文化元素融入现代戏曲创作中，让传统戏曲得到更好的传承和发展，同时也能让戏曲文物活起来并得到更好的保护。还可以对经典剧目进行修复和保护，使之得以传承。同时，还需要在保护传统剧目的基础上，鼓励创作新的戏曲剧目，以适应现代观众的需求。

（四）全媒体视域下的数字化保护

传统戏曲是以唱、念、做、打为中心的综合表演艺术，是动态的表演，需要全方位的保护。2005 年，国务院在《关于加强非物质文化遗产保护工作的意见》中就提出："要运用文字、录音、录像、数字化多媒体等各种方式，对非物质文化遗产进行真实、系统和全面的记录，建立档案和数据库。"传统戏曲数字化是实现戏曲保护与传承、观演与传播的必由之路。

江苏农村地区要对戏曲资料进行数字化收藏，包括音频、视频、图片等资料，建立起一个完整且可查询的数据库，方便后人查阅和研究；通过数字化技术将戏曲表演录制下来，转化为数字化产品，进行线上展示和传播，让更多人了解和喜爱江苏农村地区的戏曲文化；通过数字化技术将戏曲文化传承下去，开展线上教育和培训，让更多的年轻人了解和学习江苏农村地区的戏曲文化，推动其传承和发展；结合数字化技术，创新戏曲表演形式和内容，将传统戏曲与现代数字技术相结合，创作出更具有现代感和吸引力的作品，吸引更多年轻观众接触并喜爱江苏农村地区的戏曲文化。

结　语

乡村振兴是当前中国社会经济发展的重要战略，传统戏曲作为传统文化的重要组成部分，也是乡村振兴中不可或缺的重要组成部分。江苏作为中国传统戏曲之乡，其传统戏曲的活态传承，可以激发民间文化的活力和创造力，促进地方文化的发展和经济的繁荣，使非物质文化遗产得到更好的保护和传承。

参考文献

[1] 方晓珍、方植锐：《皖江戏曲传承语乡村文化振兴融通研究》，《池州学院学报》，2022 年第 6 期。

[2] 顾保国、林岩：《文化振兴：夯实乡村振兴的精神基础》，中原农民出版社、红旗出版社，2019

年第 1 版。

[3] 费孝通:《乡土中国》,浙江文艺出版社,2020 年第 1 版。

[4] 曾奇琪:《浙江戏曲艺术资源的数字化保护和开发》,浙江大学出版社,2019 年第 1 版。

[5] 刘文峰:《中国传统戏曲传承保护研究》,学苑出版社,2012 年第 1 版。

[6] 张庚、郭汉城:《中国戏曲通史》,中国戏剧出版社,2006 年第 1 版。

基于文化聚落的江苏人类非遗探析

胡　燕　胡茜茜[①]

摘　要：江苏有楚汉文化、江淮文化与吴文化三大文化聚落，其中千丝万缕的联系使得江苏整体文化聚落组成了有机的、不可分割的整体，江苏省作为长江干流重要省份，其三大文化聚落的10项人类非物质文化遗产在文化空间中具有稳定的共同价值与文化信仰，反映了该空间不同历史时期风土民情千丝万缕的相关性、传承性与生态性，显示了凝聚力与归属感强的吉祥文化表征。将人类非遗还原到江苏的文化空间中，探析其在人文环境、自然环境、虚拟环境的互动中形成的非物质文化遗产活态传承，既可以为江苏人类非遗的整体保护与建设提供理论支撑，又是强富美高新江苏建设的应有之义与显示要求。

关键词：文化聚落　人类非遗　活态传承　非遗保护

引　言

2023年6月，习近平总书记在文化传承发展座谈会上指出，只有全面深入了解中华文明的历史，才能更有效地推动中华优秀传统文化创造性转化、创新性发展。空间层面，截至2021年12月，江苏省共有13个设区市、19个县、21个县级市、55个市辖区、718个乡镇。其中，昆山市、泰兴市、沭阳县为省直管试点市(县)。[②] 一个人类非遗就是一个小的文化聚落，在特定的文化聚落中生成、延续与发展。将人类非遗置于江苏的文化聚落空间研究，贯彻“保护为主、抢救第一、合理利用、传承发展”工作方针，还原不同历史时期人类非遗的特色，了解人类非遗的过去与未来，有助于形成具

---

① 胡燕，南京农业大学人文与社会发展学院教授，博导；胡茜茜，南京农业大学人文与社会发展学院博士在读。

② 江苏省人民政府官网——江苏行政区划：http://www.js.gov.cn/col/col31362/index.html。

有江苏空间特色、地域风格、流域气派的人类非遗体系。

一、概念界定

(一) 江苏文化聚落

"文化聚落"是具有稳定的共同价值与文化信仰，并居住在相对集中地理空间和虚拟空间的人类群体及其精神世界，在很大程度上，反映了该空间的历史时期风土民情千丝万缕的相关性、传承性与生态性。[①] 其通常不能用明晰的行政区划来切割，是显示凝聚力与归属感强的吉祥文化表征。

确定文化指标是文化聚落划分中最关键的问题。国外多以语言(方言)和宗教为主导指标。[②] 从地域上来看，江苏作为整体的文化聚落，民族组成与空间分布不明显，而饮食、方言、民歌、价值取向等区域差异明显，尤其是方言，有吴方言、江淮方言、北方方言 3 大方言区分布在 13 个设区市，以县为基本单元，可划分为楚汉文化、吴文化、江淮文化三大文化聚落(表 1)。[③]

表 1　江苏三大文化聚落

序号	1		2			3	
文化聚落	楚汉文化聚落		江淮文化聚落			吴文化聚落	
文化亚区	赣榆亚区	徐州亚区	海盐亚区	淮扬亚区	金陵亚区	苏州亚区	常州亚区
空间辐射范围	连云港赣榆、东海	徐州、宿迁市区	南通市区、盐城市区、连云港市区、如东、通州、海安、如皋、如东、东台、大丰、射阳、滨海、响水、灌云	扬州、镇江、淮安、泰州四市的市区、宝应、江都、仪征、高邮、扬中、涟水、灌南、沭阳、泗阳、泗洪、盱眙、洪泽、金湖、阜宁、建湖、姜堰、泰兴、兴化	南京市、句容	苏州市区、昆山、吴江、太仓、常熟、无锡市区、启东、海门	常州市区、溧阳、金坛、溧水、高淳、江阴、宜兴、张家港、丹阳、靖江

---

① 胡燕，胡茜茜，杨雨彤：《文化聚落：长江干流人类非遗探析》，《长江大学学报(社会科学版)》，2022 年第 5 期。

② 朱竑：《海南岛文化区域划分》，《人文地理》，2001 年第 3 期。

③ 孟召宜，苗长虹，沈正平等：《江苏省文化区的形成与划分研究》，《南京社会科学》，2008 年第 12 期。

（二）江苏的人类非遗

人类非遗是指经联合国教科文组织评选确定而列入《人类非物质文化遗产代表作名录》的文化遗产项目。记录着人类社会生产生活方式、风俗人情、文化理念等重要特性的非遗蕴藏着世界各民族的文化基因、精神特质、价值观念、心理结构、气质情感等核心因素，是全人类共同的宝贵财富。截至 2023 年 6 月，我国入选联合国教科文组织非遗名录(名册)的项目共计 43 项，[①]总数位居世界第一，人类非遗 35 项，其中，江苏人类非遗 10 项，即昆曲、中国古琴艺术、中国桑蚕丝织技艺、云锦织造技艺、中国剪纸、中国雕版印刷技艺、中国传统木结构建筑营造技艺、端午节、京剧、中国传统制茶技艺及其相关习俗，这些项目是讲好江苏故事的母题。

中国建立了从国家、省、市到县四级非遗名录保护体系和传承人名录认定制度，非遗的传播特性使其常常跨县、市、省、国家而存在，因此，江苏三大文化聚落的某项人类非遗存在多个省份申报的情况。楚汉文化聚落的人类非遗 1 项，江淮文化聚落的人类非遗 7 项，吴文化聚落的人类非遗 7 项(表 2，人类非遗按照其主持申报地归类)。

表 2　江苏省列入人类非遗代表作名录的项目(国家级)(笔者整理)

<table>
<tr><th>序号</th><th>列入年份</th><th>人类非遗</th><th>涵盖项目名称(国家级)</th><th>类别(联合国)[②]</th><th>类别(国家级)[③]</th><th>申报地区或单位</th><th>保护单位</th><th>类型公布时间</th><th>合作申报情况</th><th>文化聚落</th></tr>
<tr><td rowspan="2">1</td><td rowspan="2">2008</td><td rowspan="2">昆曲</td><td rowspan="2">昆曲</td><td rowspan="2">b</td><td rowspan="2">g</td><td rowspan="2">江苏省</td><td rowspan="2">江苏省演艺集团有限公司、江苏省苏州昆剧院</td><td rowspan="2">新增项目2006年(第一批)</td><td rowspan="2">江苏省联合申报</td><td>吴文化聚落</td></tr>
<tr><td>江淮文化聚落</td></tr>
<tr><td rowspan="4">2</td><td rowspan="4">2008</td><td rowspan="4">中国古琴艺术</td><td>古琴艺术(虞山琴派)</td><td rowspan="4">b;e</td><td rowspan="4">c</td><td>江苏省常熟市</td><td>常熟市虞山琴派艺术工作室</td><td rowspan="4">扩展项目2008年(第二批)</td><td rowspan="4">江苏省联合申报</td><td>吴文化聚落</td></tr>
<tr><td>古琴艺术(广陵琴派)</td><td>江苏省扬州市</td><td>扬州市文化馆</td><td rowspan="3">江淮文化聚落</td></tr>
<tr><td>古琴艺术(金陵琴派)</td><td>江苏省南京市</td><td>南京市秦淮区文化馆</td></tr>
<tr><td>古琴艺术(梅庵琴派)</td><td>江苏省南通市</td><td>南通市非物质文化遗产研究会</td></tr>
</table>

① 中国入选联合国教科文组织非物质文化遗产名录(名册)项目：https://www.ihchina.cn/chinadirectory.html。

② 联合国教科文组织《保护非物质文化遗产国际公约》中的非遗分类：(a) 口头传统和表现形式，包括作为非物质文化遗产媒介的语言；(b) 表演艺术；(c) 社会实践、仪式、节庆活动；(d) 有关自然界和宇宙的知识和实践；(e) 传统的手工艺。

③ 中国国家级名录将非遗分为十大门类：(a) 民间文学；(b) 传统体育、游艺与杂技；(c) 传统音乐；(d) 传统美术；(e) 传统舞蹈；(f) 传统技艺；(g) 传统戏剧；(h) 传统医药；(i) 曲艺；(j) 民俗。

续 表

<table>
<tr><th>序号</th><th>列入年份</th><th>人类非遗</th><th>涵盖项目名称（国家级）</th><th>类别（联合国）</th><th>类别（国家级）</th><th>申报地区或单位</th><th>保护单位</th><th>类型公布时间</th><th>合作申报情况</th><th>文化聚落</th></tr>
<tr><td>2</td><td>2008</td><td></td><td>古琴艺术（梅庵琴派）</td><td>b;e</td><td>c</td><td>江苏省镇江市</td><td>镇江梦溪琴社</td><td></td><td></td><td></td></tr>
<tr><td rowspan="2">3</td><td rowspan="2">2009</td><td rowspan="2">中国传统桑蚕丝织技艺</td><td>苏州缂丝织造技艺</td><td rowspan="2">e;c</td><td rowspan="2">f</td><td>江苏省苏州市</td><td>苏州王金山大师缂丝工作室有限公司</td><td rowspan="2">新增项目2006（第一批）</td><td rowspan="2">江苏省联合申报</td><td rowspan="2">吴文化聚落</td></tr>
<tr><td>宋锦织造技艺</td><td>江苏省苏州市</td><td>苏州丝绸博物馆</td></tr>
<tr><td rowspan="2">4</td><td rowspan="2">2009</td><td rowspan="2">南京云锦织造技艺</td><td rowspan="2">南京云锦木机妆花手工织造技艺</td><td rowspan="2">e;c</td><td rowspan="2">f</td><td>江苏省南京市</td><td>南京云锦研究所有限公司</td><td>新增项目2006（第一批）</td><td rowspan="2">江苏省单独申报</td><td rowspan="2">江淮文化聚落</td></tr>
<tr><td>江苏汉唐织锦科技有限公司</td><td>江苏汉唐织锦科技有限公司</td><td>扩展项目2011（第三批）</td></tr>
<tr><td rowspan="4">5</td><td rowspan="4">2009</td><td rowspan="4">中国剪纸</td><td>剪纸（扬州剪纸）</td><td rowspan="4">e;c</td><td rowspan="4">d</td><td>江苏省扬州市</td><td>扬州剪纸博物馆有限公司</td><td>新增项目2006（第一批）</td><td rowspan="4">江苏省联合申报</td><td rowspan="2">江淮文化聚落</td></tr>
<tr><td>剪纸（南京剪纸）</td><td>江苏省南京市</td><td>南京市工艺美术总公司</td><td rowspan="3">扩展项目2008年（第二批）</td></tr>
<tr><td>剪纸（徐州剪纸）</td><td>江苏省徐州市</td><td>徐州文化馆</td><td>楚汉文化聚落</td></tr>
<tr><td>剪纸（金坛刻纸）</td><td>江苏省金坛区</td><td>常州市金坛区刻纸研究所</td><td>吴文化聚落</td></tr>
<tr><td>6</td><td>2009</td><td>中国雕版印刷技艺</td><td>雕版印刷技艺</td><td>e</td><td>f</td><td>江苏省扬州市</td><td>扬州广陵古籍刻印社有限公司</td><td>新增项目2006（第一批）</td><td rowspan="2">江苏省联合申报</td><td>江淮文化聚落</td></tr>
<tr><td>7</td><td>2009</td><td>中国传统木结构建筑营造技艺</td><td>香山帮传统建筑营造技艺</td><td>e</td><td>f</td><td>江苏省苏州市</td><td>苏州香山工坊建设投资发展有限公司</td><td>新增项目2006（第一批）</td><td>吴文化聚落</td></tr>
<tr><td>8</td><td>2009</td><td>端午节</td><td>端午节（苏州端午习俗）</td><td>c</td><td>j</td><td>江苏省苏州市</td><td>苏州市沧浪区（苏州端午习俗）</td><td>新增项目2006（第一批）</td><td>江苏省联合申报</td><td>吴文化聚落</td></tr>
</table>

续　表

<table>
<tr><th>序号</th><th>列入年份</th><th>人类非遗</th><th>涵盖项目名称(国家级)</th><th>类别(联合国)</th><th>类别(国家级)</th><th>申报地区或单位</th><th>保护单位</th><th>类型公布时间</th><th>合作申报情况</th><th>文化聚落</th></tr>
<tr><td rowspan="2">9</td><td rowspan="2">2010</td><td rowspan="2">京剧</td><td rowspan="2">京剧</td><td rowspan="2">b</td><td rowspan="2">g</td><td>江苏省演艺集团</td><td>江苏省演艺集团有限公司</td><td rowspan="2">扩展项目2011年(第三批)</td><td rowspan="2">江苏省联合申报</td><td rowspan="2">江淮文化聚落</td></tr>
<tr><td>江苏省淮安市</td><td>江苏省长荣京剧院</td></tr>
<tr><td rowspan="3">10</td><td rowspan="3">2022</td><td rowspan="3">中国传统制茶技艺及其相关习俗</td><td>绿茶制作技艺(碧螺春制作技艺)</td><td>c;d;e</td><td>f</td><td>江苏省苏州市吴中区</td><td>苏州市吴中区洞庭山碧螺春茶业协会</td><td>扩展项目2011(第三批)</td><td rowspan="3">江苏省联合申报</td><td>吴文化聚落</td></tr>
<tr><td>绿茶制作技艺(雨花茶制作技艺)</td><td>c;d;e</td><td>f</td><td>江苏省南京市</td><td>南京盛峰茶业有限公司</td><td>扩展项目2021(第五批)</td><td rowspan="2">江淮文化聚落</td></tr>
<tr><td>茶点制作技艺(富春茶点制作技艺)</td><td>c;d;e</td><td>f</td><td>江苏省扬州市</td><td>扬州富春饮服集团有限公司富春茶社</td><td>新增项目2008(第二批)</td></tr>
</table>

二、江苏人类非遗文化聚落的形态及特征

每一项人类非遗都是一个文化聚落，并且文化聚落具有显著的地域特征。文化聚落通常具有强大的凝聚力和归属感，源于当地居民间共同的语言连接——方言作为历史时期风土民情的具体表现，打破了行政区划的壁垒。

(一) 楚汉文化聚落

楚汉文化聚落北方方言(中原官话)，以国家历史文化名城徐州 (古都彭城) 为中心，既是江苏文化聚落主区之一，也是两汉文化的先声和中华文明的圭臬。它起源于6000年前的青莲岗文化、大墩子文化、花厅文化，乃至更早的下草湾智人文化，融合先秦黄河、长江两大文化体系，形成于秦汉之际的“楚汉争霸”时期，但也造就了楚汉文化聚落勇于开创、竞争向上、尚武崇文、团结奋进、博采广纳、融会创新的文化特征。[①]

楚汉文化聚落的特征在人类非遗中有明显的表征。由于深受中原文化和齐鲁文

① 程荣华:《试论楚汉文化之特征》;中国古都学会，徐州古都学会.中国古都研究(第十七辑):《中国古都学会2000年学术年会暨中华古都徐州历史文化资源开发研讨会论文集》，三秦出版社，2000年版，第8页。

化影响，楚汉文化敦厚有余，灵活不足，产生了苏北现代化的文化阻滞力，这也是其只有“徐州剪纸”的主要原因之一。徐州剪纸广泛流传于江苏省徐州各县(市)区。地处苏、鲁、豫、皖四省交界处的徐州是南北文化交融地带，素有“五省通衢”之称。处于这种特殊地理环境中的徐州剪纸集南北之长，作品中既融入了北方剪纸的豪放和浑厚，又糅合了南方剪纸的细腻和清丽。徐州剪纸有两种主要风格，一种以邳州剪纸为代表，作品构图紧凑，疏密得当，结构粗犷浑厚，风格朴实无华，喜用变形夸张等手法，显得大胆泼辣；另一种以徐州市区吴国本、张丽君及沛县敬安镇的剪纸为代表，作品风格灵秀俊美、细腻流畅、精巧玲珑。

(二) 江淮文化聚落

江淮文化聚落以江淮官话为方言，位于江苏长江、淮河之间的广大区域，淮河是江淮古文化的发源地，夏商周时候，乃“徐淮夷文化”，春秋战国时期，江淮地区的徐淮夷文化向吴越文化与楚文化靠拢，因而形成了“大都制作精良，铭文字体秀丽，纹饰细致优美，为长江流域的风格，与北方的庄穆雄浑不同”的特点。北宋时期的欧阳修等合撰的《新唐书・权德舆传》中就有“天下以江淮为国命”。南联荆蛮，北接中原，东临吴越，过渡的江淮地理区位使江淮文化多了几分杂糅相间、南北交融的“过渡性”。交汇兼容、开放汲取、崇教尚文是江淮文化的典型特征。[①]

江淮文化的特点和精神在人类非遗中体现颇多。例如，南京云锦既有南方吴文化聚落的细致优美，又有楚汉文化的庄穆雄浑。云锦的“锦”字，是“金”字和“帛”字的组合，《释名・采帛》：“锦，金也。作之用功重，其价如金。故惟尊者得服。”作为御用高级织物的云锦，是供帝王后妃使用的，因此它的色彩装饰必须能够显示出一种庄严、华丽、高贵、典雅的气派，方能符合使用者的身份，切合宫廷里的华贵气氛。

(三) 吴文化聚落

吴文化聚落以吴语为方言，以太湖流域为核心，地处长江下游，河流纵横，地势低洼，是著名的“水乡泽国”。自东汉以来，北方战事不断，经济逐渐南移，吴文化聚落最终成为全国经济文化的中心。[②] 中原文化与吴文化的碰撞、融合，赋予了吴文化“五方杂处，兼容并包，为我所用”和开放开拓等新的内涵。吴地通江达海，港汊众多，与海外交往已有2500多年的历史。对外交往与贸易，为吴文化注入了新的内涵。“博采外域之长，以图超胜”，制作精良、清秀俊逸、精密绝伦、包容开放等成为其显性特征。[③]

---

① 孟召宜，苗长虹，沈正平等：《江苏省文化区的形成与划分研究》，《南京社会科学》，2008年第12期。

② 钱智：《吴文化区域系统初步研究》，《地理学报》，1998第2期。

③ 高燮初：《融合古今.汇通中西——略论吴文化的特色》，《江海学刊》，1996年第6期。

吴文化聚落的人类非遗种类丰富，具有显性的吴文化表征。如苏州缂丝织造技艺，缂丝作为最早用于艺术欣赏的丝织物，素以制作精良、古朴典雅、艳中带秀的艺术特点著称，被誉为“织中之圣”。古琴艺术（虞山琴派）的琴乐讲求气韵生动，将“中和”的儒家音乐观和“大音希声”的道家音乐观融合为一，使动静之美交相辉映，形成“博大和平，清微淡远”的琴风。香山帮传统建筑营造技艺建造的香山帮建筑的特点是色调和谐、结构紧凑、制造精细、布局机巧。

三、江苏人类非遗文化聚落的功能

江苏文化聚落的功能在很大程度上体现在江苏历史时期风土民情千丝万缕的相关性、传承性与生态性上。

（一）相关性：文化空间的外涵延伸

作为共同解释非遗的理论，“文化聚落（cultural settlement）”相对“文化空间（cultural space）”具有更为延伸的外涵。20 世纪 70 年代，西方理论界开始重点关注空间与时间、社会之间的本质关系[①]，空间成为一种新的有效理解社会的范式，即所谓“空间转向”。法国学者列斐伏尔创造性地提出空间性、社会性和历史性结合的三元辩证法[②]，空间不再是地理学意义上的物理空间，“文化空间”概念也应运而生。联合国教科文组织发布的《人类口头和非物质遗产代表作申报书编写指南》指出：“文化空间可确定为民间或传统文化活动的集中地域，但也可确定为具有周期性或事件性的特定时间。”[③]2003 年《保护非物质文化遗产公约》明确将文化空间作为非遗的一种类型列入公约。[④] 2005 年国务院制定的《国家级非物质文化遗产代表作申报评定暂行办法》指出，文化空间是“定期举行传统文化活动或集中展现传统文化表现形式的场所，兼具空间性和时间性”[⑤]。可见非遗视角下的文化空间，强调空间、时间、文化实践三个维度的叠加，不能简单理解为“唯物”空间，而是一种时空伴随的文化实践复合体。[⑥]

---

① 郑震：《空间：一个社会学的概念》，《社会学研究》，2010 第 5 期。

② ［法］亨利·列斐伏尔著；刘怀玉等译：《空间的生产》，商务印书馆，2021 年版，第 30 页。

③ 联合国教科文组织：《人类口头和非物质遗产代表作申报书编写指南》；邹启山主编：《联合国教科文组织人类口头和非物质遗产代表作申报指南》，文化艺术出版社，2005 年版，第 2 页。

④ 《保护非物质文化遗产公约》，《中华人民共和国全国人民代表大会常务委员会公报》，2006 年第 2 期。

⑤ 《国务院办公厅关于加强我国非物质文化遗产保护工作的意见》，《中华人民共和国国务院公报》，2005 年第 14 期。

⑥ 萧放，席辉：《非物质文化遗产文化空间的基本特征与保护原则》，《文化遗产》，2022 年第 1 期。

相较于文化空间，文化聚落凸显的是人们具有共同价值观和文化信仰，其精神世界与所处空间的历史、环境和传承密切相关。这种关联性反映了人类群体在特定地理环境中形成的特定文化特征，并且通过世代相传保持其连续性和认同感。文化聚落的空间是相对集中的地理空间，江苏的三大文化聚落既有相似性又有相对性。相对性方面，对比长江流域、全中国、全世界，江苏是一个相对集中的文化聚落，区域特征明显。相似性方面，如中国剪纸作为一个跨越了江苏三大文化聚落的人类非遗，扬州剪纸、南京剪纸、徐州剪纸、金坛刻纸的空间相关性体现在其都处在江苏这一相似的自然环境中。其中南京剪纸的个性特征极为突出，地理上跨越南北，具有南方和北方的特征，它融北方剪纸的粗放和南方剪纸的细腻为一体，花中有花，题中有题，粗中有细，拙中见灵，艺术形式优美异常。可以看出，文化聚落通常不受明确的行政区划的限制，具体表现为相似性和相对性，其空间特征多与地理环境相关，与自然界和人类长期的互动和演变相关联，是由自然和人类共同创造的。

（二）传承性：人人相传的活态传承

文化聚落内的人类非遗反映了该空间的历史时期风土民情千丝万缕的传承性。文化聚落的传承性特征表现为，原有文化聚落基础布局结构的调整、同一文化聚落内容的更替以及新文化聚落内容的出现等随着时间而变化，囊括了具有共同价值和文化信仰的人类非遗的形式与内涵的集聚和延续状况。① 这与生物进化具有一定的耦合性。生物学中的进化现象是生命意义所在，也是生命体自我发展的特征。达尔文在《物种起源》第四章“自然选择，即最适者生存”中认为“自然在检阅着最细微的变异，把好的保留下来加以累积”②，此外还进一步提出了生物演替的概念。中国的“非遗”从传统社会走来，在跨越式进入现代社会的过程中，经历了工业化和全球化的浪潮，艰难走过了一段适应性的变迁过程。首先，某些有益的变迁被保留下来，形成了进化现象；某些有害的变迁被毁灭了。其次，有些适合现代社会的“非遗”项目被保留下来，并发生适应性变化和延续，更新迭代；而某些无法快速应变的“非遗”项目被自然淘汰了。③ “非遗”在历史进程中出现适应性的进化现象正是以人为本的活态传承。

非遗的三个评选标准：一是活态传承，二是三代以上的传承谱系，三是百年以上的历史，同时具有历史、文学、艺术，科学等诸多价值。文化聚落中人类非遗的活态传承是在现今的环境条件下，以人为主体，在保存其文化精髓和要素的前提下，以一种

① 张兵：《城乡历史文化聚落——文化遗产区域整体保护的新类型》，《城市规划学刊》，2015 年第 6 期。
② ［英］达尔文著；周建人，叶笃庄，方宗熙译：《物种起源》，商务印书馆，1997 年版，第 98—99 页。
③ 章莉莉，刁秋宇：《非物质文化遗产活态传承的生态建设》，《民族艺术研究》，2021 年第 3 期。

活跃、可持续的方式延续其文化形态的一种传承方式。①

（三）生态性：文化多样的生态价值

国际文书、联合国教科文组织的《世界文化多样性宣言》指出，文化多样性“对人类来讲就像生物多样性对维护生物平衡那样必不可少”。非遗保护的本质是保护文化多样性，文化多样性和生物多样性之间有着必然的紧密联系，人类非遗保护与生态文明建设也是息息相关、紧密联系的，那就是没有生态的多样性也就没有文化的多样性，而文化多样性反过来也带来生物多样性的和谐发展。生态文明建设主要解决的是发展问题，而人类非遗本身就具有发展属性。

相比工业文明，生态文化是从“人统治自然的文化”过渡到“人与自然和谐的文化”。由于我国工业文明的历史较短，江苏人类非遗主要是主张天人合一传统农耕文化的产物和遗物，其本质就是一种人与自然和谐的文化，其包含的许多知识理念和实践精神，对我们今天的生态文明建设大有裨益。从理论上分析，作为“文化活化石”的非遗同样具有一般文化的三个特性，即作为全部生活方式的文化、作为资本的文化和作为创造力的文化。其中，在“作为创造力的文化”方面，非遗与精英文化的创造性不同，它是一种大众创造能力的产物和代表，同样可以为我们社会的可持续发展和生态文明建设提供许多创新资源以及一种生态的教化价值。② 因此，可以挖掘文化聚落内人类非遗所拥有的丰富的生态文明传统和教化价值，以进一步服务于生态文明建设。

四、江苏人类非遗的吉祥文化表征

文化聚落通常不能用明晰的行政区划来切割，显示了凝聚力与归属感强的吉祥文化表征。这些表征可能包括传统习俗、庆祝活动、象征物品等，它们反映了群体成员对幸福和繁荣的共同追求。以福善、嘉庆为追求的吉祥文化来源于人们追求美好生活、祈望平安幸福的吉祥意识，建立在自然与社会、物质与精神、事理与心理相连互通的基础之上，其发轫可追溯到原始社会时期，以自然物和人工物为文化象征，寄寓着人类的生活理想和哲学思考。人们将这种吉祥意识附着在各种各样的物体上。其生成法式主要有谐音法、象征法、指事法、联想法、组合法等数种。③

---

① 胡燕：《宜兴紫砂发展历史及活态传承研究》，南京农业大学，2012 年。

② 刘永明：《从建设生态文明角度审视非物质文化遗产保护》，《西南民族大学学报（人文社会科学版）》，2014 年第 2 期。

③ 陶思炎，章云清：《论吉祥物的生成法式及演进与功能》，《贵州社会科学》，2020 年第 11 期。

谐音法作为最简易、最常用的造物方式，可谓面广量大，随处可见。例如，中国剪纸中以蝙蝠的“蝠”与幸福的“福”同音，以佛手的“佛”与“福”字音近，便带上了“福”的意义，于是出现了“五福捧寿”“福在眼前”一类的吉祥图样。南京云锦的技艺精绝，具有鲜明的中国吉祥文化的深厚底蕴，装饰纹样几乎“图必有意，意必吉祥”。皇帝御用龙袍上的正座团龙、行龙、降龙形态，代表“天子”“帝王”神化权力的象征性，与此相配的“日、月、星辰、山、龙、华虫、宗彝、藻、火、粉米、黼、黻”十二章纹，均有“普天之下，莫非皇土，统领四方，至高无上”的皇权的象征性。祥禽、瑞兽、如意云霞的仿真写实和写意相结合的纹饰，以及纹样的“象形、谐音、喻义、假借”等文化艺术造型的吉祥寓意纹样、组合图案等也无一例外。云锦的纹样图案，表达了中国吉祥文化的核心主题“权、福、禄、寿、喜、财”六要素，表达了人们祈求幸福的美好愿望，是典藏吉祥如意的民族文化象征。

江苏人类非遗的吉祥文化绕不开非遗的发展，吉祥文化是人类认识自然、融入社会、把握生活的强烈愿望的物化，是人类满怀理想与情感的智慧与创造的结晶。吉祥文化的兴盛反映了人类对幸福与美满的追求、对和平与发展的呼唤、对人类社会相互尊重与共同繁荣的祝愿。国务院先后于 2006 年、2008 年、2011 年、2014 年和 2021 公布了五批国家级项目名录，按照申报地区或单位进行逐一统计，江苏省现有国家级非遗子项目 161 项，其中民间文学 11 项、传统音乐 21 项、传统舞蹈 9 项、传统戏剧 22 项、曲艺 10 项、传统体育、游艺与杂技 2 项、传统美术 31 项、传统技艺 38 项、传统医药 38 项、民俗 11 项。[①] 怎样通过江苏的吉祥文化表征去申请人类非遗是非遗申请环节的一个重要考虑因素。

五、小　结

在人类非遗受到现代化和全球化冲击、逐渐丧失生存土壤的社会环境中，形成保护和传承的社会文化氛围，使人类非遗以往的自发式传承方式转变为当代自觉式保护和传承，就显得尤为重要。文化聚落涵盖生产空间、生活空间与第三空间，不仅包括实体的地理空间，还包括伴随着社会进步和科技高质量发展延伸出来的新形态虚拟空间——数字化空间，或者说公共空间、第三空间，集合了非遗传承人和与之相关的民众，具有稳定的共同价值与文化信仰。注重数字赋能，通过文化聚落虚拟空间，江苏不再自成一体地研究自己的文化，而是追求核心主题、科学思维和整体规划，打破行政区划的限制，对江苏三大文化聚落中的人类非遗进行整体性保护和传承。如何结合江

① 国家级非物质文化遗产代表性项目名录：https://www.ihchina.cn/chinadirectory.html。

苏人类非遗建设，深入挖掘并利用这一稀缺而又特别重要的文化聚落品牌，发挥其在经济、社会和环境可持续发展中的多维度作用，既考量我们的眼光和智慧，也彰显我们的责任和担当。基于文化聚落的特征，重新构建不同文化聚落特色人类非遗与人类世界多种多样的联系，使人类非遗与人们的日常生活联系更加紧密，对内是活态传承人类非遗的必由之路，对外可拓宽江苏与国际的经济文化交流与发展的路径。加大理论研究力度、基于文化聚落理论的江苏人类非遗整体研究，展示了中华民族的独特精神标识，较好地拓展了社会学、艺术学、民俗学与人类学等相关学科的研究，有利于促进非遗学科建设，让底蕴深厚的江苏人类非遗在新时代绽放光芒，并在社会生活中发挥存史资政、以史鉴今、以史证俗的作用，着重回答了中国文化自信从哪里来的中国之问与世界之问。

非物质文化遗产助力乡村振兴的路径研究

——以南京诸家村渔家文化为例

胡熙苑①

摘　要：非物质文化遗产作为乡村文化的重要组成，是农民生产实践的产物，依托乡村这片土壤不断生长，成为乡村文化的重要一环。乡村振兴与非物质文化遗产相辅相成，一方面，乡村振兴给非物质文化遗产保护提供政策与资金支持；另一方面，非物质文化遗产与创意设计、文化产业等深入融合，丰富乡村振兴的内容和内涵，凸显地域特色。诸家村作为江苏省典型的滨水型村落，诞生了捕捞技巧、捕捞习俗、渔家传说等传统渔家文化。通过对诸家村将渔家文化融入乡村振兴的路径研究，分析现阶段非物质文化遗产助力乡村振兴的困境，探索文旅融合模式在乡村振兴中的发展方向。

关键词：非物质文化遗产　乡村振兴　诸家村　渔家文化　文旅融合

我国作为农业大国，实施乡村振兴战略是解决农村一切问题的基础。2017 年，习近平总书记在十九大报告中首次提出乡村振兴战略，提出"产业兴旺、生态宜居、乡风文明、治理有效、生活富裕"的总要求。② 2023 年，《中共中央国务院关于做好二〇二三年全面推进乡村振兴重点工作的意见》中提出全面建设社会主义现代化国家，最艰巨最繁重的任务仍然在农村。在第五项推动乡村产业高质量发展中提出培育乡村新产业新业态，实施文化产业赋能乡村振兴计划，实施乡村休闲旅游精品工程，推动乡村民宿提质升级。③ 非物质文化遗产作为乡村文化的重要组成部分，在跟随村落演

① 胡熙苑，东南大学艺术学院硕士研究生。

② 叶贞琴：《大力实施乡村振兴战略》，《学习时报》，2017 年 12 月 18 日。

③ 新华社：《中共中央国务院关于做好二二三年全面推进乡村振兴重点工作的意见》，《人民日报》，2023 年 2 月 14 日。DOI：10.28655/n.cnki.nrmrb.2023.001491.

进中代代相传、流传至今,是乡村重要的历史记忆和精神内涵,是中华民族的文化瑰宝,指被各社区、群体,有时是个人,视为其文化遗产组成部分的各种社会实践、观念表述、表现形式、知识、技能以及相关的工具、实物、手工艺品和文化场所。① 2022 年,《中共中央国务院关于做好二〇二二年全面推进乡村振兴重点工作的意见》中提出加强农耕文化传承保护,推进非物质文化遗产和重要农业文化遗产保护利用。② 通过深挖乡村非遗资源,在继承的基础上进行创造性改造和创新性发展,是一条符合地域特色的乡村振兴之路。

一、 畔水而居的石臼渔村

(一) 诸家村概况

诸家村,隶属于南京市溧水区和凤镇张家社区,西靠凤栖山,北邻石臼湖,村域面积 288 亩。每至石臼湖汛期,水位高涨,村东、北、西三面环水,似湖中之岛,因水域形似人头,故名湖头诸家。据族谱《中山诸氏宗谱》记载,诸家先祖于北宋熙宁八年(1075 年)由浙江余姚迁至溧水,在和凤丁村附近落户,发展成村后称丁村诸家。元朝元统元年(1333 年),继寿公(第七世)自丁村诸家迁居此处,为村始祖,因村里人姓“诸”而得名诸家村,至今 680 余年,人口已逾 2 000 人,世居本村者 1 500 多人,是石臼湖沿岸大村落。解放后,诸家村先后成立合作社、诸家大队、诸家村委会等,到 2000 年,诸家、张家两村合并,并入张家村委会。③ 2010 年诸家村被列入南京市重要古村保护名录,2020 年入选第一批江苏省传统村落名单,2022 年入选江苏省乡村旅游重点村名录,2023 年入选第六批国家级传统村落名录。

(二) “靠湖吃湖”的渔家文化

诸家村背靠石臼湖(图 1),拥有得天独厚的渔业资源,村民世代以捕鱼和农业种植为生,使它发展成典型的“鱼米之乡”。石臼湖有“日出斗金,日落斗银”之称,盛产鲤鱼、大头鲢、鲑鱼、刀鱼、鲫鱼等,除了农忙时节种植水稻、蔬菜等粮食作物外,诸家村民大部分时间都在下湖捕捞。在日常生产劳动中,当地渔民总结出“识鱼性、知鱼路”的生产经

---

① 第十届全国人民代表大会常务委员会:《全国人民代表大会常务委员会关于批准〈保护非物质文化遗产公约〉的决定》,《中华人民共和国全国人民代表大会常务委员会公报》,2006 年第二号,第 138 页。

② 新华社:《中共中央国务院关于做好二二二年全面推进乡村振兴重点工作的意见》,《人民日报》,2022 年 2 月 23 日。DOI:10.28655/n.cnki.nrmrb.2022.001907.

③ 访谈人:胡熙苑,访谈对象:诸家村委会,访谈时间:2022 年 12 月 4 日,访谈地点:张家村诸家村委会。

验，捕鱼方式有绞网、奶奶网、满网、络网等，其中，绞网捕捞是诸家村最传统的捕捞方式，采用“三人一船，三船一帮，一帮九人”的形式。下湖捕捞的时间主要集中在农闲时节，一般在每年 8 月至来年 2 月，除满网为汛期作业外，其余都是枯水期作业。诸家村渔民传统捕捞工具有木船、绞网等，据当地渔民介绍，传统木船一般用杉木刷桐油手工制作，木船一般长 8 米，款 1.5 米，绞网也是用麻绳自己编织，20 世纪八九十年代后开始改用汽船和塑料渔网。解放以前，村内渔民凑齐九人，组成一帮，即可下湖捕捞。解放后开始走集体经济道路，以生产队为单位，组成“绞网队”进行捕捞，早出晚归，一个船帮最多一天能捕到几千斤的鱼。村落东侧湖边立着一块“鱼市码头”的木牌，据村民介绍，诸家村的鱼市码头诞生于解放以后，因为当时国家实行集体经济，捕获的鱼要上缴国家，收缴鱼类的鱼码头由此诞生。鱼码头位于祠堂后方，面朝石臼湖，是诸家村唯一大门朝北开的房屋。后来，鱼码头又先后在汛期和枯水期搬到战天圩和湖上的码头山。20 世纪 80 年代以后，计划经济向市场经济过渡，鱼码头退出历史舞台。①

图 1　石臼湖(作者自摄)

图 2　左：村史馆　右：天后宫(作者自摄)

① 访谈人：胡熙苑，访谈对象：魏建中，访谈时间：2022 年 12 月 4 日，访谈地点：张家村诸家村村史馆。

妈祖崇拜源自古人对湖神、水神、海神的崇拜，妈祖是福建方言的称呼，天妃、天后则是朝廷的赐封。妈祖信仰逾时千年，地及四海，具有亿万信众。[①] 天后宫（图2）是村内仅存的与捕鱼文化相关的传统建筑。诸家村畔湖而居，村民世代捕鱼为生，再加上南方近水地区多洪涝灾害，所以诸家村在石臼湖畔修建天后宫，祈求得到妈祖的庇佑。每年农历三月二十三（妈祖生日）和农历九月初九（妈祖升天日），村民会在天后宫举行祭拜活动。每年绞网开张的第一天，也要举行“请网菩萨”的祭祀仪式，打上来的第一批鱼先不卖，精心挑选品相最好的鲤鱼作为“头鱼”，村内的年长者带着香烛纸钱走在前面，年轻力壮者挑着“头鱼”和祭品走在后面，按照自南向北的顺序在村内的各个庙内进行祭祀，最后在妈祖庙举行隆重的祭祀仪式，放鞭、烧纸、跪拜，祈祷下湖平安，捕鱼丰收。祭拜仪式结束后举行会餐，作为“头鱼”的鲤鱼是桌上的主菜。鱼头作为鱼身上的重要部位，享用鱼头也叫“扛龙头”，因为绞网捕捞中最辛苦、最需要力气的是拉纲者，所以鱼头由拉纲者享用，寓意今后下湖捕鱼能平安吉庆，得心应手。[②] 出菩萨是安徽江苏交界一带盛行的传统祭祀活动，在诸家村，出的是关帝，一般举办三天。唱大戏、迎关帝、全村巡游朝拜，祈求风调雨顺、渔业丰登。

诸家村渔民在捕鱼时也有一些讲究，例如起锚开船后，水烧开以后，只能说“水开了”，不能说“水滚了”，不吉利。虽说石臼湖上流传着“石臼渔歌”，但通过向诸家村渔民多次考证得知：因捕鱼耗费体力，所以诸家村的渔民在捕鱼时不唱渔歌，只在拉网时喊一喊，鼓鼓劲。在民间，传说故事一直通过口口相传的方式流传下来，诸家村临近石臼湖和凤栖山，有许多与石臼湖、凤栖山相关的民间传说。比如凤栖山传说：古代，凤栖山寺庙中只供一尊韦陀菩萨，相传是地藏菩萨留下看守凤栖山的，据传这尊韦陀菩萨十分灵验，沿湖渔民的下湖捕鱼船以及过往客船，每逢湖中风急浪猛，只要面朝凤栖山朝拜，便会风平浪静，平安无事。[③]

随着农业产业结构调整，村民以水产养殖螃蟹、青虾为主，村落周围散布着大大小小的养殖场和圩田。2020 年，国家开始实行“长江十年禁渔计划”，石臼湖作为长江的支系，政府在 2020 年 8 月开始对石臼湖水域实行禁捕退捕政策，收回石臼湖水域的渔业捕捞权，对村内渔民的捕捞许可证、渔船、渔具等实行回收补偿政策。渔民上岸后，政府组织相关培训，鼓励渔民再就业。渔民有的选择从事其他工作，有的则到村内各个旅游景点工作。

---

① 王露明，万宝宁：《南京历代非物质文化遗产》，南京出版社，2016 年版，第 197—198 页。

② 访谈人：胡熙苑，访谈对象：诸假头，访谈时间：2021 年 1 月 19 日，访谈地点：诸假头家中。

③ 访谈人：胡熙苑，访谈对象：魏建中，访谈时间：2022 年 12 月 4 日，访谈地点：张家村诸家村村史馆。

二、 渔家文化在诸家村乡村振兴中的重要体现

2022年3月21日,文化和旅游部等六部门联合印发《关于推动文化产业赋能乡村振兴的意见》,意见中提出文化产业赋能乡村振兴的八个重点领域。[①] 其中,创意设计赋能、美术产业赋能和文旅赋能的相关指导措施,在诸家村的乡村振兴路径中得以体现。

(一) 创意设计赋能乡村振兴

创意设计赋能即通过创意设计服务,打造美丽乡村,挖掘文化内涵。从2016年至今,诸家村致力于打造旅游名片,对村容村貌进行更新,增建凤栖楼、村史馆、民宿、沿湖景观带、游客服务中心、公共厕所等旅游景点和配套设施。同时,收储293处闲置住房分批进行改造,一部分改造成村落美术馆(图3)等公共建筑,一部分重建民宿。在村内各条主干道两侧,还布置有渔家特色的墙绘和景观小品,讲述凤栖渔家的故事。

图3 左:村落美术馆 右:渔家特色墙绘(作者自摄)

(二) 美术产业赋能乡村振兴

美术产业赋能,即推动更多美术元素、艺术元素应用到乡村规划建设中,鼓励兴办特色书店、剧场、博物馆、美术馆、图书馆、文创馆。2021年5月,石臼湖艺术季在诸家村广场上演。通过石臼湖艺术季(图4),邀请艺术家和美院学生驻村创

① 文化和旅游部、教育部、自然资源部、农业农村部、乡村振兴局、国家开发银行:《文化和旅游部教育部 自然资源部 农业农村部 乡村振兴局 国家开发银行关于推动文化产业赋能乡村振兴的意见》,《中华人民共和国国务院公报》,2022年第23期,第53—57页。

作，将十三间老宅改造成村落美术馆进行艺术作品展示，每间村落美术馆展示的作品风格各不相同，有渔家文化相关的艺术装置、书法作品、手工作品等。同时，艺术季期间举办艺术活化乡村讲座、田野上的读书会、归乡艺术展、儿童油画展等活动；设置诸家锦鲤、网月亮、柱林、岁岁有囍等具有诸家渔家特色的艺术装置；开发旅游文创产品原创绘本《和歌》和“囍”字系列文创服饰产品；开发研制咖啡甜品渔夫美式、石臼湖之恋，将渔家文化与美术产业相结合，加强乡村美学普及和教育，提升审美水平和人文素养。

（三） 文旅融合赋能乡村振兴

文旅融合是推动文化产业与乡村振兴深度融合、促进文旅消费的新业态、新模式。诸家村建村 600 多年，村内的古迹遗存主要有诸氏宗祠、天后宫、古长碑、诸继寿墓、传统民居、古巷道、古河道、古窑遗址、古戏台、古树等，旅游业的开展，也使这些古建筑成为旅游景点。因诸家村具有背靠石臼湖得天独厚的自然条件，在 2017 年至 2019 年，政府和村委会在石臼湖畔连续举办三届凤栖渔家捕捞节，通过渔歌情、渔获祭、渔火宴、渔鲜集等主题活动，打造适合大众的休闲、体验旅游产品，传承并弘扬石臼湖诸家村渔家文化，后因“长江十年禁渔计划”而中断。2018 年，诸家村引进社会资本“田姐家”，将七栋闲置房屋进行整体设计，建成集住宿、休闲、餐饮于一身的民宿，游客可以在民宿里眺望石臼湖的景色，感受渔家风情。(图 5)同时，诸家村委新建了展示诸家渔家文化的村史馆、戏台、游客中心等建筑供村民、游客参观和使用。2021 年，诸家村又集体打造凤栖渔家、栖泊民宿、艺术家共享小院、诸家农产品供销社、诸家学堂等建筑，并引入双囍咖啡、囍欢甜品、乡村文化集合店等外部品牌，其中凤栖渔家、供销社的创办，不仅为村民提供了就业机会，也带动了当地虾酱、银鱼干等农副产品的销售。

图 4　石臼湖艺术季(作者自摄)

图 5 田姐家民宿(作者自摄)

三、 乡村振兴背景下非遗保护的困境与出路

(一) 保护与传承的困境

乡村振兴不是一蹴而就的事情,在实地调研中发现,部分地方管理部门想要尽快“做出成果”,急于“快投入、快产出”,导致后续发力不足,出现了一系列问题。在工作日甚至是非节假日的周末,鲜少在诸家村看到游客的身影,客流的减少也导致咖啡店、甜品店等商铺关门空置,村落美术馆、村史馆大门紧闭,联系不到各个景点的管理人员。交通不便、过度的商业化、休闲游乐项目少、缺少专业的管理运营团队等问题,导致引流难的问题在国内乡村普遍存在。

非物质文化遗产的传承与保护,最重要的是“人”。近代以来,由于渔民收入减少、“长江十年禁渔计划”等现实问题,诸家村已无人从事捕鱼营生。了解传统捕鱼技巧、捕鱼习俗的老渔民年事已高,村落老龄化、年轻人不愿意学习继承等问题导致这些传统渔家文化后继无人。

(二) 保护与传承的路径探索

激发乡村活力,活化乡村非遗,要“引进来”和“走出去”相结合。从目前的运营结果来看,进行运营机制的调整、引入专业管理团队和管理人员是极其必要的。国内大部分乡村旅游开发由地方村委会负责,由村民担任各个景点的管理员,出现了平常没人就关门、游客来了没地方去的现象。引入专业管理团队,通过制定相关规章制度,可以加强对员工的管理和培训,提高员工职业素养和服务水平,讲好乡土故事,使游客更好地感受非遗文化和乡村文化,增强游客的游玩体验感;增加活动组织的频次,从渔家文化视角出发,加大活动宣发力度,提高热度和知名度,在巩固原有客群的基础上，扩大受众面；“独木不成林”，可以联合周边村落，挖掘更多非遗文化元素，打造环石臼湖旅游景区，丰富乡村旅游内容，增加可玩性。此外，“关起门来自娱自乐”是现在部分乡村在实施乡村振兴时存在的问题。可以通过互联网等渠道“走出去”，利用直播带货、红人打卡、宣传片拍摄、新闻广告投放、到校园里去、课外研学结合等方式，打造“渔家文化”的名片，提高农产品销量，打开村落知名度。

通过人才振兴，把非遗还给原住民，是活化乡村非遗、增强乡村生命力的重中之重。原住民是乡村的修建者、居住者和保护者，应通过深入调查，了解原住民对乡村振兴和乡村非遗保护的真实想法和需求，因地制宜地采取相关保护与扶持措施。非遗传承人是文化传播和交流的载体，制定完善的非遗传承制度，寻找和培养传承人，鼓励传承人对传承、保护模式进行创新，出台一定的制度扶持，提高传承人及村民对非遗传承与保护的积极性，使乡村非遗保持持续活力。

四、小结

乡村振兴是非物质文化遗产保护与活化的模式之一，对非物质文化遗产进行挖掘和开发也是乡村振兴的重要一环。非物质文化遗产的保护与传承，在物质和精神两种层面上助力乡村振兴，不仅带来了环境的改善和收入的提高，也丰富了乡村文化内涵，是原住民的精神寄托。乡村振兴是一个漫长的探索过程，乡村非物质文化遗产传承与保护是乡村振兴的重要一环，不可或缺，虽路途坎坷遥远，但相信前途光明。

参考文献

[1] 叶贞琴：《大力实施乡村振兴战略》，《学习时报》，2017 年 12 月 18 日。

[2] 新华社：《中共中央国务院关于做好二〇二三年全面推进乡村振兴重点工作的意见》，《人民日报》，2023 年 2 月 14 日。

[3] 第十届全国人民代表大会常务委员会：《全国人民代表大会常务委员会关于批准〈保护非物质文化遗产公约〉的决定》，《中华人民共和国全国人民代表大会常务委员会公报》，2006 年第 2 期。

[4] 新华社：《中共中央国务院关于做好二〇二二年全面推进乡村振兴重点工作的意见》，《人民日报》，2022 年 2 月 23 日。

[5] 王露明，万宝宁：《南京历代非物质文化遗产》，南京出版社，2016 年版。

[6] 文化和旅游部 教育部 自然资源部 农业农村部 乡村振兴局 国家开发银行：《文化和旅游部教育部 自然资源部 农业农村部 乡村振兴局 国家开发银行关于推动文化产业赋能乡村振兴的意见》，《中华人民共和国国务院公报》，2022 年第 23 期(No.1778)。

乡村传统中医药非遗传承保护和振兴的困境与发展
——以非遗项目“叶氏中医针灸”为例

叶声勇①

摘　要：乡村振兴和非物质文化遗产保护在新时代背景下，有着国家发展战略和乡村经济文化发展的双重重要意义。乡村传统中医药非遗则是一种乡村活态的文化展示，关系到乡村居民切身健康利益。在中医药非遗的发展现状、自身特点等方面的限制下，目前中医药非遗还存在传承人缺乏、中医药门槛准入、中医药产权保护以及中医药典籍保护和新媒体传播等多方面困难。本文以“叶氏中医针灸”非遗项目为例，尝试去阐释中医药非遗在乡村面对的困境以及发展探索，以期找到更好的方式推进非遗在乡村振兴中的发展和贡献。

关键词：乡村振兴　非遗传承　中医药　“叶氏中医针灸”

一、非物质文化遗产保护在乡村振兴中的背景及意义

乡村振兴是党的十九大提出的国家发展战略之一，并提出以产业、生态、人才、文化和组织五个方面的振兴为目标，共绘乡村生态宜居、生活富裕宏伟蓝图。这其中的文化振兴作为实现乡村振兴的思想纽带和根脉土壤，被赋予了突出的意义。乡村文化振兴是乡村振兴的重要内涵，包含加强乡村传统文化的挖掘整理，加强对乡村地域文化资源和非遗资源的开发利用，带动地方特色产业、传统文化展示表演和乡村文化旅游等。

习近平总书记指出，中医药学凝聚着深邃的哲学智慧和中华民族几千年的健康

① 叶声勇，山东力明科技职业学院中医学学生。

养生理念及其实践经验,是中国古代科学的瑰宝,也是打开中华文明宝库的钥匙。中医药是中华民族在长期与疾病斗争中的经验总结,历史上对中华民族的繁衍生息发挥重要作用,且对于当下社会的高发病、慢性病等确有良效。

中医药是我国优秀文化遗产的重要组成部分,2023 中央八部门联合发布的《"十四五"中医药文化弘扬工程实施方案》要求加大对传统医药类非物质文化遗产代表性项目保护传承力度。在所有非遗项目中,传统医药类非遗在乡村是一个特殊的存在,既是一种乡村文化重要组成,有着丰富的文化表现形态与文化价值,又关系到每一个乡村民众的切身健康利益。目前,中医药非遗在乡村振兴中发挥的作用不足,传播的力度有限,在非遗保护建设、人才培养、经济与文化共建等方面还存在诸多问题需要梳理并寻找解决方案。在乡村振兴战略背景下中医药非遗保护体系的建构成为一个亟待突破的话题,笔者以申请非遗项目"叶氏中医针灸"为例,尝试阐述传统中医药在非遗申请过程中遇到的困境以及对与乡村振兴相结合发展等方面进行梳理论述。

二、中医药非遗的现状与分析

(一) 中医药非遗概况

我国非遗有民间文学、传统音乐、传统医药等 10 个类别。中医药非物质文化遗产是我国非物质文化遗产的典型代表,是中华优秀传统文化的重要载体,"中医针灸"已列入"世界人类非物质文化遗产代表作名录"。中医药非遗资源丰富,包含中医诊法、针灸、中药炮制技术、中医正骨疗法、中医养生、少数民族医药等多种形式载体,这些既来源于乡村基层长期的积累,是一方地域的历史缩影,同时也是乡村居民生产生活以及乡村非遗文化的根脉和土壤。

中医药传统知识涵盖疾病、诊法、疗法、针灸、方剂、药物知识等。活态中医药传统知识挖掘侧重于医疗机构、师承群体、学派、家族、老字号企业等。中医药传统活态知识需在特定地区传承应用较长年限,脉络清晰,且至今仍在使用。中医药非遗项目既要注重其"文化"内涵,同时也要侧重其活态"应用"价值,切实解决传统医学问题。

(二) 江苏省中医药非物质文化遗产现状分析

以国务院于 2006 年公布首批国家级非遗名录为起始,我国非遗保护已历经十多年,传统民间技艺、传统美食、音乐戏曲等非遗保护取得较大成绩,而中医药非遗保护却相对滞后。其中国家级非物质文化遗产中医药项目 137 项,而江苏省仅有 5 项,只确立了 12 位省级非遗传承人。传统医药类非遗项目不管是代表性名录还是代表性传承人在整体中占比较小，这与史上名医辈出、医家流派云集的江苏这个文化科技大省身份极不相配。有些地区对中医药非遗传承工作支持和投入不足，导致一批传统中医药非遗项目逐渐流失，传统技艺面临失传。

在非遗传统医药的类型划分上来看，传统医药分为七大科：骨科 、外/伤科、眼耳鼻喉口腔科、内科、儿科、妇科 、皮肤科。在治疗方法上，数量最多的是药膏类、针灸术、推拿术、火罐术。由此可见，传统医药常用的治疗手段就是中药和针灸，所以药膏类和针灸术通过一代代传承下来的数量多、占比大，也是中医药活态传承最好的体现。此外，江苏省非物质文化遗产中市级传统医药项目共计 169 项，挖掘潜力空间还很大。

三、“叶氏中医针灸”非遗概况

（一） 所在区域及其历史环境

“叶氏中医针灸”诞生于南京市六合区龙袍街道（原龙袍镇），位于六合区最南侧临江地带，滨江带滁，历史上一直是南渡金陵城、东往扬州府的交通要道。作为南京市规划九大新城之一，龙袍新城正在如火如荼地建设中。

龙袍街道历史悠久，文化底蕴深厚，古有东皋公义护伍子胥，韩世忠黄天荡退金兵，乾隆六下江南巡游地，此外还有石矾山及将军庙遗址等历史文化景点。龙袍街道物产丰富，素有“水乡富地、江畔明珠”之称。是中国美食文化之乡，闻名国内外的龙袍蟹黄汤包已有 100 多年的历史，是市级非物质文化遗产项目。

龙袍也是江北中医之乡，融合了金陵医派和孟河医派传承，具有深厚的中医文化和历史传承，涌现了一大批中医历史人物、流派、典故以及中医历史文物和大量中医药典籍，例如龙袍名医孙达之、林笑春、叶铸成、颜少成，东沟中医世家吴子清（子吴熙伯、吴少清）、夏博儒（子夏光亚、夏光中），等等，他们都是六合中医药发展的见证和参与者。龙袍东沟中医院则是六合区唯一一家一级甲等乡镇中医院。

（二） “叶氏中医针灸”传承脉络

叶氏中医针灸第一代叶铸成，字守旺。毕业于民国时期中央国医馆国医传习所。系统地学习了中西医理论以及中医针灸，形成了一套自己的中医理论与实践体系，继承了其授课老师张简斋用药轻灵、兼顾脾胃的特点。毕业后叶铸成进入苏州国医研究院临床实习一年，并跟随苏州名医顾福如、顾允若、钱伯煊、经绶章等跟诊实习。学成后开业行医悬壶乡里，于 1956 年建立邵东联合诊所，1958 年参与建立八一公社医院（今龙袍医院）中医科并工作至退休。叶铸成幼时接受私塾教育，国学功底深厚，文采出众于县乡,曾连续九届作为县人大代表和三届学习毛主席著作积极分子建言献策,为六合中医药发展做出了积极的贡献,被尊称为一代儒医。

经过第二代传人叶兆秀、叶兆成和叶兆福的传承发展,叶氏中医针灸又有了一个新的发展和提升。长子叶兆秀随父叶铸成学习中医,并共同成立邵东联合诊所,后成为划子口保健所所长,叶兆秀天资聪慧、医术高超且精通诗书文章,写得一手好字。三子叶兆成早年随父学习中医,后成为一名人民教师,继续为乡里人民服务。四子叶兆福从医四十多年,师承于第一代叶铸成,并在六合中医院跟师于南京市名老中医吴熙伯进修学习 2 年,不断地总结和提炼治疗经验,先后为十多万乡里群众提供中医药及针灸治疗服务。

第二代传人结合龙袍特殊地域临江滨河,所在乡镇居民多以水域农业为主,容易造成身体湿寒疼痛、关节肌肉劳损等病痛特征,"叶氏针灸疗法"在澄江学派以"临床疗效为起点""便利、速效、经济"的针灸学术思想以及突出"经络理论指导"的针灸临床实践的基础上,结合龙袍地域病患特征创立"针注并施,补泻速效"的理论结合实践,在六合范围内独树一帜。以针灸,结合艾灸、注射、拔罐、按摩以及中药等综合疗法,以求达到迅速去除病痛的疗效。

第三代传人叶声勇,毕业于南京大学新闻系,中医学高等教育专业在读。师承于父亲叶兆福,致力于伤寒论及中医针灸实践,同时对家传中医古籍文献资料、六合及龙袍中医历史渊源以及中医名家进行梳理和史料收集传播。

(三) "叶氏中医针灸"非遗项目在当地乡村建设中的特征

1. 地域性中医药特征

作为龙袍地域文化的重要组成部分,"叶氏中医针灸"在充分服务于群众健康的同时,还应作为龙袍新城建设的一张名片,更好地推广宣传龙袍,挖掘龙袍东沟的中医药文化以及传承历史。同时,结合龙袍特殊地域临江滨河,所在附近乡镇居民多以水域农业为主,容易造成身体湿寒疼痛、关节肌肉劳损等病痛特征,"叶氏针灸疗法"在突出经络理论指导的针灸临床实践的基础上,结合龙袍地域病患特征创立中医药综合疗法,以求达到迅速去除病痛的疗效,为"叶氏中医针灸"的地域性特征奠定了基础。

2. 历史人文及中医药流派特征

龙袍中医药经历了百年的历史发展,形成了一个独特的中医药人文历史和文化现象,涌现了一大批中医历史人物、流派、典故以及中医历史文物和大量中医药典籍。例如,龙袍名医孙达之、林笑春、叶铸成、颜少成;东沟中医世家吴子清(子吴熙伯、吴少清），夏博儒（子夏光亚、夏光中）。龙袍孙达之、叶铸成、胡春初均有中央国医馆学习经历和背景，得金陵医派传承。而东沟中医世家吴家和夏家则均有孟河医派的渊源，这些医家相互间又有很多联系和典故；同时龙袍中医也是六合中医药主要的发展基础和重要组成部分，六合中医院的组建及科室建设人员很多出自龙袍中医群体，例如六合名中医吴熙伯、夏光亚、孙恒道等均出自龙袍东沟。这些可以充分地进行发掘整理，更可以发掘起源流派，作为金陵医派与孟河医派相融合的独特体现。

3. 乡村发展特征

龙袍新城作为南京市九大新城之一，致力于打造成长江经济带双向开放的海港枢纽经济区、长三角湿地特色的绿色发展区、宁镇扬跨界协同的先行区、南京市宜居宜业宜游的滨江新城。作为"宜居宜业宜游"之城，具有地域特征的中医药一定会为新城安居乐业和文化发展注入新的动力，同时留下原汁原味的乡愁。

四、传承现状及面临问题

中医药经过几千年的发展，经过不同阶段的发展和繁荣，但经过近代思想和西方文化的冲击，中医药在近百年中出现了停滞甚至于衰落。因历史、思想意识以及中医理论传播等多方面的原因，中医药的发展还面临着诸多困境，缺失了其文化信息和载体作用，同时也缺失了中医药重要技艺和实践。我们需要大力提升中医药现代理论体系、传播体系，提升中药质量和中医药疗效，共同讲好中医药传承和发展故事。

（一） 非物质文化遗产传承教育后继乏人

传统医药类非遗包含丰富的文化表现形态与文化价值，传统医药因其自身特点无法得到特定保护，许多珍贵传统医药濒临消失，以口授心传为主的民间传统诊疗法无法很好传承，部分传统医药类非遗传承发展遭遇困境。中医药非遗传承的人才培养严重滞后，以师承教育为主的中医传承教育模式，与院校教育模式难以接轨，常常受到主流教育排挤和轻视，很多乡村中医药传承人长期拿不到行医执照，使得传承人越来越少，门槛越来越高。正因为如此，中医之乡龙袍原有多位名医及中医世家大多后继无人。

乡村中医药非遗的传承人问题，归纳来说就是"上不去，下不来"。"上不去"说的就是乡村中医药人才没有合法途径继续传承，乡村中医药人才培养这块最大的土壤面临"沙漠化"风险，传承人数量越来较少，队伍越来越老龄化；"下不来"指的是目前中医药高等教育毕业生不愿意下乡村基层，不愿到基层一线从事中医药工作，使得中医药在乡村存在断层的现象。像笔者这样有机会转行学习中医的少之又少，难之又难。这里涉及太多因素，有生计问题、年龄问题、文化基础问题，更多的是准入条件的限制。笔者所认识的很多具有很高的中医药理论和实践水平的医家，因没有医师证而无法从业，更谈不上传承。

以六合为例，20 世纪八九十年代，六合十多个乡镇卫生院均配备多名中医师、中药师和中药房。1987 年，六合全县有中医院 1 所，中医科(室)28 个，中医 91 人，占卫技总数 7.41%，其中龙袍和东沟中医共 11 人。而现在乡镇社区医院均要求建立中医阁，但大多为退休返聘中医师和中药师，年轻中医尤其掌握针灸技能的是凤毛麟角。龙袍所属区域中医人也存在严重的传承问题，就拿龙袍社区卫生服务中心来说，目前中医仅 3 人，且其中 2 人为退休返聘人员。这些都为六合及龙袍中医药以及中医针灸发展带来了巨大的不确定因素，急需政府重视以及政策扶持。

(二) 知识产权和品牌问题

中医药传统知识保护是对中医药传统知识进行知识产权确权和保护的法律概念，同时也是一个系统工程。现行的知识产权体系以专利、商标、著作权等为主要保护内容，以公开形式和创新方法，解决传统知识保护不足、不当使用和占有的问题。要根据中医药传统历史特征专门制定相关保护措施以及知识产权体系，构建现代知识产权与传统知识保护互相补充的中医药知识产权保护体系，促进中医药传承创新发展。

以六合为例，新中国成立前后共有中药店 99 家，均以家族和店铺中药堂号运营为主，最有名的当数乐寿堂、德太昌、柏太和、天生昌、采芝堂、复元堂等中药堂号。而龙袍则有生生堂、中和堂、永和堂、存仁堂等共计 11 家中药店铺。这些店铺基本处于世代家族传承，很多都有百年以上历史，文化底蕴深厚。但查询国家知识产权局商标网信息后你会发现，以上这些中药堂号均早已被注册，即使这些店铺想重新开设中药店铺都不能再使用这些传承百年的店铺堂号，这些都是目前中医药乃至整个行业普遍存在的知识产权问题。

中医药堂号有其自身特殊背景，在新时期传统中医药知识产权保护下，这些带有地域特色的品牌是否可以专门给予特批，或者在品牌名称堂号上加上地域名称给予产权保护，例如以上“复元堂”是否可以批准使用“瓜埠复元堂”以利传承发展，是一个值得思考的话题。

(三) 中医药典籍及著作保护传承

中医药典籍是中国传统文化重要载体和组成部分，民间有着大量的中医药典籍古本急需收集、整理和修复。这些典籍有大量秘方、验方没有得到开发利用,同时也缺乏专门的学术研究机构。以笔者为例,笔者家传及收藏的古医书约一百多部(本),以中医内科、中医妇科以及中医针灸等为主。版式上以印刷版为主,同时还有手抄本和孤本。从年代上来看,从明代、清代,再到民国和新中国成立后,时间跨度较大,以清末民初为主。对古医书现状来说,约有一半书籍需要保护和修补,尤其是部分明代珍贵版本以及手抄本。

在长期实践中很多知名的老中医都会将自己的诊疗经历和经验总结写成医学著作流传保存,例如龙袍东沟老中医夏博儒著有《外症心悟》《梧楼随诊录》;林笑春著有《静悟斋医案》;吴熙伯、吴少清著有《吴熙伯弟兄临床治验集锦》。此外,胡春初、杨绍先及叶铸成等则在各类医学期刊和媒体上发表过多篇中医案例文章,这些都是龙袍乡村文化的重要文化遗产。

(四) 中医药传播意识淡薄

非物质文化遗产归属精神文化范畴,在文化体系中也有着重要地位,对非物质文化遗产进行传播、保护与传承,能够在很大程度上将推动乡村振兴和人民大众的生活紧密融合在一起。在乡村振兴中,要注意结合现代信息技术对非物质文化遗产进行有效的传承和保护。中医药非遗传播意识薄弱,公众对中医药非遗项目的认知度并不高。尤其如今在新媒体传播平台和方式上,中医药整体传播形象老化刻板,手段单一滞后。在新媒体传播时代,媒体传播更快、范围更广、受众群体更大,非遗的文化传播能力明显落后很多,在短时间的信息传播过程中存在传播速度缓慢、传播通道单一等缺陷。

目前,从中医药传播角度来看存在两个最大的困境:一个是如何运用浅显易懂而又让人乐于接受的方式去解释、传播中医药的博大精深文化;另一个就是中医药所传播的形象过于刻板陈旧,如何利用传播手段和传播载体去讲好中医故事,让更多年轻人接受并喜爱中医。这些都是在新媒体和新的传播环境下需要着重考虑的问题。在传统医药非遗项目的保护过程中,应提高对传播的认识,把传播作为保护非遗项目的重要内容手段,建立非遗保护项目"易懂化""年轻化"的传播路径,提高传播认识,让其在文化传承中发挥重要作用,大力弘扬、宣传、传承传统医药非遗。

五、保护措施

"十四五"中医药文化弘扬工程实施方案明确了12项重点任务,重点包括挖掘整理中医药蕴含的中华文化内涵元素和精神标识,以大众化、创新性的阐释与消费者进行沟通，发挥其文化载体作用，系统保护、研究和利用中医药古籍，加强中医药博物馆和文化场馆建设，打造中医药文化传播平台，加强传统医药类非物质文化遗产代表性项目保护传承力度。同时加强教育，丰富中小学中医药文化教育进校园活动，将中医药文化融入现代生产生活，培养建立中医药文化传播队伍和人才体系。

（一） 构建人才保障机制

在乡村振兴中，要对非物质文化遗产进行保护和传承，必须构建非物质文化遗产保障机制，以确保非物质文化遗产能够在乡村振兴带来的变化下得到有效的保护。在非物质文化遗产的传承人方面建立保障机制，确保非物质文化传承人能够全身心地投入文化传承的过程中，保障传承人的经济水平能够稳定，文化传承得到认定，优惠政策得以实现，不会因为经济压力而放弃对非物质文化遗产的传承。

构建人才保障机制，打通中医药人才“上不去，下不来”的断层问题。一是壮大乡村中医药群体，提出详细而又有吸引力的奖励措施，让中医药高校人才愿意到基层一线服务于乡村群众。二是在乡村中医药传承人中加大传承力度，培育好乡村中医药发展的这块土壤，优化准入机制，作为乡村中医药非遗传承人，应考虑在行业准入、中医师证考核等方面给予特殊政策扶持。例如，在龙袍中医药人才的培养上，要对现有中医药传承人给予政策上的支持。另外，要引进更多的中医药人才共同发展壮大龙袍中医药群体。

（二） “非物质文化遗产”产业融合保护

挖掘不同类型的非物质文化遗产的功能，推动农村三大产业发展，促进乡村产业结构调整，延长产业链。从经济价值入手，重视非物质文化遗产和旅游相互结合，对非物质文化遗产保护进行大力宣传，执行非遗振兴方针，创新乡村振兴品牌，构建特色化村镇，加快非物质文化遗产和旅游文化的结合速度。

如今，龙袍新城正在努力建设中，结合中医药非遗项目、康养健康生活理念和小镇美食文化，打造一个集温泉酒店、旅游与风情乡镇于一体的空间形式。如结合龙袍奶山火山约 3 300 米地下原汤火山温泉资源，建设休闲设施、度假酒店、温泉养生、生态农趣体验、康养服务等配套，打造集“居—游—养”三位一体全方位多功能复合型康养小镇。

同时，结合龙袍地域特色考虑中医药特色种植业发展。六合一直有重视野生中药材资源的开发利用的历史，20 世纪 60 年代初期龙袍依托环境资源优势大力发展地产药材，例如夏枯草、明党参、植苡仁、水蜈蚣等多种中草药，不仅质量好，而且蕴藏量大，属道地药材。夏枯草，俗称“棒头草”，各乡镇均产，唯龙袍东沟产的质量好，蕴藏量大，产量最高时 达 5 万千克左右，远销南洋、香港地区，被视为珍品。由此可见，龙袍在地域环境上道地药材种植有着特殊优势，可作为乡村中医药产业及非遗发展的重要载体之一。

（三） 加强非遗走进校园

广泛开展非遗项目进学校、进社区活动，丰富中小学中医药文化教育，将中医药文化相关内容有机融合到教师培训课程中。推动乡村开展内容丰富、形式多样的中医药文化进校园活动，建设校园中医药文化角和中医药文化学生社团，引导学生了解有关中医药文化常识，达到凝聚人心的作用，保障乡村振兴视角下非物质文化遗产的有效传承。

此外，要加强中医药非遗与中医药大专院校的结合，让非遗实践走进大学，让中医药学子能及时体验中医药实践与理论相结合。例如建立龙袍“传统医药非物质文化遗产传承创新中心”项目，以南京市级或区级中医药非遗项目为主，打造集教学、实践、科研为一体的学习场地，打造非遗传承工作室，使传统技能传承与现代高等教育创新传承相结合，保护民间中医绝技，完善中医药非遗项目人才培养体系，积极探索建立新型“师徒制”育人模式，让传统中医药文化薪火相传。

（四） “叶氏中医针灸”非遗传承保护

“叶氏中医针灸”非遗传承和保护目前主要依托自身力量，在学习措施、知识产权保护、中医药古籍的收集整理和研究三个方面重点推进。通过“叶氏中医针灸”让更多人了解六合和龙袍中医之乡的历史和现状，让更多人投入其中壮大中医药群体，更好地为乡村振兴发展做出应有的贡献。

重点打造龙袍“江北中医之乡”品牌名片，开发传统医药文化旅游区，对吴门医派、金陵医派在龙袍中医发展中的脉络进行梳理推广和传播。厘清龙袍中医药历史沿革、现存情况以及价值挖掘并整理归类、存档保管。建设龙袍中医文化博物馆：将挖掘、搜集的资料予以永久陈列保护；成立龙袍中医药行业协会及机构，举办“龙袍中医药文化节”；实施龙袍中医药人才保护计划，对年事较高、声誉较大、技术较好的传承人实行师承保护措施，让更多龙袍中医药传承人加入其中共同发展，共创中医药美好明天。

参考文献

[1] 冯娟：《乡村振兴背景下“非遗”的保护与开发》，信阳学院商学院，2022 年。

[2] 李芸：《基于统计分析的江苏省非物质文化遗产传统医药项目浅析》，《江苏商论期刊》，

2022 年第 3 期。

[3] 孙涛,毛银雪,秦昆明:《江苏省中医药非物质文化遗产利用现状与对策研究》,《亚太传统医药》,2021 年第 10 期。

[4] 程志立,程志强:《中医药老字号面临的机遇、挑战及未来趋势》,《第十八届全国药学史暨本草学术研讨会学术论文集》,中国药学会药学史专业委员会,2015 年。

[5] 黄雨婷,王华,樊志敏等:《江苏省中医药文化旅游现状及发展研究》,《中国中医药信息杂志》,2018 年第 6 期。

[6] 石雪芹,刘谦,王柳青等:《 中医药传统知识保护与非物质文化遗产关系探讨》,《中国医药导报》, 2022 年第 19 期。

[7] 胡丽艳:《传统医药类非物质文化遗产濒危影响因素及活化保护研究》,福建师范大学,2015 年。

[8] 刘洪,李文林:《浅析传统医药非物质文化遗产的保护与传承》,《中医药管理杂志》,2021 年第 5 期。

[9] 江苏非物质文化遗产网:http://www.jsfybh.com.

[10] 高宗德:《六合县卫生志》,1990 年。

[11] 仇远山:《六合县医院志》。

常州庙会与节场的特色与新时期发展

周逸敏[①]

摘　要：中国六次人口大迁徙，给江南地区带来了先进的生产力，使江南核心区域的常州，与整个江南地区一样，经济和文化得到了飞速发展。与此同时，和经济文化以及宗教都相关的常州庙会与节场也因此而盛，出现了遍地开花的局面。进入新时期，常州庙会与节场又呈现出助力中国式现代化的新内涵。

关键词：常州庙会　特色　新时期发展

一、中原人口迁徙奠定了常州庙会繁盛的基础

汉哀帝元寿元年(公元前2年)，中亚大月氏国国王的使者伊存，到了当时汉代的首都长安。伊存口授《浮屠经》给一位名叫景卢的博士弟子。这是我国史书上关于佛教传入我国的最早记录。

但是，现在我们一般认为佛教最早传入中国是在汉明帝时期，还在洛阳建立了第一个官办寺院白马寺。佛教在中国广泛传播应该是在公元6世纪的南北朝时期。这可以从晚唐诗人杜牧的一首名诗里看出端倪："千里莺啼绿映红，水村山郭酒旗风。南朝四百八十寺，多少楼台烟雨中。"随着佛教的传播，庙会也开始出现，这是它的初创时期。庙会的大繁盛是在中国历史上六次大规模的人口迁徙之后产生的。

这中间又有三次规模特别大，分别是西晋末年的永嘉南渡[②]、唐代安史之乱后的人口南迁和北宋与南宋之交由宋皇室率领的南渡。由《晋书・王导传》的记载，可见

---

① 周逸敏，江苏省民俗学会副会长、常州市民俗学会会长、常州市谱牒与祠堂文化研究会副会长、常州日报主任记者。

② 《晋书・王导传》记载："俄而洛京倾覆，中州士女避乱江左十六七，导劝帝收其贤人君子，与之图事。"

当时迁徙的规模非常大。一般来说，在这三次南渡之前北方的经济、文化都远超南方，而三次南渡以后经济、文化的中心就从北方转移到了南方，直到现在。

大规模的人口迁徙带来的直接效应就是把人才、资金、先进的管理、生产工具和生产技术等，也就是中原地区先进的生产力带到了江南，这必然极大地提升了江南地区的生产力，推动了江南地区的农业与手工业的快速发展，如稻作上的轮作复种制、当时处于世界领先地位的灌钢冶炼法等。再比如，明清时期常州地区就发展起了众多的手工业，最有规模和特色的当数纺织、梳篦和金属工艺等。据《道光武进阳湖合志(一)·食货志·土产》记载："门庄布阔九寸，长二丈二尺，出武进北乡阳湖东乡者为最。缁布阔九寸，长一丈八尺，坚白轻圆望之如谷。紧纱唐书载土贡又见寰宇记。棉花出通江乡。料丝灯，董志云武进独擅。其长案料之为质，与玻璃相似，有料珠料丝二种，料珠多为五色，圆湛如珠，缀以为灯，璀璨夺目，料丝则惟用本色，为丝极细，有似洋簾制灯，先用绢或纸为地，其上绘人物花鸟，其外围以料丝作纹，密排无间，以胶粘固，而丝之两端俱嵌入灯架之边，燃烛时光彩四耀，而外不见烛，特其丝织脆，易于摧折脱落，故近时肆中间或为之，不若料珠灯之通行也。梳篦制造精细适用，胜于他所。"生产力的提高就给当地庙会节场的繁盛带来了坚实的物质基础。

二、常州庙会的地域广泛性

常州历史上地域面积并不算大，现在的面积也只有 4 385 平方公里，在江苏排名 12 位，倒数第二，仅比镇江稍大。但就是在这块不大的土地上，东西南北中遍布着丰富多彩的庙会与节场。据不完全统计，常州曾经有过各类庙会节场 140 多个。近些年来，随着城市化进程，不少庙会节场渐行渐远，前些年常州城区还有个别节场，尽管许多有识之士和有关方面呼吁留下一席之地，然而还是取消了，不能不说令人遗憾。

据常州民俗专家考证，常州城区的庙会最盛要数每年的北大王庙(农历四月十六)和天地坛(农历五月初一)的庙会了。不但历史悠久，而且场面恢宏，是庙会中最有代表性的。常州北大门青山桥地区每年农历四月十六、五月初一大张旗鼓地开展地方庙会，在短短半个月内，在同一地区连续作节两次，这是绝无仅有的。

地处常州东南部的横山桥镇庙会众多，当地的庙会每年主要有 5 次，分别在奚巷村、西崦村、芙蓉村、戴家坝村、东城湾村、夏塾村、五一村、双庙村、东周村、西周村、东柳塘村、梁家桥村、郭家村、李象桥、新安村、前巷村、莉利村、韩地村、西柳塘村、横山桥村、芳茂村、东洲村、星辰村、省庄村、金丰村等地开展。

地处常州市西北部的西夏墅是一个大镇，庙会也很多。百子庵招贤里土地庙庙会、烈帝庙会、真武菩萨庙会、牛郎庙会都享有盛名。而地处西部的大镇奔牛镇就有 4

个庙会：农历二月廿八东岳村东岳庙会，三月初六张墅桥村龙凤山庙会，三月十五南观村仁惠观庙会，三月廿八奔牛镇三神庙会。

总之，常州各地都有庙会，这些庙会契合了老百姓的需求，带来了盆瓢锅碗的烟火气，带来了种肥锄耙的秋收希望，也带来了唱舞说嗔的欢声笑语。庙会就是老百姓的节日。

三、常州一些非常有特色的庙会与节场

常州的庙会与节场，很有自己的特色，有不少庙会都异于外地，这里介绍几个很有特色的庙会。

（一）东岳庙会声名显赫

南朝齐、梁两代开国皇帝都来自武进孟河镇，更由于梁武帝萧衍大力推广佛教，提倡"三教圆融"，所以庙会也大行其道。据现任孟河东岳庙道长孔林方介绍，当时，东岳庙道长就开动脑筋开发出一套既不僭越皇家规矩，又与当地群众接地气的庙会形制，号称"大老爷出会"，"大老爷"是皇帝的化身，制作很有讲究，材料是珍贵的红木。出会场面十里相围，人山人海。这一套出会规范，不断完善与发展，一直延续至今。

农历三月二十八是东岳大帝的生日，庙中举行大型的庆贺活动，四方香客前来为东岳大帝（大老爷）贺寿。有送寿面、寿糕和寿桃的，也有买鞭炮高升的，备馒头、寿糕和寿桃箩担的，还有买寿衣、寿鞋、更换寿帐的，等等。万绥镇人流如织，邻近商贩隔夜就来抢设摊位，庙会节场上以农具、种子、夏令换季衣衫鞋帽为主，因为正值春耕备耕季节，不久就到夏收夏种农忙季，所以这个节场又叫"农具节"。

农历十月初六，是东岳大帝出巡视察、为民祈福消灾的节日，俗称"大老爷出会"，"大老爷"在百姓心中是专管惩恶扬善、保障地方四季平安的神灵，出会就是巡视领地。庙会盛况空前，热闹非凡，百里商贩、四乡店铺都来赶节摆摊。特别是"大老爷出会"场面，尤为壮观。秋收已过，百姓邀来较多亲朋好友，远乡游客也纷纷前来看热闹。出会活动要到十月初八才结束。

（二）祠山庙会傩舞当先

许多地方的传统庙会其实也是一种鲜明的地方特色民俗展示，溧阳市社渚镇河口地区流传的河口祠山庙会就是如此，由于在庙会上会有精彩的傩舞表演，展示了常州地区最鲜明的庙会特色。

祠山庙会在社渚镇河口地区的9个乡村流行。这9个村庄是:河西、桥东、滨溪、上河口、蒋家、王家庄、下马塘、蔡家和巷埂。这个庙会是因纪念治水功臣张渤而兴起的。祠山庙会出会在古代为农历二月初八,目前当地外出打工人员较多,已改为人们回乡过年的农历正月初三。出会这天,祠山大帝坐八人大轿,五猖、判官、土地、和尚、道士等身披各色彩袍,头戴木雕傩面具随同祠山大帝,两面帅锣开道,16面龙旗招扬,以“十面埋伏”和“雨夹雪”大小锣鼓音乐伴奏,共计168人参加出会,到各村跳起了傩舞,列出“太平”图,表达人们对风调雨顺、年年丰收、硕果累累的期望。中国傩戏研究学会副会长巫充明教授,观看了社渚嵩里跳幡神表演后赞叹不已:“傩文化在江南最后的遗存,是傩舞活化石!”嵩里跳幡神参加中国社火节获得了中国民间文艺最高奖——山花奖。由于社渚河口距离安徽广德路途并不遥远,两地村民常有来往,所以祠山庙会在安徽也有流传。

(三)清凉寺外山歌悠远

常州南郊的清凉寺,始建于北宋英宗治平元年(1064年),由常州籍枢密副使胡宿请旨所建,初名报恩感慈禅院,后改名端明寺,光绪年间复名清凉寺,是一所规模仅次于常州天宁寺的著名寺院。每年农历六月十九是“观音成道日”,这天除了要做庆典佛事,更吸引人的是庙会上的“对山歌”。香客们在清凉寺坐夜拜佛参加佛事活动后,便步行到德安桥,两地仅有数百步距离。而德安桥和桥两岸的运河畔早已人山人海,甚至树上、桥墩上都爬满了看热闹的人。十里八乡的百姓从四面八方赶来,这一天可以说是农民的节日。1936年6月的《新兰陵报》报道说:“阴历六月十九日,俗传为观音得道之辰,清凉寺旧例逢是日乡民集资演戏,又于德安桥下唱山歌,通宵达旦,河中停泊游船……”据有关史料记载,德安桥上对山歌至少已有千年以上历史。对山歌的队伍也很讲究,有好几个来源,一是附近农村的农民、山民和船民;二是染坊里的工人;三是木匠街上的匠人。各队选出高手聚集在德安桥两边的石栏杆上相向而坐,以桥南桥北各自自由组合为一个个方队,以机智与诙谐的对歌相互调笑取乐。

(四)杨桥庙会人气爆棚

杨桥庙会产生于宋代。相传每年的农历二月初八,是“城隍爷走舅家”的日子,所以就把这一天定为武进区前黄镇杨桥庙会日,每逢这天都会在杨桥太平庵内外举行庙会。这一天城隍菩萨要“出会”,当地父老乡亲数千人全部出动。巡游时当地的十种传统行业,都要推出一个代表盛装出行,每个人都要用舞蹈的形式熟练地表演其所代表的那个行业的工作劳动状态。杨桥庙会也是常州地区庙会中唯一一项省级非遗项目。

杨桥是一个古老幽雅的小镇，位于常州武进南部，风格与苏州周庄相似，被誉为常州的“周庄”。杨桥的庙会是以一场“乾隆皇帝下江南”巡游为序幕的，接着杨桥百姓在太平庵内举行开光仪式，下午一时半开始“出会”活动，这是杨桥庙会的重头戏。由会旗队、彩旗队、锣鼓队、头行牌、太平伞、手执兵器的“衙役”等在队伍前开路，后面紧跟着的是舞大刀、舞马叉、踩高跷、掮轮车、调狮子、悠火球、调犟牛、调龙灯、打莲湘等十余支文艺表演队伍。紧跟文艺表演队伍后面的是调三十六行队伍，主要有接生婆、剃头佬、唱莲花落、摇木椟、裁缝、木匠、竹匠、泥水匠、收租、放鸟、磨剪刀、郎中、铁匠、卖柴、塑佛像、唱道情等行当。最后接踵而来的是城隍菩萨的八抬大轿。整个队伍至少四百多人。

巡游队伍行经堵家塘、牛皮村、邵家村、湾渎村、禹家桥、唐家塘、华家塘、牛家祠堂、农贸市场、庄基村、杨桥南门、南杨桥、关帝庙，最后回到太平庵。据当地老人回忆，当年杨桥庙会最火爆时，参加展演人员多达三四千人，仅龙灯就有 48 条。

（五）仙姑庙会人文情怀

金坛薛埠镇上阮村的仙姑庙会非常有特色，上阮村文化底蕴深厚，这里有西周土墩墓、古寺庙遗迹和流传至今的花鼓戏，而南北混杂的语言特点更让这块土地散发着迷人的魅力。过去上阮村的仙姑庙会盛况空前。仙姑庙位于张笪里自然村的东面，规模宏大。

仙姑庙每逢农历八月十五出会。出会前的农历十二拜头（仙姑生日），接连唱戏三天。出会的准备工作很有讲究，事先要指定专人养猪，出会前三天晚上将猪引至仙姑庙中宰杀，必须是整猪（即猪宰杀刮毛后让猪胀满气），还要有整羊、大草鱼或大青鱼和各种点心，这些供品都要事先供奉在庙里。

八月十五一早开始出会，四乡八里的善男信女纷至沓来，人山人海，庙门周边和沿途全是侍奉香火和围观的人群。晌午时分，一切准备就绪，队伍浩浩荡荡出发。出行路线是沿张笪里范围绕行一周，再回到庙里。走在最前面的是一匹高头大马，骑马人是当地有名望者，扛着帅旗。紧随其后的是烧香拜佛者，他们事先都向菩萨许了愿，手里拿着香和小板凳，自始至终向前走三步向后跪拜一次。随后是表演八仙过海和荡湖船的队伍，还有舞狮队、舞龙队、锣鼓队，有挑花担的（由美貌女子身穿戏剧服装扮演）、挑茶担的（由英俊男子扮演），再后面是装扮成的“无常鬼”“摸壁鬼”等，头上戴着高帽子，帽子上分别写着“一见生财”“一见神来”等字样，还有“河蚌精”“螺蛳精”等各种造型和表演。一些“铳手”沿途不断鸣放铳和鞭炮。整个队伍足有两里路长，行当五花八门，来自四面八方的群众数以万计，氛围热烈。

(六)“猪落”“牛落”湟里一景

湟里镇是武进、金坛、宜兴三地交界的主要贸易场所。自元、明以来,湟里一直是宜、溧、皖山区至常州、苏北方向陆路的重要通道,水路交通也十分便利,商人来往进行商品交换。湟里镇的庙会、节场贸易已有几百年历史。抗战前至20世纪70年代初,农历每月逢“一”“六”为“落”(读音 luò,意为农家集贸之乐,通常写“落”)。1975年2月,根据当时武进县统一规定改为公历每月逢“十”为集贸日,后又增逢“五”为集贸日。因湟里的牛市场在大江南北闻名遐迩,故又称“牛落”“落上”。每月6个“落”,一直沿袭。“猪落”就是苗猪市场,这里就成为苏南有名的牛与猪市场。每逢“牛落”,拂晓开始,数百头牛云集牛市场,“牛头”围着将要出手的牛屁股转来转去,先是牵着牛,用树枝或长烟杆吆喝,转几圈、遛一遛,看腿力、察蹄形,或抓起牛鼻子,伸出一只手,塞进牛嘴里,按住翻卷不停的牛舌,数一数是四齿、六齿,还是白口,再由权威开始喊价,喊出的价格一般相差不大,最后成交,买卖双方都要给自己的委托人一定的“佣金”,一般为牛价的1%。

四、新时期常州庙会与节场的传承与发展

在中国式现代化的进程中,常州庙会与节场也焕发出它的新光彩,成为经济社会前进中新的音符,更为文旅事业和乡村振兴注入了新的活力。习近平总书记说过:“要找到传统文化与现代生活的结合点。”这给我们传承和弘扬传统文化指明了方向。

(一)助推经济功能

这些年不少庙会节场成了新景点,甚至网红打卡地,比如金坛茅山脚下的仙姑村庙会上,一些非遗项目也出现了。“抬阁”是一种集民间戏曲、民间美术、民间舞蹈等为一体的民俗巡游表现形式,多在农闲、节庆时表演,热闹喜庆。2008年“抬阁”被列为国家级非遗名录。金坛“抬阁”与徽州“抬阁”、广东“抬阁”、安阳“抬阁”和山西平阳“抬阁”并列为全国最有名的五大“抬阁”,然而,前些年却濒临失传。就是在这样的庙会上,才挖掘整理出了这项非遗,并且得到很好的传承。庙会使一些非遗项目重新焕发青春,还有不少案例。目前,仙姑村年年是旅游节的开幕式地点,民俗活动唱主角。大家知道常州的自然旅游资源与南京、苏州、无锡等城市相比略逊一筹,除了无中生有,更重要的是怎样利用好现有资源,在丰富多彩的民俗文化元素的加持下,甚至打造成了旅游小镇,金坛的东方盐湖城就是很好的一例。令很多游客印象深刻的就是道教民俗,十分吸引人。2016年常州全市游客接待量突破6 000万人次,总收入达833.59亿元。这中间也有常州民俗助推旅游发展的一份贡献。

（二）联络亲情功能

庙会节场举办期间从外面来了许多亲朋好友，当地亲友热情招待，联络感情，本来是作为庙会节场活动的余兴节目，但余兴节目现在已经变成了主打“产品”。

原在常州市级机关工作的老陈前几年退休了，他也把家从城里搬到了常州城区西边的西林街道，这里十分宜居：空气清新，道路宽畅，生活设施一应俱全，附近还有公园，唯一小缺点是到城里相对较远。这对喜欢交友的老陈来说是个小小的“烦恼”。可是很快他就发现每年“三月三”的西林庙会盛况空前，许多老村民都会置办酒席招待从四面八方来赶庙会节场的亲朋好友，甚至还会在庙会节场日前几天就发出邀请，请朋友来聚会。他觉得这个办法很好，也照此办理，到庙会节场那天，亲朋好友来“赶节”，聚友情，讲亲情，老陈十分开心。从这些年的情况来看，庙会节场的这一新功能，对维系日渐疏远的亲情友情也大有裨益。

（三）拓展文化软实力功能

平心而论，这些年常州的庙会节场虽然有发展，但与鼎盛时期相比，还是日渐式微。据了解，过去常武地区大小庙会节场有 140 多个，而每年农历三月前后，是农村节场的集中期。农历三月十八那天，常州仅东门地区就有 48 个节场。但最近三十多年来，随着城市化进程加快，节场大规模萎缩。2008 年，常州天宁区武青路节场的消失，标志着庙会节场这种充满中国风情的民俗元素已从常州城区内完全退出，就是农村乡镇节场也日趋凋零。

但是，由于许多有识之士的努力，常州庙会与时俱进也有十分可喜的提升，甚至走出国门，弘扬了中华优秀传统文化。常州大学就进行了非常有益的探索。常州大学在委内瑞拉首都加拉加斯的玻利瓦尔大学成立了常州大学玻利瓦尔大学孔子学院，他们把充满人类智慧的中华文化和富于地方特色的常州民俗文化带到了万里之遥的委内瑞拉。2018 年中国春节期间，常州大学玻利瓦尔大学孔子学院隆重举办了第二届新春庙会。我国驻委大使和委国重要官员、华人华侨和当地民众 2 000 多人出席。在热闹的庙会上孔子学院的学生们朗诵《静夜思》《元日》《满江红》，唱《茉莉花》《康定情歌》等，还展示了许多民俗文化活动，博大精深的中华文化深深地吸引了许多当地民众，不少人当场表示要报名学习汉语。

随着社会的进步，常州庙会和节场文化必定会随之而发展、与时俱进，嬗变出新的与之相适应的新形式，就像许多传统文化艺术样式一样，今天的样式就是过去的创新，也一定会变成将来的传统，而常州庙会这朵绚丽的民俗文化之花将常开不败，生生不息，代代相传。

论赵元任海外吟诵活动及吟诵资料的文献价值①

刘红霞　苏　刚　时立群②

摘　要:赵元任先生是近现代对我国传统古诗文吟诵开展田野调查的先驱,也是中国国家级非物质文化遗产项目“常州吟诵”的杰出代表。古诗文吟诵不仅伴随赵元任终身,对吟诵的研究,也成为赵元任个人学术研究的一个重要组成部分,众多海外吟诵资料和研究资料为国内所未见,弥足珍贵。赵元任为吟诵研究留下范式,他的吟诵活动与海外吟诵资料,以及以他为代表的中国口传暨表演文学研究会(CHINOPERL)学者们的早期田野调查与海外教学实践,对当前国内的吟诵传承与吟诵海内外教学的开展有其指导意义和参照价值。

关键词:赵元任　海外　吟诵活动　吟诵资料　研究范式

赵元任(1892—1982)是近现代对我国传统古诗文吟诵开展田野调查的先驱,也是中国国家级非物质文化遗产项目“常州吟诵”的杰出代表。自1916年起,传统吟诵便成为赵元任个人学术研究的一个重要组成部分,直至其1982年去世。美国加州大学伯克利分校(UC Berkeley)保存了赵元任的完整档案,其档案资料分别于去世后的1982年7月以及1990年11月由长女卞赵如兰捐给该校班克罗夫特图书馆(the Bancroft Library)。③ 本文结合部分档案扫描件及2016年编成的《赵元任档案,

---

① 基金项目:本文系2023年度常州市社会科学研究课题“赵元任海外吟诵活动及吟诵资料的文献价值研究”的阶段性成果。

② 刘红霞,常州工程职业技术学院副教授,文学博士;苏刚,常州青果巷历史文化研究院副教授,执行院长;时立群,常州市文化馆、常州市非遗中心高级政工师,副馆长、副书记。

③ 加州大学伯克利分校(UC Berkeley)收藏了丰富的民国文献,包括民国时期的重要人物档案。赵元任档案存于该校档案馆,三十多年间未作整理,2016年借调至该校东亚馆,由档案馆、东亚馆各出一人,对档案进行了编目。

1906—1982》(以下简称《档案》)目录,[①]北美中国口传暨表演文学研究会(CHINOPERL)[②]的吟诵资料、部分手稿,多年来陆续寻访到的海外吟诵资料,清华国学研究院的日记复印件[③],对赵元任为我国传统诗文吟诵所做出的贡献,包括他的海外吟诵活动、吟诵田野调查、采录、研究和海外教学进行论述。

一、赵元任在北美中国口传暨表演文学研究会的三次吟诵报告

1969 年,赵元任在康奈尔大学任客座教授,开设《中国语言结构》和面向研究生班的吴语课。康奈尔讲学期间,赵元任参与了"康奈尔大学中国计划",与 22 位学者作为学会的创建人,出席中国口传暨表演文学研究会(或译中国演唱文艺研究会,简称 CHINOPERL)在康奈尔的成立大会。

1971 年,在 CHINOPERL 第三届年会上,赵元任和程曦用各自方言介绍吟诵,一为南方方言,一为北方方言,二人对吟诵报告的定位是"the chanting of classical verse and prose(韵文与散文的吟诵)"。赵元任的吟诵主题是"Chanting of Various Types of Materials"(各类文体的吟诵),示范了家乡常州七类文体五种不同形式的吟诵,留下了系统而珍贵的吟诵资料。吟诵篇目见图 1、图 2。

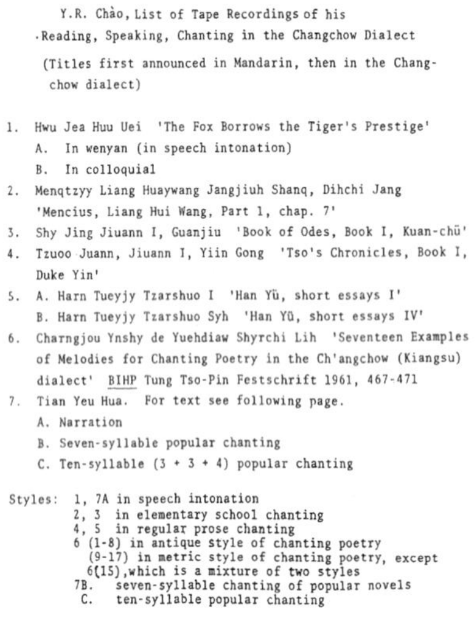

Y.R. Chào, List of Tape Recordings of his
·Reading, Speaking, Chanting in the Changchow Dialect

(Titles first announced in Mandarin, then in the Changchow dialect)

1. Hwu Jea Huu Uei 'The Fox Borrows the Tiger's Prestige'
   A. In wenyan (in speech intonation)
   B. In colloquial
2. Menqtzyy Liang Huaywang Jangjiuh Shanq, Dihchi Jang 'Mencius, Liang Hui Wang, Part 1, chap. 7'
3. Shy Jing Jiuann I, Guanjiu 'Book of Odes, Book I, Kuan-chü'
4. Tzuoo Juann, Jiuann I, Yiin Gong 'Tso's Chronicles, Book I, Duke Yin'
5. A. Harn Tueyjy Tzarshuo I 'Han Yü, short essays I'
   B. Harn Tueyjy Tzarshuo Syh 'Han Yü, short essays IV'
6. Charngjou Ynshy de Yuehdiaw Shyrchi Lih 'Seventeen Examples of Melodies for Chanting Poetry in the Ch'angchow (Kiangsu) dialect' BIHP Tung Tso-Pin Festschrift 1961, 467-471
7. Tian Yeu Hua. For text see following page.
   A. Narration
   B. Seven-syllable popular chanting
   C. Ten-syllable (3 + 3 + 4) popular chanting

Styles: 1, 7A in speech intonation
2, 3 in elementary school chanting
4, 5 in regular prose chanting
6 (1-8) in antique style of chanting poetry
(9-17) in metric style of chanting poetry, except 6(15), which is a mixture of two styles
7B. seven-syllable chanting of popular novels
C. ten-syllable popular chanting

图 1 1971 年 CHINOPERL 年会印发材料

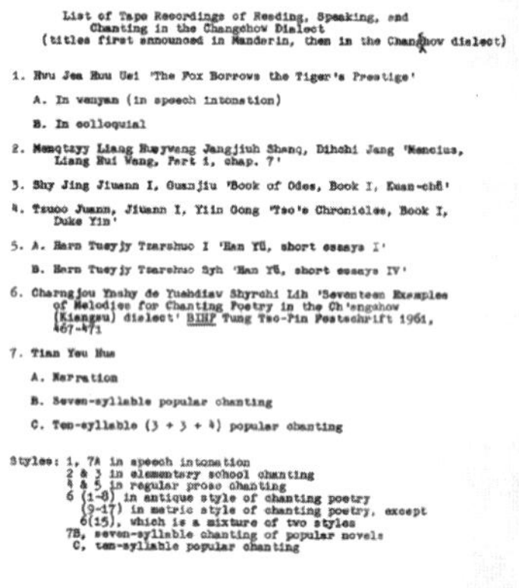

List of Tape Recordings of Reading, Speaking, and Chanting in the Changchow Dialect
(titles first announced in Mandarin, then in the Changchow dialect)

1. Hwu Jea Huu Uei 'The Fox Borrows the Tiger's Prestige'
   A. In wenyan (in speech intonation)
   B. In colloquial
2. Menqtzyy Liang Huaywang Jangjiuh Shanq, Dihchi Jang 'Mencius, Liang Hui Wang, Part 1, chap. 7'
3. Shy Jing Jiuann I, Guanjiu 'Book of Odes, Book I, Kuan-chü'
4. Tzuoo Juann, Jiuann I, Yiin Gong 'Tso's Chronicles, Book I, Duke Yin'
5. A. Harn Tueyjy Tzarshuo I 'Han Yü, short essays I'
   B. Harn Tueyjy Tzarshuo Syh 'Han Yü, short essays IV'
6. Charngjou Ynshy de Yuehdiaw Shyrchi Lih 'Seventeen Examples of Melodies for Chanting Poetry in the Ch'angchow (Kiangsu) dialect' BIHP Tung Tso-Pin Festschrift 1961, 467-471
7. Tian Yeu Hua
   A. Narration
   B. Seven-syllable popular chanting
   C. Ten-syllable (3 + 3 + 4) popular chanting

Styles: 1, 7A in speech intonation
2 & 3 in elementary school chanting
4 & 5 in regular prose chanting
6 (1-8) in antique style of chanting poetry
(9-17) in metric style of chanting poetry, except 6(15), which is a mixture of two styles
7B, seven-syllable chanting of popular novels
C, ten-syllable popular chanting

图 2 伯克利《赵元任档案》扫描件

① 此档案目录由伯克利东亚图书馆馆长,主持赵元任档案整理工作的周欣平教授提供。赵元任档案,分存于 50.1 英寸 37 个纸板箱、1 个文件箱,有 9 个卡片档案盒,一页一件,共有近 23 万件。

② 北美中国口传暨表演文学研究会(Chinese Oral and Performing Literature,简称 CHINOPERL,或译中国演唱文艺研究会),由赵元任等一批国际知名学者在 1969 年发起成立,每年举办一次国际学术年会。研究会的宗旨是对中国口头的文学形式如吟诵、说唱、戏剧、民族音乐等进行记录、研究并维持其传统形式。这部分研究资料由 CHINOPERL 会长、美国瓦萨学院终身教授都文伟先生提供。

③ 赵元任日记复印件系清华国学研究院刘东教授提供阅读。

赵元任为吟诵报告所进行的准备是系统的，为本次吟诵报告列出的相关研究论文目录，以及所准备的语言、文学、音乐等方面文本资料将在本文第三、第四部分进行引述。

另据近年寻访到的海外资料，赵元任曾在美国 CHINOPERL 国际学术年会上作过三次中国传统吟诵主题报告。（见表 1）

表 1　CHINOPERL 国际学术年会赵元任吟诵报告

年份	会议地点	报告主题
1969 年	Cornell University 康奈尔大学	Music, Linguistics, Literature, Intonation and Tone in Relation to Speech and Music, Chinese Dialects（音乐、语言、文学，方言"诵读"与"吟唱"）①
1971 年	Cornell University 康奈尔大学	Chanting of Various Types of Materials（各类文体的吟诵）②
1975 年	Stanford University 斯坦福大学	Forms of Chanting of Antique and Metric Verse in Chinese（古体诗与格律诗的吟诵）③

由表 1 可看出，赵元任的三次吟诵报告逐步深入，探讨了吟诵的几个核心问题。1969 年的报告，提出吟诵涉及文学、语言、音乐三门学科，具有方言的属性，以及以方言"诵读"与"吟唱"为例，分析二者的区别，讨论各自的用音和所吟之字平仄声调的配合关系。1971 年的报告，与程曦的吟诵报告互为补充，从韵文与散文的角度进行呈现，共同形成一个涉及各体诗文吟诵的完整体系，有助于学界全面了解传统吟诵的具体样貌。1975 年的报告，则结合吟例，讨论了古体诗与近体诗各种体例的吟诵形式。

《档案》"系列 3 专业活动"子系列"学术机构 1929—1973"部分，列有"康奈尔大学中国计划-中国演唱文艺研究会（CHINOPERL），信函与笔记 1970—1974"④，这部分资料有助于今后就赵元任在 CHINOPERL 的三次吟诵报告作进一步深研。

二、方言田野调查与融入吟诵的海外教学实践

（一）清华国学研究院及中研院史语所任职期间的方言田野调查与教学

赵元任在 1969 年 CHINOPERL 成立之初的会议讨论中，提到"中研院"史语所

---

① 见 *Minutes of the Cornell Meeting*（《康奈尔会议纪要》），*CHINOPERL News*（No.1），1969 年，第 7 页。

② 见 *Proceedings at the 3rd and 4rd CHINOPERL Conferences 1971 and 1972*（《CHINOPERL 第三、四次会议议程（1971、1972）》），*CHINOPERL News*（No.4），1974 年，第 14 页。

③ 见 *Proceedings at the Seventh Meeting（1975）of the Conference*（《第七次会议议程（1975）》），*CHINOPERL Papers*（No.6），1976 年，第 10 页。

④ 见《档案》carton 16，folder 4。

进行过长期的方言吟诵的采集。① 由于方言田野调查的内容包含各地吟诵资料的采录,对其方言田野调查作一整体性梳理,将有助于海外珍贵吟诵资料的进一步寻访。

以时间为序,赵元任 1927 年清华国学研究院期间,即开始系统地进行汉语方言调查,最初是吴语调查,“常把方言调查中的活的材料和实例,拿到课堂讲授”②。1928 年,赵元任接受“中研院”史语所聘请主持语言组工作,到史语所即进行两广方言调查。

录音设备也在不断更新。1927 年调查吴语时只有一种滑动音管,在广州调查粤语时用蜡筒录音。1933 年,担任清华留美学生监督处主任时,在纽约订购铝盘录音设备以及手动发电设备以运用于田野调查。③ 据《档案》目录,“系列 3 专业活动 1929—1980”部分包括不同年份购买录音器材、语言唱片以及向贝尔实验室购买录音机的信函。如“‘中央研究院’-购买书籍及录音器材,信函与清单 1954—1955”“‘中央研究院’历史语言研究所-研究员和评议员聘书 1937—1960”,可以看出赵元任 1938 年赴美之后依旧任职“中研院”史语所,海外采录也一直进行。

《档案》“系列 2 研究文件 1919—1971”部分含方言调查的材料和笔记,由于资料众多,伯克利归档人员按方言的字母顺序进行了归档。为便于整体性了解,在此按时间顺序整理为表 2。

表 2 《赵元任档案》方言调查

<table>
<tr><th>内容</th><th>时间</th><th>档案存放</th><th>备注</th></tr>
<tr><td>吴语方言调查小册,吴语方言调查表 Vol.1 - 6</td><td>Undated</td><td>Carton 11, folder 13 - 23
Carton 12, folder 1 - 2</td><td rowspan="3">这部分资料未标时间。据《年谱》及日记,1927 年 9 月,首先进行吴语方言调查。</td></tr>
<tr><td>常州笔记</td><td>Undated</td><td>Carton 12, folder 26</td></tr>
<tr><td>临川方言笔记</td><td>Undated</td><td>Carton 12, folder 50</td></tr>
<tr><td>方言调查手稿小册 Vol.1</td><td>1928</td><td>Carton 11, folder 1</td><td></td></tr>
<tr><td>方言笔记与罗常培信函</td><td>Circa 1928</td><td>Carton 12, folder 15</td><td></td></tr>
<tr><td>广州方言调查与笔记</td><td>Circa 1928—1972</td><td>Carton 12, folder 45</td><td></td></tr>
</table>

① “Chao: ‘Academia Sinica’ has collected material over a long period of time from the storytellers and chanters of literature. Their primary interest was dialectology.”(赵:“中央研究院”有相当长一个时间段,对说书艺人和诗文吟诵者进行资料采集,主要是作方言研究)见 *Minutes of the Cornell Meeting*(《康奈尔会议纪要》),*CHINOPERL News*(No.1),1969 年,第 13 页。

② 赵新那,黄培云编:《赵元任年谱》,商务印书馆,2001 年版,第 142 页。笔者 2018 年赴清华大学国学研究院阅读赵元任先生日记复印件,日记中也有相关记载。

③ Yuen Ren Chao, *My Field Work on the Chinese Dialects*《我的中国方言田野调查》,1975 年,见《档案》carton 26, folder 48。另见 *My Field Work on the Chinese Dialects*,《赵元任全集》第 4 卷下册,商务印书馆,2012 年,第 899 页。

续 表

内容	时间	档案存放	备注
广东方言笔记	Circa 1929	Carton 12，folder 20	
台山语料手稿	1929	Carton 13，folder 16	
方言调查笔记	1929—1940	Carton 12，folder 17	
方言调查笔记和信函	1929—1938	Carton 12，folder 18	
厦门方言笔记	1931	Carton 12，folder 19	
苏州方言调查笔记与语音表 苏州方言调查笔记	Circa 1931 1950	Carton 13，folder 1 Carton 13，folder 3	
方言调查小册	1934	Carton 12，folder 3	
福建邵武方言调查	1934—1935	Carton 12，folder 44	
台山方言调查笔记，声调，字汇，音节	Circa 1935	Carton 13，folder 15	
田野笔记与 550 最常用字字汇	Circa 1935	Carton 12，folder 14	
“中央研究院”方言调查-长沙，笔记与信函	1935—1937	Carton 12，folder 27	
潮州方言笔记	Circa 1935—1970	Carton 12，folder 29	
方言调查小册，Vol.1－2	Circa 1936	Carton 11，folder 2－12	
定县方言调查	Circa 1936	Carton 12，folder 33	
调查笔记	Circa 1936	Carton 12，folder 6	
绍兴无锡方言笔记与字表	Circa 1936—1947	Carton 13，folder 52	
方言调查小册	1937	Carton 12，folder 4	
福州方言笔记与信函	Circa 1937—1941	Carton 12，folder 43	
湖北方言调查笔记与信函	Circa 1938	Carton 12，folder 47	
中山方言调查笔记与读本	Circa 1939	Carton 12，folder 49	
四川方言调查-丁声树信函	1940—1941	Carton 13，folder 4	
苏州方言调查笔记	1950	Carton 13，folder 3	
台山方言录音笔记	1950—1951	Carton 13，folder 5－14	
台山语料，张卫纲南长音系，杨时逢信函	1951，1963	Carton 13，folder 21	
徽州方言调查笔记与董同龢信函	Circa 1955	Carton 12，folder 48	
绩溪方言-胡适的录音笔记与杨时逢的信函	Circa 1957—1962	Carton 12，folder 30－32	
方言调查笔记抄稿(闽南语)	1959	Carton 13，folder 23	

续 表

<table>
<tr><th>内容</th><th>时间</th><th>档案存放</th><th>备注</th></tr>
<tr><td>福州方言对话笔录、福州方言笔记</td><td>Undated</td><td>Carton 12, folder 41 - 42</td><td></td></tr>
<tr><td>山东临淄田野笔记</td><td>Undated</td><td>Carton 12, folder 51</td><td rowspan="6">这部分资料未标时间。列出置于表末。</td></tr>
<tr><td>台山方言笔记</td><td>Undated</td><td>Carton 13, folder 17</td></tr>
<tr><td>徽州方言录音笔记</td><td>Undated</td><td>Carton 12, folder 19</td></tr>
<tr><td>方言调查对话抄稿</td><td>Undated</td><td>Carton 13, folder 24</td></tr>
<tr><td>方言调查对话抄稿-香港</td><td>Undated</td><td>Carton 13, folder 25</td></tr>
<tr><td>录音明细表</td><td>Circa 1961</td><td>Carton 13, folder 68</td><td></td></tr>
</table>

据表 2 可知，部分资料未定确切年份，部分资料未标时间、地区，由于 UC Berkeley 是由该校档案馆、东亚馆各出一人，于 2016 年完成对赵元任档案的初步编目，单就吟诵而言，目前还存在诸多研究空白，后续对相关资料的整体性梳理，具体资料的辨析，或进行吟诵之深研，需要海内外学界展开合作研究。值得一提的是系列 2 里，还包括广韵笔记、韵母字表 1930 年重印本以及 1930 年出版的《方言调查》(赵)修订本，这部分资料最初由赵元任设计用于方言调查，之后几次修订完善，国内 1955 年经丁声树、李荣等学者修订而成《方言调查字表》，署“中国社会科学院语言研究所”，由商务印书馆出版，使用至今。此表依广韵的声母、韵母、声调排列，用来调查方言，可以得出方言音系在古今演变上的要点，初步研究汉语音韵的人也可以通过这本书的音韵系统得到对于广韵和等韵的基本知识，对吟诵字音的把握以及进行学理研究同样也意义深远。[①]

(二) 抗战赴美期间及战后的吟诵采录与教学

表 2 中，相当一部分资料列出了持续的时间段，可知赵元任先生的采录是不断积累，研究也是持续的。此外，《我的中国方言田野调查》一文还谈道，“One of the detailed recordings made without going into the field, but right at home in Nanking (其中一个没有走进田野，而是在南京家中)”完成的湖北钟祥方言调查，调查人是中研院同仁李济的父亲李博父老先生，调查内容包括“phonology, vocabulary and extended texts(音韵、词汇和扩展文本)”。[②] 再如《档案》“系列 3 专业活动 1929—

① 据《档案》目录，《方言调查》(赵)修订本存于系列 2，carton 12，folder 5；广韵笔记，韵母字表，1930 年重印本，存于系列 2，carton 13，folder 27；1938—1939 赵元任再次修订《方言调查表和字汇》，存于系列 2，carton 12，folder 16；丁声树等修订：《调查字汇指南》，中国科学院，1955 年，存于系列 2，carton 12，folder 8。

② 赵元任：*My Field Work on the Chinese Dialects*，《赵元任全集》第 4 卷下册，商务印书馆，2012 年，第 900 页。

1980”部分还包括“‘中央研究院’-丁在君(丁文江)遗音片”[①]等。

这种方言采录的形式在赴美以后也成为留下珍贵吟诵录音的一种主要方式。据《年谱》及日记记载,赵元任1941年在耶鲁大学教中文阅读课,讲授《孟子》和《马氏文通》,应聘到美国语言学会主办的语言学暑期讲习班讲学。之后往哈佛大学任教,“(1941)7月26日,元任一家迁居麻州剑桥27 Walker Street”“这个地方很快地成为一个中国人的活动中心”。[②] 像胡适、蒋梦麟、周鲠生、陶孟和、林语堂、吴贻芳等众多有深厚旧学功底以及有方言背景的学者以及留学生如谭小麟、郇劲旅等都担任过录音发音人。

到哈佛后,据《年谱》,“修订字典固然是元任在哈佛大学的主要任务,但他对语言教学兴趣更大”。1942年赵元任在哈佛大学开设粤语及中国方言课。《档案》目录里另有一份“国立北京大学-向哈佛燕京学社提出云南方言调查提案1943”[③]。1943年在暑期学校粤语课教材的基础上,赵元任着手编著粤语课本及灌制粤语课本唱片。1943年及1944年赵元任在美主持哈佛大学美国陆军ASTP中文训练班,即使用此教材。“元任在粤语教学的基础上编写了*Cantonese Primer*(粤语入门)教科书(1947年由哈佛大学出版社出版),之后又由粤语改编成国语,编成*Mandarin Primer*(国语入门)一书(1948年出版)”“元任边教边编课文,并适当编进一些方言课文,便于学员接触一点中国的方言”。[④]《粤语入门》《国语入门》以及1963年着手编写的《中国话的读物》都是其海外教学的教科书,其中都包括中国传统吟诵的吟例。

1947年,原打算“二战”后归国继续主持语言组工作的赵元任接受加州大学聘请,留在美国讲授中国语音和音韵学。1948年赵元任在加州大学开的课有《中国语入门》《大学中文课》《音韵学》,1949年在国语课之外增加方言课,给研究生讲解古汉语,“并开始给Martin讲福州音韵”。“加州在美国西海岸,华人本来就多,加之又是华人到美国和回中国的必经之地,元任家逐渐成了中国人的活动中心了。”赴美学人有各自的方言背景,由此也保留下诸多珍贵的吟诵录音。如萨本栋在此期间由国内赴美就医,其兄长萨本铁就应赵元任之邀,多次作为福州方言的发音人。据《年谱》所记,“请萨本铁用福州话读《左传·郑伯克段于鄢》,和古文《陈情表》等,与研究生Martin作福州方言研究”。[⑤]可以看到,赵元任对吟诵的采录,与教学和研究是同步进行的。

---

① 存于系列3,carton 14,folder 33。

② 赵新那,黄培云编:《赵元任年谱》,商务印书馆,2001年版,第260页。

③ 存于系列3,carton 15,folder 31。

④ 赵新那,黄培云编:《赵元任年谱》,商务印书馆,2001年版,第268、265、271页。

⑤ 此段三处引用分别见赵新那,黄培云编:《赵元任年谱》,商务印书馆,2001年版,第296、297、310页。

（三）中国口传暨表演文学研究会学者的田野调查与吟诵教学

CHINOPERL 的宗旨是对中国口头的文学形式如吟诵、说唱、戏剧、民族音乐等进行记录、研究并维持其传统形式。早在 1969 年成立之初，Kate Stevens 和赵如兰就在一份问卷中把对吟诵的调查列于其中。①

在 CHINOPERL 最初十年，以赵元任为首的海外学者，围绕吟诵所进行的田野调查、采录、研究、教学与研讨是多方位的。如 20 世纪 60 年代以及 70 年代初，Kate Stevens、赵如兰、刘君若等多次赴韩国、日本以及台湾、香港等地区进行田野调查。相对于国内的吟诵采录，CHINOPERL 学者们的采录时间早，留下的曾宝荪、曾约农、胡适、查良钊等众多前辈学人的吟诵录音，可谓弥足珍贵。再如刘君若《台湾、香港田野调查报告 1969—1970》，述及 1970 年年初在台北妙法寺采录到江苏常州僧人们的梵呗"海潮音"，"我对这种唱诵形式特别感兴趣，不仅因为它是佛教传统文本的口头呈现，还因为可以把它跟赵元任教授的诗歌吟诵进行比较、分析"。② 与赵元任 1971 年一起作吟诵报告的程曦，曾编写过《汉语入门》③初学二十五课，另在 1978 年 CHINOPERL 第十次年会作过香港梵呗唱诵的报告。CHINOPERL 的资料里同时也有赵如兰、Kate Stevens 在美国哈佛大学、加拿大多伦多大学的海外吟诵教学实践。限于篇幅，以赵元任先生为首的 CHINOPERL 学者们通过各自的项目所进行的吟诵田野调查、研究、教学与研讨，当另撰文阐述。

三、吟诵研究，赵元任个人学术研究的一个重要组成部分

吟诵研究，是赵元任个人学术研究的一个重要组成部分。得益于从小家塾读书打下的深厚根基，赵元任一方面是把传统诗文吟诵与语言学教学相结合④；同时把传统吟诵研究跟语言学研究相结合，通过传统吟诵的例子辨析古今音、国语与方言⑤，进

---

① 见 *Questionnaire Prepared by Professors Pian and Stevens*, *CHINOPERL News* (No.1)，1969 年，第 29 页。

② 据刘君若英文版调查报告翻译，见 *CHINOPERL News* (No.4)，1974 年，第 121 页。

③ 存于系列 3，box 1，folder 4。

④ 除语音课程外，1922 年在哈佛大学教中文、1925 年在清华、1940 年在耶鲁大学开设《中国音韵学》，1942 年在哈佛开设《中国方言》，1947 年后在加州大学柏克莱分校开设《中国语音和音韵学》等课程，都有结合吟诵进行教学的例子。

⑤ 如 1923 年《国音新诗韵》的出版，1928 年《上古中国音当中的几个问题》，1933 年《汉语的字调跟语调》，1959 年《中国音韵里的规范问题》《说清浊》等。再如《中国话的文法》中写"我以前念经书都是用常州音"，指出书中实例"这一类资料大都是北平话以外甚至是官话以外的方言"，见赵元任著，丁邦新译：《中国话的文法》，香港中文大学出版社，1980 年版，第 9 页。

行方言田野调查时，各地方言吟例是所采录资料的一个重要组成部分；三是把传统吟诵与音乐作曲、音乐研究相结合[①]，由此保留下各种诗歌体例可贵的吟调。1971 年 CHINOPERL 的吟诵报告，为便于与会学者有更全面了解，他列出相关的研究论文，作为年会印发资料[②]。（图 3）

16

Appendix: Articles by Yuen Ren CHAO on Intonation and Related Subjects

1. Appendix on the Tones of Peiping, pp. 121-144 of Tzueyhow Wuu-Fen Jong 'the last 5 minutes', (being a transl. of A. A. Milne's The Camberley Triangle, Second Plays, New York, 1923, pp. 143-162).
2. Singing in Chinese, Le Maître Phonétique, Vol. 39, pp.9-10,1924
3. A System of Tone Letters, Le Maître Phonétique, Vol. 45, pp. 24-27, 1930
4. Tone and Intonation, Bulletin of Institute of History and Philosophy, Academia Sinica (BIHP) Vol. 4, No. 2, pp.121-134, 1933
5. A preliminary Study of English Intonation (with American Variants) and its Chinese Equivalents, Ts'ai Yuan-p'ei Festschrift of BIHP pp. 105-156, 1933
6. Tone, Intonation, Singsong, Chanting, Tonal and Atonal Song Composition in Chinese, For Roman Jakobson, The Hague, pp. 52-59, 1956
7. A Note on Chinese Scales and Modes, Oriens, Vol. 10, No. I, pp. 140-143, 1957
8. The Morphemic Status of Certain Chinese Tones, Trans. of the International Conference of Orientalists in Japan, No. 4, pp. 44-48, 1959
9. Seventeen Examples of Melodies for Chanting in the Ch'angchow (Kiangsu) Dialect, Tung Tso-pin Festschrift of BIHP, pp. 467-471, 1961
10. The Changchow Dialect, Mary Haas Festschrift of JAOS, 90.1.45-56, 1970

图 3 *CHINOPERL NEWS*(*No*.4)第 16 页

在 1971 年这份研究目录里，列出的论文时间跨度自 1923 年至 1970 年。他真正开始吟诵研究的时间其实更早，早在 1916 年，赵元任便在《说时》一文中以《长恨歌》的常州吟诗调为例，比较分析音乐句读和诗文句读的乐时长短[③]，由此保留下七言歌行体的基本吟调。1921 年，于纽约哥伦比亚唱片公司录制《国语留声片》[④]，1922 年发表的《中国言语字调底实验研究法》一文中，有对“平上去入”“四声”“五声”的各地方言声调研究。1923 年《国音新诗韵》作为国家新韵书出版。1927 年出版的《新诗歌集》中，《瓶花》《听雨》《卖布谣》三首歌分别采用了常州七绝仄起、七言古体和诗经四言诗的吟诗调进行作曲，由此也记下了七绝仄起、七言古体和诗经四言诗的吟调。1928 年发表《上古中国音当中的几个问题》，系统举例论证《诗经》的声韵，对今天《诗经》篇目的吟诵与字音

① 如 1927 年，赵元任在清华大学国学院任教，写下《新诗歌集 · 序》，论述“吟跟唱”“诗与歌”的区别与联系，指出中文歌曲应像吟诵那样依字行腔，按歌词的本来读音创作曲调，即“依声调作曲”。如歌曲《瓶花》《听雨》，“《瓶花》七绝原诗四句，就老实不客气把(常州)吟律诗的调儿照讲究一点的吟法写出来”，《听雨》(刘半农词)的曲调，“是我们常州吟古诗的调儿，加以扩充”，见《赵元任全集》第 11 卷，商务印书馆，2005 年版，第 15 页。

② 此为列出的已出版论文，时间跨度自 1923 年至 1970 年，见 *Proceedings at the 3rd and 4rd CHINOPERL Conferences 1971 and 1972*(《CHINOPERL 第三、四次会议议程(1971、1972)》)，*CHINOPERL News*(No.4)，1974 年，第 16 页。

③ [美]赵元任：《说时 · 音乐时》，《赵元任音乐论文集》，中国文联出版公司，1994 年版，第 94 页、第 101 页。

④ [美]赵元任：《国语留声片课本》，商务印书馆，1922 年版。唱片及课本结合方言吟例，进行“没有国音字的拼音练习”“异韵字五种声调练习”，见课本第 5 页上，第 24 页上。

把握有着重要的指导和借鉴意义。之后更把自己幼年以家乡方言常州音读《孟子》《左传》、李白诗歌的经历编进了《国语入门唱片》《中国话的读物》,并用常州方言吟诵诗作。[①] 再如《广东话入门》里,又有用广东调吟诵的《枫桥夜泊》。[②]

出于一位语言学家的锐感与使命感,1956 年,在《中国语言的声调、语调、唱读、吟诗、韵白、依声调作曲和不依声调作曲》一文中,赵元任在海外撰文疾呼:

> 近些年来吟诵诗词、古文的这个传统差不多都失去了,这真是可惜的事。……现在最迫切的事,是赶快收集、记录这些老传统艺术,因为它就要看不见了。[③]

该年,拟灌制《长恨歌》《琵琶行》录音带,几次试诵,总情不自禁,泣不成声,不能卒读而告终,而改录了其他一些短诗。[④] 这份录音,部分保存于 1956 年出版的《国语入门》唱片[⑤],相关分析研究,见同年刊出的《中国语言的声调、语调、唱读、吟诗、韵白、依声调作曲和不依声调作曲》一文。

赵元任为吟诵撰文或作报告,为求客观,每一次都是事先录音,根据录音分析研究,结合吟例做演示和阐释。以 1961 年刊出的《常州吟诗的乐调十七例》为例:

> 为求尽量减少主观的成分,我是先按我旧时习惯,把这十七首诗吟读录音,然后从所录下来的声音再慢慢听写分析,这样比起凭空捏造来也许相对客观一点。不消说吟之所以为吟,跟唱歌的不同,就是每次不一定完全一样吟法,……所以现在所记的都是一次性吟调。[⑥]

《常州吟诗的乐调十七例》,赵元任以乐谱记写吟调,分析声、韵、调与文读音的使用,进而探讨古体诗、近体诗各自吟诵的特点。再如 1965 年与杨时逢合著的《绩溪岭北方言》,其中有以乐谱记写胡适以方言所吟 6 首诗词的录音。[⑦]

另据《年谱》所记,(1974)“元任夫妇在家吟唐诗,元任用常州话吟,如兰录音”[⑧],

---

① 有关发音和诗作意译参见[美]赵元任:《国语入门》,哈佛大学出版社,1948 年版,第 274、275、279、280、282 页等。用常州方言吟诵诗作的录音见《国语入门唱片》,民俗唱片公司第 FP8002 号,6A 面,第三段。

② 用广东曲调吟诵《枫桥夜泊》,参阅[美]赵元任:《广东话入门》,哈佛大学出版社,1947 年,第 200 页。

③ 此文英文版见《赵元任全集》第 11 卷,商务印书馆,2005 年版,第 553—562 页。中译版见《赵元任音乐论文集》,中国文联出版公司,1994 年版,第 1—13 页。

④ 赵新那,黄培云编:《赵元任年谱》,商务印书馆,2001 年版,第 344 页。

⑤ (留声片)*Mandarin Primer Records*, Folkways Records No. FP8002, 1956。另据《档案目录》, carton 22, folder 12, *Mandarin Primer*, *Recording Logs and Technical Processes*(22 箱,12 卷,《国语入门》录音日志与技术流程)。

⑥ 赵元任:《常州吟诗的乐调十七例》,《赵元任全集》第 11 卷,商务印书馆,2005 年版,第 519—520 页。

⑦ 赵元任,杨时逢:《绩溪岭北方言》,《“中研院”史语所集刊》,第 36 本,台北“中央研究院”历史语言研究所,1965 年版,第 11—113 页。胡适所吟六首诗词的记写见第 98—107 页。

⑧ 赵新那,黄培云编:《赵元任年谱》,商务印书馆,2001 年版,第 493 页。

这是赵氏父女在为 1975 年的吟诵报告 *Forms of Chanting of Antique and Metric Verse in Chinese*(《古体诗与格律诗的吟诵》)作准备。赵如兰回忆,赵元任去世前一晚,犹自用常州方言低吟杜甫的《旅夜书怀》。[①]《年谱》称赵元任"从陆老师学会用常州方言诵读,并坚持此习惯多年未改变"[②],古诗文吟诵不仅伴随赵元任终身,对吟诵的研究,也成为赵元任个人学术研究的一个重要组成部分。赵元任吟诵研究的涉及面是多方位的,既有语言的、音乐的,更从不同的诗文体例,以及古体诗、近体诗各种诗歌形式的角度,对吟诵进行了系统阐释。

四、为中国传统古诗文吟诵研究留下范式

(一) 吟诵研究与吟例选择的系统性

周欣平教授认为,赵元任先生对中国学术的重要意义,"实际上把西方现代的学术思想、社会科学的基本方法带到了中国,影响了中国整个学术范畴的演进"[③]。

赵元任的学术思想和研究方法同样在吟诵研究、吟诵篇目的选择与吟诵演示的系统性上得到体现。以 1971 年 CHINOPERL 第三次年会为例,这次会议中的演示,赵、程二位先生对吟诵报告的定位是"classical verse and prose(韵文与散文)"。赵元任所选吟例 24 个篇目涉及各体诗文,吟诵类型的选择具有针对性和系统性,单篇吟例具有典型性,见表 3[④]。

表 3　1971 年 CHINOPERL 国际学术年会赵元任吟例

1	《战国策·楚一·狐假虎威》	A 念文言原文	不带乐音念、说
		B 用口语说故事	
2	《孟子·齐桓晋文之事》	四书与《诗经》	私塾读书调
3	《诗经·周南·关雎》		
4	《左传·郑伯克段于鄢》	五经中《左传》与一般散体古文	吟诵散体文
5	韩愈《杂说一》		
	韩愈《杂说二》		

① 见《赵元任全集》第 15 卷第二辑《赵元任早年自传》,赵如兰女士序,商务印书馆,2007 年,第 786 页。

② 赵新那,黄培云编:《赵元任年谱》,第 37 页。*Readings in Sayable Chinese*, by Yuen Ren Chao, San Francisco: Asian Language Publications Inc., 1968 年, Vol.I, Part Ⅱ Fragments of an Autobiography(《中国话的读物》第一本第二部,自传片段),第 76—82 页。

③ 任思蕴:《赵元任档案:待开发的宝藏》,《文汇报》访谈录,2016 年 6 月 17 日,第 248 期。

④ 本表据图 1、图 2 进行整理。

续　表

6	常州吟诗的乐调十七例	1—8 古体诗	吟诗
		9—17 近体诗	
		15 古体近体混合	
7	《天雨花》	A 书面文字说话语调念(同 1A)	民间讲说、吟唱
		B 七字唱	
		C 叹十字	

作为长期研究的一个积累,1971 年的吟诵报告,所作的准备是全面的,篇目的选择有其系统性。据周欣平教授提供的手稿及 CHINOPERL 会员刘君若教授保存的年会印发资料,赵元任的准备工作包括语言、文学、音乐等方面的文本资料,见图 4、5、6。

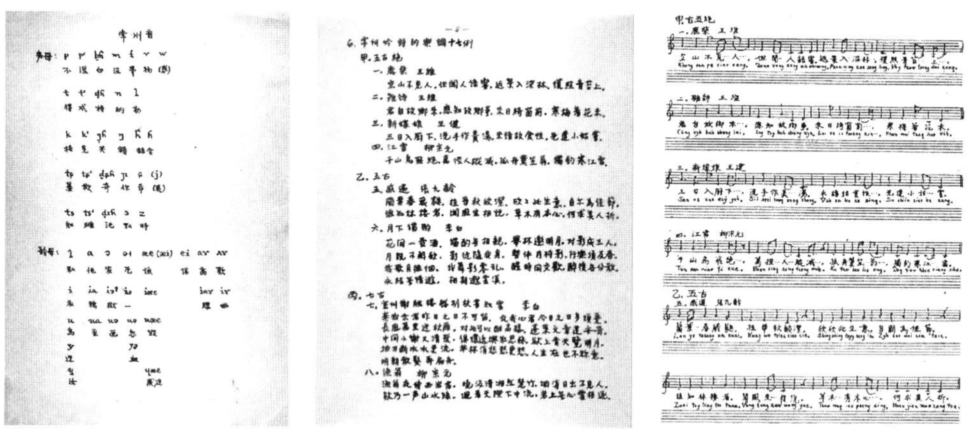

图 4　吟诵报告语言学手稿　图 5　吟诵报告篇目打字稿第 8 页　图 6　吟诵报告吟谱稿

语言学方面的手稿,赵元任对所使用的常州方言音系的声母、韵母、声调,以及开口呼、合口呼的例字、例句都进行了细致整理。由于吟诵采用文读音,手稿中也包括对"绅谈"(文读系统)、"街谈"(白读系统)声调的辨析。①

吟诵篇目的系统性在手稿中也有体现。七类文体,吟例包含:以 1《战国策 · 楚一 · 狐假虎威》为代表的不带乐音的念文言原文与用口语说故事,以 2《孟子 · 齐桓晋文之事章》、3《诗经 · 周南 · 关雎》为代表的私塾调读四书与《诗经》,以 4《左传 · 郑伯克段于鄢》为代表的五经中《左传》、5 韩愈《杂说一》《杂说二》为代表的一般性古文的吟诵,以 6《常州吟诗的乐调十七例》为代表的诗歌的吟诵,以及以 7《天雨花》为例的民间弹词的讲说与吟唱。篇目的选择,包括了"开蒙"前家长为孩子念文言原文、用口

① 钟敏教授将手稿与对常州方言的近期调查进行分析,指出"街谈"的声调个别和现在的呈现面貌有差别,赵元任先生的记录为进行方言研究留下了宝贵的第一手资料。

语说故事，初“开蒙”时的私塾读书调，以及把握平仄即“开笔”之后典型的吟诗、诵文以及民间弹词的吟唱。

赵元任留下的吟例包含了他自己早期在家庭传统教育中接触并掌握的各种口传形式，其篇次安排依循的是早年的读书顺序。这份资料也使得我们能够看到与传统循序渐进的读书过程相对应的文本篇目，了解与具体篇目相对应的各种吟诵形式。

同时，周欣平教授提供的《档案》中吟诵篇目的打字稿也证实，已出版的《赵元任程曦吟诵遗音录》一书中的篇次由整理者进行了调整。① 如图5、图7、图8所示，按吟诵先后次序，《常州吟诗的乐调十七例》为6，《天雨花》为7。② 这个与笔者寻访到的海外会议原声录音顺序也是一致的。

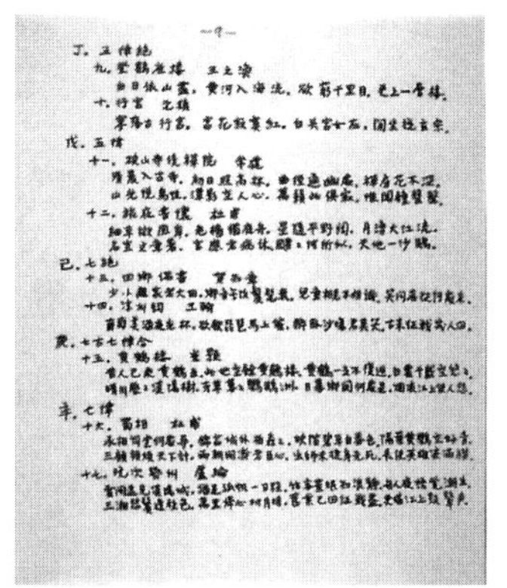

图7 吟诵篇目打字稿第9页

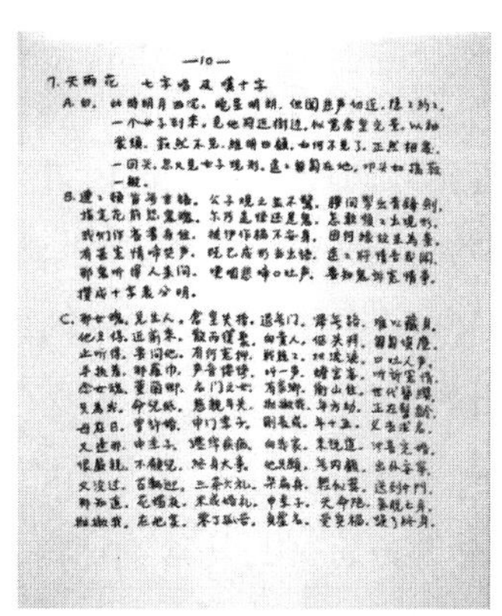

图8 吟诵篇目打字稿第10页

(二) 吟谱，给吟调再现留下范式

吟诵，是中国人传统的读书和创作方式，在古代的文化技术条件下，声音资料不可保存，吟诵依赖的是口耳相传。赵元任通过录音保留吟声，通过吟谱再现吟调。一方面自己录音，利用录音设备留下吟例。另一方面是采集各地吟例，主持“中研院”史语所语言组进行方言田野调查时，各地方言吟例是所采录资料的一个重要组成部分。在留下吟诵录音的同时，从小家塾读书打下的深厚根基，长期语言学研究的积累以及音乐方面的深刻涵养，使得用吟谱再现吟调成为赵元任对吟诵研究的又一贡献。

在1956年刊出的《中国语言的声调、语调、唱读、吟诗、韵白、依声调作曲和不依

① 见刘红霞：《由〈赵元任程曦吟诵遗音录〉看中国传统诗文吟诵》，《中国诗歌研究动态》第二十辑，2017年第2期，第73页。

② 图5、图7为“6《常州吟诗的乐调十七例》”，系吟诵篇目打字稿的第8页、第9页；图8为“7《天雨花》”，系吟诵篇目打字稿第10页。

声调作曲》一文中，赵元任用乐谱记写了古体诗李白《静夜思》和近体诗张继《枫桥夜泊》的两种吟诵形式：一般的吟诗调与私塾唱读调。

1961年刊出的《常州吟诗的乐调十七例》中，赵元任首先指出"常州吟诗的乐调，像别处的办法一样，分古诗律诗两派，并且两派都跟平常读字的调值相近而不相同"，列出了常州音系的声调表。其次，因常州话属于吴语之一种，保留平仄声律，继承中古汉语四声八调系统，因声母清浊对立而各分阴阳，赵元任特别指出常州音系里边的阳上，"古全浊上声变去，这几乎是全国的现象，常州也不例外。至于次浊上声，街谈一律当(阴)上声，绅谈是文言当(阴)上声，白话当阳平"。指出"在吟诗时候取文言音"，对吟诵的文读音进行了强调。再次，赵元任注明自己是先吟读录音，再听写分析，指出吟诵无定谱，所记写的是一次性吟调。最后，结合吟例，得出六个结论，其中第五条关于古体诗、近体诗各地吟法的结论，赵元任先生指出是同时根据"其他材料"即其他方言田野调查资料所得出。[①]

《常州吟诗的乐调十七例》中的吟谱手稿，第一行为五线谱，第二行为中文诗句，第三行"为刊印上的方便，暂拟一个临时用的罗马字拼法"。[②] 于1962年筹划编著的《中国话的读物》，也是将汉字与罗马字拼法相对应。1965年刊出的《绩溪岭北方言》，则以国际音标注音。

《绩溪岭北方言》中，凡吟诵记写乐谱，平常语调读的诗作不记乐谱。赵元任结合具体吟例分析吟诵规律，认为吟诗变调"大致与字调有关，但不尽合语调变调""吟诗不论绝对音高""部分字低的几乎不带音"[③]。对胡适以方言所吟6首诗词的记写先后次序分别是国际音标、中文文本(图10)和吟谱。[④]

《绩溪岭北方言》胡适所吟六首诗首页(图9)页脚，标注"以下六首诗，吟诗的字调与平常连调变化有些地方不同的，都改为吟诗的临时变调了"[⑤]，指出吟诗字调与口语连读变化存在的区别。相比于1961年《常州吟诗的乐调十七例》吟谱中"临时用的罗马字拼法"，《绩溪岭北方言》使用了国际音标进行注音。吟谱(图11)第一行为乐谱、

---

① 此段三处引用见[美]赵元任：《常州吟诗的乐调十七例》，《赵元任全集》第11卷，商务印书馆，2005年版，第519页。2017年台湾梅川学会赴常，曾与吴耀赟先生就阳上及入声字的三种吟法进行交流，常州吟诵与梅川学会河洛语吟诵对入声字的处理一致。常州方言作为吴语的一种，是典型的四声八调系统，阳上没有消失，而是分古全浊、次浊两种情况以其他声调呈现。

② [美]赵元任：《常州吟诗的乐调十七例》，《赵元任全集》第11卷，商务印书馆，2005年版，第520页。

③ [美]赵元任，杨时逢：《绩溪岭北方言》，《"中研院"史语所集刊》，第36本，台北"中央研究院"历史语言研究所，1965年版，第11—107页。

④ [美]赵元任，杨时逢：《绩溪岭北方言》，《"中研院"史语所集刊》，第36本，台北"中央研究院"历史语言研究所，1965年版，第98、99、104页。

⑤ [美]赵元任，杨时逢：《绩溪岭北方言》，《"中研院"史语所集刊》，第36本，台北"中央研究院"历史语言研究所，1965年版，第98页。

第二行汉字、第三行国际音标，并注明“真声音比写的谱低两组”①，为通过吟谱再现吟调留下了范式。

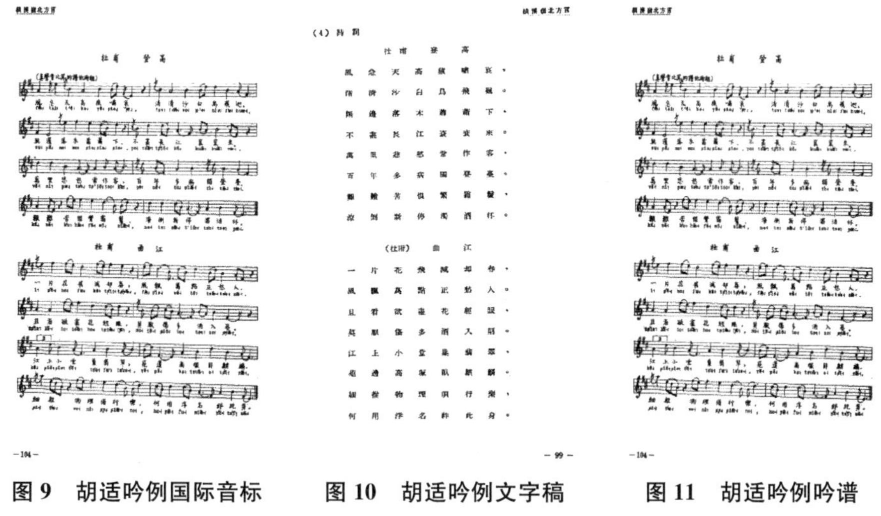

图 9　胡适吟例国际音标　　**图 10　胡适吟例文字稿**　　**图 11　胡适吟例吟谱**

五、余　论

从地域文化的层面，江苏文教发达，书香世家完整的读书过程、读书过程中对应的具体篇目，在 1971 年 CHINOPERL 第三次年会的吟诵演示中有系统呈现，有助于从读书细节处再现地域文化的深厚人文内涵。在寻访到的 1971 年 CHINOPREL 年会现场录音中，有海外学者以《常州吟诗的乐调十七例》中的篇目为例，与赵程二位先生探讨诗歌吟诵。讨论使用英语，因与会学者在海外高校任教，无方言背景，涉及的诗句如“葡萄美酒夜光杯”“少小离家老大回”等，以国语吟唱。从中可以看到，以《常州吟诗的乐调十七例》为代表的研究论文同时也使用于海外吟诵教学，无方言背景的海外学者们用国语吟诵诗文，并传授学生。

吟谱便于记忆、交流和保存。赵元任先生以方言示范吟例，以吟谱记录吟调，在录音设备不普及的年代，有助于学习者揣摩并把握。同时无方言背景的学习者，可以用民族共同语吟诵诗文，对古诗文吟诵的海内外推广具有重要的参照价值。

季羡林曾评价赵元任科学研究“龙虫并雕”：

---

① ［美］赵元任，杨时逢：《绩溪岭北方言》，《“中研院”史语所集刊》，第 36 本，台北“中央研究院”历史语言研究所，1965 年版，第 104 页。

> 元任先生就是龙虫并雕的。讲理论,他有极高深坚实的理论。讲普及,他对国内,对世界都做出了卓有成效的贡献。在国内,他努力推进国语统一运动。在国外,他教外国人,主要是教美国人汉语,两方面都取得了极大的成功。①

这种“龙虫并雕”在赵元任的吟诵研究和海外教学上得到体现,其海外吟诵活动及吟诵资料的文献价值体现在以下几方面。

首先,众多前辈学人吟诵录音本身所具有的资料价值,弥足珍贵。其次,赵元任个人的吟诵录音及对吟诵的系统阐述,为形成国家级非物质文化遗产项目“常州吟诵”完整的理论体系奠定了良好的基础。再次,赵元任先生的田野调查、采录,对吟例的记录和研究,对国内吟诵的保护和传承工作具有指导意义;其编写的海外教材和进行的海外教学实践,对中华古诗文吟诵的海外推广,具有重要的借鉴和参考价值。

可以说,赵元任的海外吟诵活动及留下的众多吟诵资料,对江苏非物质文化遗产资源发掘和当代利用具有积极的意义,在实施中华优秀传统文化传承发展工程、弘扬传播中华优秀语言文化、推广吟诵的当下乃至今后,都有其独特的标本性质和参照价值。

珍贵的录音资料由于涉及不同的科研资助项目,分散在海外不同的学术团体、研究机构与个人手中。海外吟诵资料的寻访与研究是个系统工程,需要国内外的学者共同努力,使得珍贵的资料为人所知、为人所见,在对赵元任于传统吟诵的贡献进行再认识的同时,对赵元任各体诗文吟诵的价值,给予重视和应有的评价,使其服务于海内外的吟诵传承和吟诵教学。

---

① 季羡林:《总序》,《赵元任全集》第1卷,商务印书馆,2002年版,第Ⅱ页。

江苏豆类非遗技艺的生成与演变探析

胡 燕 林美静[①]

摘 要:江苏豆类非遗技艺根植于农耕文化,种植业结构变迁促生豆类非遗技艺产生,楚汉文化聚落、吴文化聚落、江淮文化聚落由于“和而不同”的文化属性,产生了多样文化表征的豆类非遗技艺,并且在政治、经济、文化等因素的社会形塑中,或与时代发展齐头并进,或因守旧而衰落。提升江苏豆作农业发展质量,创新豆类非遗技艺传承之路,展现新的工艺文明形态,以豆类作物产品为媒介,弘扬江苏饮食文化。

关键词:江苏 豆类 非遗技艺 文化聚落

江苏是中国豆类作物的主要产区之一,在江苏历史文化的演进中,逐渐形成了以苏式卤汁豆腐干制作技艺、平桥豆腐制作技艺、黄墩湖腊豆制作技艺等豆类非遗技艺为代表的江苏饮食类非遗。江苏豆类非遗技艺地域特征显著,是历史和文化孕育的产物,具有一定的文化、艺术、经济价值。从最初豆类非遗技艺的备受推崇,到今日现代科技冲击下的日渐衰落,豆类非遗技艺随着江苏的历史变迁沉浮。通过对江苏豆类非遗技艺的生成与演变探析,分析自然、经济、政治、文化等诸因素对技术发展的影响作用,在此基础上,结合江苏豆类非遗技艺存在的问题进行反思,以期为更好地保护和传承江苏豆类非遗技艺提供借鉴价值。

一、江苏豆类非遗技艺概述

根据江苏非物质文化遗产网公布的数据,江苏现有省级豆类非遗技艺 6 个、市级非

---

① 胡燕,南京农业大学人文与社会发展学院教授、博导;林美静,南京农业大学人文与社会发展学院博士研究生。

遗技艺15个(见表1)，分布在苏州市、扬州市、常州市、淮安市、南通市、徐州市、无锡市、宿迁市、连云港市、盐城市。江苏豆类非遗技艺可以分为豆干制作技艺、豆腐制作技艺、烹饪技艺、调味品制作技艺、糕点制作技艺、酒类制作技艺六类，由此看出江苏豆类非遗技艺涉及饮食文化的多个方面，完全可以制作成豆类食品盛宴。涉及的原材料有大豆、豌豆、绿豆、豆丹，大豆类非遗技艺占比80%以上，江苏大豆种植区主要分为两大区域，一是淮北夏大豆区，包括徐州、淮安、盐城北部、连云港、宿迁；二是淮南春、夏大豆种植区，包括盐城南部、扬州、南通、泰州、镇江、苏州等地。绿豆种植区主要集中在盐城、连云港、淮安、徐州、南通等地。豌豆种植区主要集中在南通、盐城、泰州、扬州、苏州、无锡等地。豆丹是豆天蛾的幼虫，豆丹肉浆是一种极佳的高蛋白食物，豆丹是江苏省连云港市灌云县的特产。从豆类非遗技艺分布、分类、原材料情况可以看出，江苏豆类非遗技艺有着极大的文化与市场价值。豆类技艺的分布与豆类种植有一定关联，豆类非遗技艺的形成应该与江苏地区的政治经济文化等因素息息相关。

表1 江苏豆类非遗技艺统计①

序号	名称	分类	级别	区域
1	豆腐制品制作技艺 (苏式卤汁豆腐干制作技艺)	传统技艺	省级	江苏省苏州市
2	豆腐制品制作技艺 (界首茶干制作技艺)	传统技艺	省级	江苏省扬州市高邮市
3	豆腐制品制作技艺 (横山桥百叶制作技艺)	传统技艺	省级	江苏省常州市武进区
4	平桥豆腐制作技艺	传统技艺	省级	江苏省淮安市淮安区
5	豆腐制品制作技艺 (白蒲茶干)扩展	传统技艺	省级	江苏省南通市如皋市
6	配制酒制作技艺 (窑湾绿豆烧)扩展	传统技艺	省级	江苏省徐州市新沂市
7	和桥豆腐干	传统技艺	市级	江苏省无锡市宜兴市
8	睢宁豆腐传统制作技艺	传统技艺	市级	江苏省徐州市睢宁县
9	邳州八义集臭豆乳制作技艺	传统技艺	市级	江苏省徐州市邳州市
10	常州豆炙饼制作技艺	传统技艺	市级	江苏省常州市新北区
11	常州豆腐汤制作技艺	传统技艺	市级	江苏省常州市钟楼区
12	苏式卤汁豆腐干制作技艺	传统技艺	市级	江苏省苏州市
13	灌云豆丹制作技艺	传统技艺	市级	江苏省连云港市灌云县

① http://www.jsfybh.com/#/fyProject? id=FYXM&name=%E9%9D%9E%E9%81%97%E9%A1%B9%E7%9B%AE&t=1685328997266u，2023年6月25日浏览。

续 表

序号	名称	分类	级别	区域
14	平桥豆腐烹饪技艺	传统技艺	市级	江苏省淮安市淮安区
15	臧家豆腐制作工艺	传统技艺	市级	江苏省盐城市射阳县
16	豆轶坊蒲包茶干制作技艺	传统技艺	市级	江苏省盐城市阜宁县
17	扬州豆食品制作技艺	传统技艺	市级	江苏省扬州市
18	扬州豆腐制品技艺(扩展)	传统技艺	市级	江苏省扬州市
19	豆腐制品制作技艺(扩展)	传统技艺	市级	江苏省扬州市邗江区
20	黄墩湖腊豆制作技艺	传统技艺	市级	江苏省宿迁市宿豫区
21	归仁绿豆饼制作技艺	传统技艺	市级	江苏省宿迁市泗洪县

二、江苏豆类非遗技艺的生成与演变

华觉明认为:“传统技艺的这些本质特征,对应地决定了它们拥有的固有价值,诸如其民生价值、经济价值、学术价值、艺术价值、人文价值、历史价值和现代价值。”①豆类非遗技艺根植于农耕文化,其技艺不见诸文本之上,而是将高超的技艺能力藏身于传承人的落手落脚的生产操作中,属于隐性知识的范畴。非遗技艺传承至今,是技术创新赋予其血脉不断的生命力,发展为具有审美性质的精神层面的享受,存在于江苏的历史文脉的文化记忆中,并不断生长演变。

(一)种植业结构变迁促生豆类非遗技艺

大豆古称菽,文献中有关大豆最早的记载为《诗经·小雅·小宛》“中原有菽,庶民采之”;《诗经·小雅·采菽》“采菽采菽,筐之筥之”;《诗经·大雅·生民》“蓺之荏菽,荏菽旆旆,禾役穟穟,麻麦幪幪,瓜瓞唪唪”。《诗经》是有关黄河地区居民利用大豆的记载,且先秦时期黄河流域多出土炭化大豆,可见黄河流域大豆利用时间之长久。直至汉代,大豆的种植范围已逐渐由黄河流域扩展到向长江流域,《越绝书》曾提到越灭吴前的农产品价格:“丁货之户曰稻粟,令为上种,石四十。成货之户曰麦,为中物,石三十。已货之户曰大豆,为下物,石二十。”②其中大豆的价格不如黍、稻、麦等而被称为“下物”的记载说明,汉代江苏地区已经有大豆种植,但是需求量不大,栽培面积尚小。而此时期豆腐已经在淮南地区产生③,并逐渐向南北传播,因地缘优势,

① 华觉明:《中国手工技艺》,大象出版社,2013 年版,第 16 页。

② [东汉]袁康,[东汉]吴平著:《越绝书》卷第四,徐儒宗注释,浙江古籍出版社,2013 年版,第 31 页。

③ 蓝勇,秦春燕:《历史时期中国豆腐产食的地域空间演变初探》,《历史地理》,2017 年第 2 期。

徐州作为江苏最北之地于东汉时期产生睢宁豆腐传统制作技艺。东晋初年，江苏已多处种植大豆，由《晋书·五行志》中记载可见："元帝太兴元年六月，兰陵合乡蝗，害禾稼。乙未，东莞蝗虫纵广三百里，害苗稼。七月，东海、彭城、下邳、临淮四郡蝗虫害禾豆。"[①]豆作农业的不断扩张也促进了豆类非遗技艺的产生，自唐代景福元年筑城以后，城内许多达官贵人、平民百姓都喜食豆制品，特别是豆腐汤，常州豆腐汤制作技艺开始风靡。宋代"益种诸谷"的号召使大豆开始普及。《宋史·食货志》载宋太宗曾"诏江南、两浙、荆湖、岭南、福建诸州长吏，劝民益种五谷，民乏粟、麦、黍、豆种者，于淮北州郡给之；江北诸州，亦令就水广种粳稻，并免其租"[②]，极大地促进了江苏大豆的栽培普及。直至明清，根据江苏省地方志记载，江苏豆类品种已经呈现丰富多彩的状态，如大黄、大青、黄香珠、茶褐豆等近百种，可以说豆作农业已经十分发达，此时期豆腐烹饪技艺得到飞速发展，产生如平桥豆腐制作技艺、平桥豆腐烹饪技艺等非遗技艺，并促生了多种豆腐干制作技艺，如界首茶干制作技艺、横山桥百叶制作技艺、白蒲茶干制作技艺等各具地方特色的豆类非遗技艺，也同样带动了豆类调味品制作技艺产生，如邳州八义集臭豆乳制作技艺。直到民国时期，江苏成为长江流域大豆品种最多的省份，而大豆替代肉食的非遗技艺——苏式卤汁豆腐干制作技艺也自此产生，当时由于牛肉供应不济，产生以大豆为原料、参照牛肉干生产工艺制作出卤汁豆腐干，因其口味独特，声名远扬。纵观江苏豆类非遗技艺的产生贯穿于江苏大豆的种植结构变迁始终，根植于农耕文化的豆类非遗技艺也成为江苏地方美食文化的特色。

（二）清代政治因素对豆类非遗技艺发展的推动作用

"技术描绘为不同社会群体赋予其意义，一个社会群体的社会文化和政治情景构造了它的标准和价值观，它们反过来影响所给人工制造物的意义。"[③]社会需求更主要的是表现出社会因素影响下人的需求。政府对技术的影响，包括生产计划干预、价格调控和增加经济投入等方式，这些关注程度甚至已经远超出了给予艺术和文化教育的待遇。"技术本身是非阶级性、非政治性的，但技术却受到阶级、国家的特殊关照。"[④]

非遗技艺是基于农耕文化的产物，江苏一带的环境适合农耕发展，也为非遗技艺的培育提供了肥沃土壤。明清时期，漕运促进了当时江苏地区的发展，城市政治地位不断提高，规模不断扩大，城市的发展极大地促进了豆类非遗技艺的发展。江苏豆类

① ［唐］房玄龄等撰：《晋书》卷二十九，中华书局，1974 年版，第 881 页。

② ［元］脱脱等撰：《宋史》卷一百七十三，中华书局，1985 年版，第 4159 页。

③ 肖峰：《技术的社会形成论（SST）及其与科学知识社会学（SSK）的关系》，《自然辩证法通讯》，2001 年第 5 期。

④ 陈昌曙：《技术哲学引论》，科学出版社，2012 年版，第 79 页。

非遗技艺多产生于清朝,跟乾隆南巡有很大关系。古代百姓对皇权的推崇,使得许多豆类非遗技艺也在民间广为流传,尽管大豆在古代多为贫苦百姓充饥之用,但古代劳动人民用勤劳和智慧自制酱豆等食品,调剂成生活美味。黄墩湖一带有丰富的大豆资源、特殊的地理环境,逐渐形成黄墩湖腊豆制作技艺,清雍正年间,黄墩湖李记腊豆已行销江淮一带。清乾隆帝六下江南,五次驻足宿迁,据说每次入住乾隆行宫均贪此口福,吃时赞不绝口。平桥豆腐相传为平桥镇之豪富林秉直为乾隆所进奉,由于加入了海参、虾米、干贝等原料,将最普通的大豆制品做成了曾进入过清代宫廷食谱的御用菜肴。界首茶干、白蒲茶干都因乾隆赏识而被列为贡品,名扬四方,既受王公贵族、上流社会饮宴之青睐,亦为平常百姓家常佐餐之钟爱,雅俗共赏,殊为难得。

(三)市场经济下江苏豆类非遗技艺的衰落与发展

豆类非遗技艺经历了千年的传承,制作技艺更加趋于完善精湛。市场环境是非物质文化遗产传承的一个重要的"社会空间",它是豆类非遗技艺传承中不可忽视的一种力量。这一力量有两种发展方向:一是传承人很好地利用了这种力量,并借"市场之力"来传承豆类非遗项目;二是豆类非遗项目不适应市场空间与市场环境,并受到市场经济的强烈挤压。从非遗技艺的实际来看,这两种情况都不同程度地存在。传统豆类非遗技艺市场占有率和覆盖面较为有限,社会需求度极速降低,发展陷入萧条,使豆类非遗技艺的传承与保护过程面临一些亟待解决的问题。一是传统豆类非遗技艺大多是家庭世袭,小作坊生产,手工操作劳动强度大、产量低、收入低,从而导致部分技艺水平停滞不前。二是传统的师徒制在一定程度上对传承人数量有所限制,无法保证非遗技艺的顺利传承和发展,加之社会主义市场经济的发展,导致部分家庭青年更愿意外出工作,故而豆类非遗技艺这一传统技艺面临失传危机。三是豆类非遗技艺生产的规范化、科学化、品牌化等问题突出,豆类非遗技艺新产品、新工艺也亟待开发,以解决市场经济下的保鲜及远程销售所面临的困境。市场经济条件下,经济竞争的方式多样,其中最有力的竞争是开发和利用先进的技术。自由竞争的市场经济有利于豆类非遗技艺新发明的产生以及新技术设备的引进和应用。有竞争就有合作,在现代条件下,技术的开发和研制更需要有多方面的合作,如产学研联合。一直以来,"黄墩湖"李记腊豆以家庭作坊式生产经营,生产能力有限,影响力较小,为了将地方特色更好地传承并向更大范围推广,1998 年年底李家传承人在黄墩成立黄墩湖特种食品厂,专门生产黄墩湖腊豆特色食品;2003 年紧随发展大潮,成立江苏天之香食品有限公司扩大经营,公司与南京农业大学进行"产学研"合作,不断向市场推出深受人们喜爱的传统腊豆、油焖腊豆、油泼辣子等优质产品。自此,"黄墩湖"腊豆进入一个全新的发展时期。诸多此类豆类非遗技艺也在不断探求新的发展之路上,众多传统豆类非遗技艺遵循着“传承不守旧，创新不忘本”的指导思想，在传统技艺与特色的基础上不断进行着体制、管理、经营与文化等方面的创新，从而在传承中走出了经济效益与社会效益完美统一的模式与路径。

三、江苏三大文化聚落豆类非遗技艺的比较

相比于政治经济因素对江苏豆类非遗技艺的影响，文化作为一种软实力，它的形塑作用是缓慢而深刻的。传统技艺的传承与其所在地的文化因素有着极大的联系，文化因素是技艺发展传承的沃土，当其不再延续时则限制技艺的发展，持续传承则赋予技艺传承的动力。江苏文化推动是技术发展过程中一个不可忽视的因素，它几乎是非遗技艺发展的遗传密码。文化起到的动力作用虽不如经济和政治那样显著，但其客观存在却是不容置辩的。

江苏得天独厚的自然条件，自古以来为文化发展提供了肥沃的土壤。江苏在历史发展进程中，也是顺山集文化、青莲岗文化、马家浜文化、崧泽文化、良渚文化等我国史前文化的重要分布区域。自然因素和人文条件对江苏文化区的形成、演变产生了重要影响。江苏地处长江、淮河下游，两大河流自西向东穿境而过，将江苏自然分割为三部分，形成了江苏南、中、北三大板块不同的生产、生活环境，孕育了各具特色的文化聚落。文化聚落是具有稳定的共同价值与文化信仰，并居住在相对集中的地理空间和虚拟空间的人类群体及其精神世界，在很大程度上反映了该空间不同历史时期风土民情的相关性、传承性与生态性，通常不能用明晰的行政区划来切割，显示凝聚力与归属感强的吉祥文化表征。[①] “技术的发展要受制于经济、意识形态、宗教和传统之上产生的文化规范。”[②]然而文化并非直接产生技术创新，也并非直接参与技术决策，而是在江苏豆类非遗技艺发展的历史脉络中产生了缓慢且深刻的影响。江苏作为整体的文化聚落，纵观江苏豆类非遗技艺的发展历史，可见这种文化传统已经深刻地渗透到技术发展的方方面面，从而体现江苏历史时期风土民情的相关性、传承性与生态性，比如江苏人吃豆腐豆干的饮食爱好、淮安地区关于鲍集豆饼的民俗等表现出强烈的吉祥文化表征。

江苏由于历史上水运交通运输发达，自然禀赋较好，战争、水患等多重有利因素和不利因素叠加，人口流动性大，呈现多元文化的特征。纵观宏观历史的延承和微观家族的延续，历史上真正土生土长的江苏原住民很少，所以江苏文化聚落呈现的是继

① 胡燕，胡茜茜，杨雨彤：《文化聚落：长江干流人类非遗探析》，《长江大学学报(社会科学版)》，2022 年第 5 期。

② 赵乐静：《技术解释学》，科学出版社，2009 年版，第 164 页。

承和包容的多元性。人口迁移是区域文化扩散、传播的基本途径。“永嘉之乱”“安史之乱”“靖康之难”是我国历史上三次民族大迁徙。① 随着北方移民的大批涌入，中原文化习俗传入江南并扩大流传范围，进而影响了江苏的非遗文化。江苏文化聚落的不断演进与发展中形成了江苏“吴文化聚落”“淮扬文化聚落”“楚汉文化聚落”。根据豆类非遗技艺的分布情况可以看出，三大文化聚落的豆类非遗技艺数量大致相同，不同的文化聚落受政治、经济、环境等各种因素影响，而产生不同的价值观和文化信仰。(见表 2)

表 2　江苏三大文化聚落豆类非遗技艺统计

分类	名称	级别	区域
楚汉文化聚落	配制酒制作技艺(窑湾绿豆烧)扩展	省级	江苏省徐州市新沂市
	睢宁豆腐传统制作技艺	市级	江苏省徐州市睢宁县
	邳州八义集臭豆乳制作技艺	市级	江苏省徐州市邳州市
	黄墩湖腊豆制作技艺	市级	江苏省宿迁市宿豫区
	归仁绿豆饼制作技艺	市级	江苏省宿迁市泗洪县
	灌云豆丹制作技艺	市级	江苏省连云港市灌云县
江淮文化聚落	豆腐制品制作技艺(界首茶干制作技艺)	省级	江苏省扬州市高邮市
	平桥豆腐制作技艺	省级	江苏省淮安市淮安区
	豆腐制品制作技艺(白蒲茶干) 扩展	省级	江苏省南通市如皋市
	平桥豆腐烹饪技艺	市级	江苏省淮安市淮安区
	臧家豆腐制作工艺	市级	江苏省盐城市射阳县
	豆轶坊蒲包茶干制作技艺	市级	江苏省盐城市阜宁县
	扬州豆食品制作技艺	市级	江苏省扬州市
	扬州豆腐制品技艺(扩展)	市级	江苏省扬州市
	豆腐制品制作技艺(扩展)	市级	江苏省扬州市邗江区
吴文化聚落	豆腐制品制作技艺(苏式卤汁豆腐干制作技艺)	省级	江苏省苏州市
	豆腐制品制作技艺(横山桥百叶制作技艺)	省级	江苏省常州市武进区
	和桥豆腐干制作技艺	市级	江苏省无锡市宜兴市
	常州豆炙饼制作技艺	市级	江苏省常州市新北区

① 李勤德:《中国区域文化简论》,《宁波大学学报(人文科学版)》,1995 年第 1 期。

续 表

分类	名称	级别	区域
吴文化聚落	常州豆腐汤制作技艺	市级	江苏省常州市钟楼区
	苏式卤汁豆腐干制作技艺	市级	江苏省苏州市

楚汉文化聚落既受中原文化、齐鲁文化影响，也深受荆楚文化的浸润默化，其文化具有多元性，而产生的豆类非遗技艺种类繁多，也融合了北方的文化特色，如睢宁豆腐传统制作技艺、窑湾绿豆烧制作技艺、归仁绿豆饼制作技艺、灌云豆丹制作技艺等类别多样的非遗技艺。楚汉文化带有正统、封建、顽固的特点，形成了苏北现代化的文化阻滞力。楚汉文化对相关豆类非遗技艺的科学、地方性经济等产生影响，从而间接影响豆类非遗技艺技术发展。以传统手工艺为正宗的旧式思想，制约豆类非遗新工艺的发展。手工意识是楚汉文化聚落几千年来以传统农业、手工业为获得物质生产资料方式相关的技术心理习惯，这样的潜意识制约了现代新工艺技术的发展。技术是文化的一个部分，文化是人类适应环境的一种方法，人类不仅在天然存在的自然环境中进行活动，而且人类也由此组成了一个组织环境。文化推动的表现是多种多样的，如文化性格上的不断进取就可能造成技术创新和技术成果不断涌现的场景。近年来，“有情有义、诚实诚信、开明开放、创业创新”的新时期徐州精神可以说是楚汉文化从传统步入现代的表征，如黄墩湖腊豆制作技艺于 2000 年升级完善，由集传统配方与现代工艺于一体的科学手段研制而成。

江淮文化聚落由于地处长江、淮河下游，古时河道众多、交通便利、物产丰富、经济发达。江淮地理区位的过渡性，使江淮文化多了南北文化的杂糅性。交汇兼容、开放汲取、崇教尚文是江淮文化的典型特征。江淮文化得益于乾隆多次“巡幸”，并经文人墨客的推崇，界首茶干制作技艺、平桥豆腐制作技艺、白蒲茶干制作技艺得以传扬。

吴文化聚落发祥于江、河、湖、海之间，其丰富的物质和精神成果均依赖于水的浸润与滋养。因此，吴文化具有清新的水的气息、风格与灵性。① 如苏式卤汁豆腐干制作技艺兼具苏州卤菜和蜜饯两大风味特色，常州豆腐汤制作技艺豆腐汤成品清清爽爽，符合吴文化的人群的饮食特色。吴文化聚落产生的文化理念一直注重广泛吸纳、博采众长，并逐渐形成经济领先、教育发达、工艺精湛、人文荟萃、开放创新的区域发展格局。苏式卤汁豆腐干制作技艺以大豆代替牛肉的创举产生了新的业态。

① 孟召宜，苗长虹，沈正平，渠爱雪：《江苏省文化区的形成与划分研究》，《南京社会科学》，2008 年 12 期。

尽管江苏由于自然环境和历史边亲分化成不同的文化聚落，但江苏作为一个整体的文化聚落，其豆类非遗技艺具有江苏整体大文化聚落的开拓进取的文化内涵，得以不断在时代发展中寻求新的生机，通过不断自我完善和发展，永葆生机活力。

四、结　语

非遗技艺一般以天然原材料为主，有完整的工艺流程，采用传统的手工艺，有鲜明的地域特色和传统审美意趣。① 随着现代社会物质水平条件的不断提高与社会文化日新月异的更迭，非遗技艺在现代传承与发展中逐渐式微，大众对其关注度在不断降低，造成了传统非遗技艺可能失传的困境。非物质文化遗产的保护传承是伴随着现代化、城市化出现的时代命题。江苏豆类非遗技艺的传承与发展，需要适应社会发展趋势，把握消费动向和需求，在满足人民需求中传承与发展，在弘扬中华文化中增强自信。坚持市场化、品牌化运作，满足消费升级与文化消费需求。江苏豆类非遗技艺的良性发展需要摆脱“输血救治”性的保护开发，跨过品控、产能和品牌三道关口。② 首先，把江苏豆类非遗技艺文化传承与推进乡村振兴有效结合，在农村拓展非物质文化遗产传承发展的广阔天地。江苏豆类非遗技艺所需的原材料大豆、绿豆、豌豆、豆丹，江苏均为主产区。尽管我国本土大豆产业受国外冲击很大，但江苏作为高蛋白大豆产区，因该产区的大豆多用来加工除豆油外的各类豆制品，该类品种为我国南方地区尤其是江苏省特有，不能为国外进口和东北运输过来的高油大豆所取代，所以江苏豆作农业有着其无可替代的地位。通过发展豆类生态农业，提供高质量原材料，加强一、二、三产业融合，全面加强江苏优质专用豆类产业化开发，提高江苏优质专用豆类及其相关产品的市场竞争力，生产出绿色、有机豆制品，让江苏豆类非遗技艺的传承发展成为建设具有生态文明理念、坚持绿色发展道路振兴乡村的重要力量。其次，通过政府、企业、媒体、高校等多方社会关注的合力，促进非遗技艺传承与旅游业、文化创意产业的融合发展，坚持活态传承，建设功能多样化的豆类非遗产业园区，坚持文化传承和文化创新并重延长豆类非遗文化产业链，利用产品化策略拓展“非遗”传承渠道。最后，传扬根植于江苏三大文化聚落的江苏豆类非遗技艺的历史文化价值，不仅可以唤醒当地百姓的文化认同，也可为传扬江苏三大文化聚落的豆作文化助力，加强豆类非遗技艺文化遗产挖掘，申请国家级非遗，讲好江苏豆类非遗故事，弘扬江苏豆类非遗文化，振兴江苏豆类产业。

---

① 朱以青：《传统技艺的生产保护与生活传承》，《民俗研究》，2015 年第 1 期。

② 刘立云，贺云翱：《传统技艺类非遗传承发展的三重价值》，《人民论坛》，2022 年第 24 期。

文旅融合背景下江苏非遗资源发掘与当代利用研究①

周　凯　王芳芳②

摘　要:江苏省非物质文化遗产数量众多、类型齐全,兼具南北文化之长,是极具开发利用价值的优质文化旅游资源。文旅全面融合时代下,非遗资源的发掘与当代利用应进一步向旅游性开发方向转型,平衡非物质文化遗产的保护与开发、守正与创新、传承与发展是"以文塑旅、以旅彰文"的关键所在。文化是灵魂,旅游是载体,将非物质文化遗产通过研学、文创、展演、传统节庆等方式融入旅游发展,可以有效提升旅游文化内涵,增强游客文化体验,促进旅游发展;完善的保护性融合开发利用模式可以为非物质文化遗产的活态传承提供新的动能,从而推进江苏省文旅融合协同高质量发展。

关键词:文旅融合　活态传承　数字非遗　文化产业

江苏地处我国南北之交,兼具南北文化之长,文化生态多样且各具特色,其拥有的非物质文化遗产类型齐全、数量众多,共有国家级非物质文化遗产 162 项,省级非物质文化遗产 745 项。非物质文化遗产承载着赋存地的自然环境、人文风貌、社会历史、经济文化等多方面的发展特点。在广袤的江苏大地上,精致浩远的吴越文化、浪漫雄厚的楚汉文化、包容万象的淮扬文化、兼容并蓄的金陵文化、生生不息的大运河文化绵延不辍、各具风韵,其中包含的民间音乐、美术、曲艺、民俗、戏剧等,是江苏人民在历史生活中的精彩文化创造,凝结了江苏人民世代积累的智慧结晶,是中华民族

---

① 本文系江苏省政府参事室重点课题"加强江苏文化遗产资源活化传承的建议"的阶段性成果。

② 周凯,南京大学新闻传播学院教授、博导,江苏省政府参事室特聘研究员;王芳芳,敦煌研究院馆员,南京大学新闻传播学院硕士研究生。

的共同财富，具有珍贵的文化价值和深厚的文化内涵。非物质文化遗产是具有在地性特征的重要文化资源，也是具有独特性的重要旅游资源。

党的二十大报告强调，要"坚持以文塑旅、以旅彰文，推进文化和旅游深度融合发展"。江苏省推动"以文塑旅、以旅彰文"，就要"依托江苏深厚文化底蕴和丰富旅游资源，推动文旅融合发展从理念走向行动，用文化的 理念发展旅游，让旅游更有'诗意'；用旅游的载体播文化，让文化走向'远方'"①。基于江苏省丰富多样的非物质文化遗产遗资源与良好的旅游基础，促进文旅融合发展，既可以提高旅游业的经济活力，又可以扩展非遗保护传承的生存空间，兼具文化效益、社会效益和经济效益，并在讲好江苏故事、传播好中国声音当中发挥重要作用。

一、活态传承，做好非遗价值阐释

非物质文化遗产的产生与人类的日常生活实践息息相关，并在人类实践进化中不断汲取新生能量。非物质文化遗产不是静态的，而是活态的，"这种非物质文化遗产世代相传，在各社区和群体适应周围环境以及与自然和历史的互动中，被不断地再创造，为这些社区和群体提供认同感和持续感，从而增强对文化多样性和人类创造力的尊重"②。非物质文化遗产既有历史价值、文化价值和精神价值属性，又有着与时俱进的科学价值、社会价值和审美价值。在切实做好文化资源调查、保存、记录的基础上，还要深入研究非物质文化遗产项目的历史、艺术、科学、文化、审美多重价值，构建非物质文化遗产的价值体系。

在传承形式上，非遗价值阐释应该突破过去传统的参观式、说教式、讲解式、片段式价值描述，转而向浸润式、感召式发展，广泛借助现代科技，建立非遗数字档案，发展非遗数字展演，用人们喜闻乐见的语言与形式，讲好非遗故事；内容上应该"挖掘非物质文化遗产蕴含的哲学思想、人文精神、价值理念，揭示蕴含其中的人类文化精神、文化胸怀和文化自信，凸显文化遗产的价值完整性"③。在充分贴近文化遗产价值本源的前提下，将文化遗产普遍而深入地融入公众的日常生活内容当中，用富有现代性的话语表达和饱含人文关怀的呈现方式，在人类发展和文化遗产之间建立连接，重新

---

① 江苏省人民政府办公厅关于印发江苏省"十四五"文化和旅游发展规划的通知[J].江苏省人民政府公报，2022，No.597(01)：69－91.

② UNESCO. 基本文件：2003 年《保护非物质文化遗产公约》[EB/OL].[2021－05－01]. https://ich.unesco.org/doc/src/2003_Convention_Basic_Texts-_2018_version-CH.pdf.

③ Wang F. F., Du J.. DIGITAL PRESENTATION AND COMMUNICATION OF CULTURAL HERITAGE IN THE POST-PANDEMIC ERA[J]. ISPRS Annals of the Photogrammetry, Remote Sensing and Spatial Information Sciences, 2021, VIII-M-1-2021.

构建其特有的科学和人文内涵，让文化遗产成为连接人与社会、历史与现实的桥梁，为人们了解文化遗产、汲取文化遗产营养提供一种更加便捷的渠道，给人们坚实的信心和力量。

在传承路径上，作为非遗资源大省的江苏拥有昆曲、刺绣、剪纸、古琴等宝贵的文化艺术，这些项目互动性强、体验感好、审美价值高，对于人们文化美学素养的提升和道德情操的陶冶都具有非常积极的塑造作用，是高品质的研学旅游资源。以非物质文化遗产为核心，开发具有江苏文化特色的研学旅行精品，建设非遗研学平台，进一步确立一批研学旅行示范基地，既能丰富旅游业的文化内涵，又能扩展非物质文化遗产的当代生存发展空间，充分发挥其历史、文化、艺术及美育价值。青少年在参与非遗研学之旅的过程中，可以亲身体验非遗传统手工艺，对传统文化产生直观深刻认识并产生兴趣，愿意继续深入学习和钻研非遗项目，成为新一代的传习群体，继而成为非物质文化遗产的传承人。

二、串珠成链，打通非遗主题游径

非遗主题游径是指以非物质文化遗产为对象，充分挖掘分析非遗资源内在关联和相同特质，以特定的非遗文化主题作为串联的主线，通过旅游景点、历史建筑和文物古迹、非遗工坊和博物馆以及沿线重要的文化和自然资源景观等，将历史文化价值较高、保护情况较好、具备对外展示展演、互动性的相同或相近类型的非物质文化遗产资源点串联起来，形成特色主题文化游径，通过价值挖掘强化文化遗产间的关联性和共有元素，共同展示江苏文化的交融性、文化特质和共同文脉。江苏省非遗资源的分类和地理分布特征，非常适合形成主题游径，展现江苏特色的文化价值内涵，吸引不同需求的游客把江苏作为其旅游目的地，并在高质量的游径体验过程中，感受江苏独有的人文特质和历史脉动。

比如，江苏是我国曲艺音乐的重镇，在所有的非遗资源当中，曲艺艺术是最早融入旅游发展的。起源于昆山、苏州一带的昆曲，运用苏州方言进行说唱的苏州评弹等，具有非常好的品牌基础和知名度，成为人们心目中江苏的代表性文化精品。这些曲艺音乐艺术反映着江南人文精神，保留了丰富生动的历史知识、传统道德和民风民俗，音乐特征、演绎形式和风格各有不同，但又不完全割裂，也存在着相互借鉴吸收的发展特点。因此，可以打造江苏非遗曲艺体验专题游径，以地方特色曲艺展演为主线，串联打通省内非遗类曲艺游线，吸引传统戏曲艺术爱好者和研究者，以旅游为载体，充分展现江苏曲艺艺术的博大精深，折射出江苏人民道德观念和思维方式，形成江苏旅游的特色品牌。

又如,江苏传统医药非遗项目丰富,丁氏痔科医术、扬州传统修脚术、雷允上六神丸制作技艺、致和堂膏滋药制作技艺、季德胜蛇药制作技艺、王氏保赤丸制作技艺等都入选了国家级非物质文化遗产。这类医药类型的非物质文化遗产项目以往的开发以医药商品为主。可以结合江苏优越的自然气候环境条件,充分开发以康养目的为主题的游径,使旅游、医疗、非遗体验有机结合起来,将休闲度假、健身疗愈作为非遗游径特色,设计包括针灸、按摩、矿泉浴、日光浴、森林浴、中草药药疗、高山气候疗养、海滨、湖滨度假等多种形式的康养游径,满足人们旅游的康养、休闲需求,让人们在旅游中感受中国传统中医药文化的智慧和伟大,也为医药类非遗项目开辟新的发展路径。

三、数字赋能,重构非遗场景体验

人类实践发展中产生的非物质文化遗产,其产生的时代背景、时空场景和情感空间如今都发生了变化,很难在现代社会系统地再现非物质文化遗产原本的赋存环境。早在2010年,我国就着手“非物质文化遗产数字化保护工程”,已经逐步构建起了非物质文化遗产数字化保护标准体系,各地政府也积极推动建立了一些类别齐全、内容丰富的非物质文化遗产资源数据库。目前,大量的非遗数字资源以非遗档案的形式被保存在数据库中,其活化和利用工作还没有很好地展开。因此,我们目前大量的非物质文化遗产的呈现和表达,只是单调地使用图片、文字、视频等展陈方式展现非遗,对于游客而言,只能凝视非遗的表象,观众属于“旁观者”类型而不能参与其中获得互动体验,更无法沉浸式体验当地的民风、民情、民众生活。

人类社会进入数字时代,数字技术正在迅速、全面地突破时空限制。对于非物质文化遗产来说,数字化表达更为系统、复杂,难度也更大。除了对实践工具、场所、产品等物质图像符号数字化,又包括对实践者的知识、技艺、观念、情感等非物质要素数字化,在关注技艺本身的同时还要注重对技艺本身。结合物质文化遗产,成熟的环境建模技术可以对非遗文化空间进行复现,数字孪生、增强现实、虚拟现实技术可以针对非遗构建出动态的拟真化场景,通过交互体验营造沉浸化旅游体验场景,使得非物质文化遗产表达趋向于一个社会化情景、社会化空间、日常生活的生动展现。数字非遗不仅可以增强非遗场景的体验感与互动感,而且可以突破目前非遗展演的时空障碍和成本束缚,为非物质文化遗产的普及带来创新和提升,提高用户参加非遗体验的意愿。

比如,中国大运河博物馆“运河上的舟楫”多媒体互动体验展,通过“科技+艺术+文化”的技术理念,营造出富有创意、极具新意的动态沉浸式场景,运河里面的水、舟,还有水运诗画的一些抽象化的数字艺术,让游客在参观过程中,如同置身古代运河之上,透过窗户和隔栏,观众可以看到运河两岸浓厚的江南水乡生活场景、风土人情。数字技术使得遥远的非遗场景变得亲切而富有趣味,为非物质文化遗产独特的赋存环境的复现提供了可能和支持,让非物质文化遗产从历史中向我们走来,重现一种立体的、系统的文化空间和文化环境,增加人们传统文化的感知和体验。

又如,2021 年春节,敦煌研究院据敦煌文献《发愿公德赞文》中记载的莫高窟燃灯重要节庆习俗,利用数字技术和区块链技术,在移动端推出了"点亮莫高窟"这一新文创项目,让千年前流行于敦煌地区的莫高窟燃灯传统民俗以数字化的形式回归,并在春节这一中国人心目中最重要的节日期间,用技术手段展现了"一川星悬"的壮阔场面,人们通过手机参与点灯互动,非常具有仪式感和纪念意义,让现代人在娱乐互动中传承千年璀璨岁时民俗。

四、融合开发,强化文旅产业支撑

法国学者亨利·列斐伏尔认为,"任何一种文化,都有其产生、生存与发展的'文化空间'"①,这种文化空间同时也是非物质文化遗产在当代社会获得生命力的重要来源。非物质文化遗产+旅游的发展模式,可以激活传统手工业、体育、医药、曲艺、美食等项目的文化基因,发挥其文化属性、政治属性历史属性和经济属性,让文化遗产"活起来",使得非物质文化遗产与旅游过程中的吃、住、行、游、购、娱有机融合,被人们"用起来""传下去",在现代社会为非物质文化遗产构筑新的文化空间,推动非物质文化遗产的保护性开发。

发展非遗旅游文创产业,促进江苏非遗资源生产性保护。旅游文创产品凸显了地方文化的文化符号和审美元素,是地方文化的表征,是文化的再生创新型产品。"旅游文创产品不但激发人们对地方的回忆,也表达设计者想要向外来者描述的地方形象。旅游文创产品生产是挖掘与建构地方性的过程。"②在继续保持苏绣、南京云锦、苏州宋锦、宜兴紫砂陶、无锡惠山泥人等知名度较高的非遗文创产品产业发展的同时,要加强对江苏民间文学、曲艺、戏剧、技艺、美术、民俗等非遗资源的深度挖掘,加强品牌引领,增加非遗元素在文化创意产品设计中的应用,让文创产品能够充分体现地方文化特色。比如,可以创新研发以吴文化、大运河文化为主要内容的旅游文创商品,丰富完善文创产品系列,助力形成文化旅游商品研发、生产、销售、传播产业链。

---

① 黄永林,刘文颖:《非物质文化遗产文化空间的特性》,《华中师范大学学报(人文社会科学版)》,2021 年第四期,第 84—92 页。

② 刘博,张涵:《人地互动视角下的旅游纪念品文化生产——多案例研究》,《旅游学刊》,2021 年第 5 期,第 118—129 页。DOI:10.19765/j.cnki.1002-5006.2021.00.002.

优化文旅食宿供给，发展一批具有江南水乡特色、运河南北文化元素的主题民宿、酒店，实现旅游民宿特色化发展。推动非遗美食与旅游、文化紧密结合，加强非遗美食文化传承，进一步引导传统特色美食进入非遗小镇景区，扩大江苏美食影响，重视民俗化、地方化、特色化旅游食宿供给品质，提升江苏旅游竞争力。

推动非遗展演化转型，促进旅游演艺和文旅融合发展。旅游演艺产业以异地游客为受众，以旅游地的自然景色、人文景观、文化底蕴为主要内容，重点挖掘原生态特色文化，展现当代风土人情之美，可以广泛地传播在地文化。要综合运用多种艺术表现形式，如歌曲、舞蹈、戏曲、曲艺、魔术等艺术形式展现出来，让更多的观众参与到表演中来，使其能身临其境感受表演的魅力，调动游客的各种感觉器官，使游客对演艺活动的感受更加丰富与深刻，为广大游客呈现出历史文化、红色文化和时尚文化等多元文化体验。

在文旅融合背景下，江苏非物质文化遗产资源的发掘与利用，还应该警惕开发过程中的过度商业化、碎片化和泛娱乐化。我们需要在传统文化和新技术之间不断寻求契合点，结合互联网平台传播优势，改变非物质文化遗产资源的叙事策略，挖掘非遗＋文学、小说、动漫、影视、传说、戏剧、神话的叙事模式，让人们全面了解江苏非物质文化资源的历史价值、文化价值、社会价值、科技价值和艺术价值，帮助构建人们心目中的“江苏想象”，形成江苏文旅融合发展的差异化优势。

基于文化价值的非遗南京风筝文创开发研究

许　诺　张文珺[①]

摘　要:在国家非遗保护方针政策的指引下,南京风筝凭借其鲜明的地域特色、浓厚的艺术气质、丰富的民俗内涵,成功申报市第三批非物质文化遗产传统美术类代表性项目。本文重点剖析南京风筝丰富的文化价值,反映古代南京人求吉纳祥的民风民俗。提出保护保存、创新开发的建设性意见,采用层次分析法进行非遗风筝文创产品设计,试图探索出一套具有高质量流程化的方法,宣传风筝文化,将南京丰富的文博资源和文化产业资源有机融合。

关键词:非遗保护　南京风筝　层次分析法　物质行为　文创产品

一、风筝的多重文化价值

(一) 风筝里的文化隐喻

以风筝为写作题材的诗词、小说散文不胜枚举,赵佶、王安石、徐渭、丰子恺等人专门著书立说,其中蕴藉的情感大抵相同。但曹雪芹所著的两本书是目前流传下来的有关南京地区风筝最为系统的记述。其中《红楼梦》属于文学著作,而《废艺斋集稿》属于工艺技术著作。

1. 经典文学著作中的风筝

以金陵为背景的文学巨著《红楼梦》,又名《金陵十二钗》,仅从书名就足以见得这本名著与南京城的紧密联系。《红楼梦》的写作手法大量使用"真事隐,假语存"的谐

---

① 许诺,南京艺术学院人文学院本科生;张文珺,南京艺术学院人文学院副教授,硕士生导师。

音格、拆字格、双关等，风筝是作为物谶暗示人物命运的典型。

在《红楼梦》中，风筝是昭示探春性格命运基调的主导意象，暗寓她的命运就像断线的风筝一样飘摇不可把握。（见图1）风筝的意象把探春的人生悲剧物象化了。

图1　清·孙温绘《红楼梦》第七十回

但在曹雪芹眼里风筝不是或悲或喜的单一意象，是多重文化寓意的叠加。《红楼梦》里的风筝是曹雪芹感叹人间悲凉的心境折射，而《南鹞北鸢考工志》中的沙燕风筝却寄托着他对人世美满的祝福。探春身边的风筝，一步步揭示她别离远嫁，也拉开了大观园"盛席华筵终散场"的序幕。但在风筝世界，曹雪芹创造了一个完整的燕子风筝家族，寄托着世人团圆幸福等理想。

2. 手工技艺著作里的风筝

《废艺斋集稿》是曹雪芹为残疾人谋生编撰的一本传统工艺汇编，其中第二册《南鹞北鸢考工志》专门介绍了风筝及其制作方法，在近代以抄本方式保留下来。

曹雪芹在"旁搜远绍"的基础上"谱定新样"，所以他儿时所爱的南京风筝很可能是他创制沙燕风筝的一个重要源头，就像徽班之于京剧，为他后期改良风筝奠定了基础。《南鹞北鸢考工志》著录四十三种风筝制作技艺，沙燕风筝是风筝中最独具特色的一脉。沙燕风筝以燕喻人，沙燕家族成员主要包括肥燕、瘦燕、比翼燕、雏燕。"肥燕"代表成熟的壮年男子，形态上比较宽厚，主要表现男性心胸宽广的气度；"瘦燕"比喻成年女子，在整体比例上更为纤细，它还有一个变体“半瘦燕”；“比翼燕”喻情比金坚、比翼双飞的夫妻；“雏燕”比喻小孩子，变体有“六合燕”“小燕”，一般分别指小男孩和小女孩。[①] 每只沙燕家族的风筝都有各自的轮廓特质、比例结构和图形谱式，可识别性强，又极富个性与情感。（见图 2）

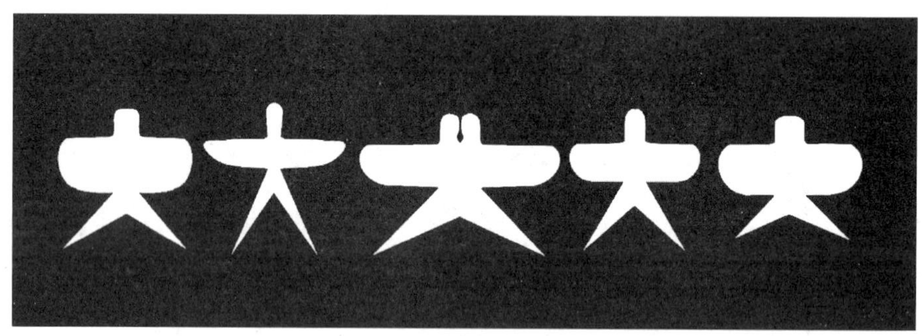

图 2　沙燕风筝家族剪影/左 1 肥燕-成年男子、左 2 瘦燕-成年女子、左 3 比翼燕-夫妻、右 1 雏燕-小孩子、右 2 半瘦燕-青年女子/笔者自绘

（二）风筝里的吉祥寓意

吉祥语，民间也称“讨口彩”，是中国传统文化中颇具特色的一个组成部分。以古中原雅言正统嫡传的身份自居的南京方言中隐藏着许多的谐音吉祥，风筝成为南京人求吉心理的载体。[②] 曹雪芹在南京度过了童年、少年时代，南京方言是他的母语，从他的用语习惯中可见他以南京方言为主体、以北方方言为辅体的语言体系。[③] “南京风筝的一些图案里隐藏着南京话，充分证明曹氏风筝与南京密不可分的关系，例如现在许多人都熟悉的沙燕风筝，其实都是源于南京。”带有吉祥寓意的南京方言原汁原味地反映出南京当时风土人情、心理状态。以下是对曹雪芹创制的沙燕风筝图谱中南京吉祥文化内涵的解析。

（1）蝉联益寿：胸、腰、爪都省略了，用谐音取意和由象生意的手法来表达，蟾蜍的“蟾”谐音“蝉”，莲花的“莲”（音 lián）谐音“年”（音 nián），合为“长年”。蟾蜍代表长生，代表“寿”，这样蝉联益寿的意象便齐全了。

（2）四世同堂：狮子的“狮”在南京话里就念第四声，与“世”同音，四世可以联想到四狮，再在尾稍配上两只小狮，加起来是四狮，让人联想到四世同堂。此外，大小狮子又分别指代太师与少师这两个官名，寓意加官晋爵。还能找到第五只狮子，燕子头部的画法来看，也像一只方头狮子，这样便筹齐了五只狮子，马上又能联系到“五世其昌”了。

① 汉声编辑室：《曹雪芹扎燕风筝图谱考工志》，北京大学出版社，2006 年版。
② 诸婧雯：《 风筝图案中的共生图形研究》，南京艺术学院，2021 年，第 118 页。
③ 樊斌：《〈红楼梦〉中的南京方言》，江苏凤凰美术出版社，2020 年版，第 5 页。

(3) 事事如意：腰栓就像相当于古人的腰带。腰栓上除了画有五福、五寿外，还画柿子与如意图案。柿与事谐音，加上如意，便成事事如意了。

(4) 耄耋富贵：风筝上设计有猫和蝴蝶，在南京，猫和蝴蝶的发音很像耄耋，意味着长寿和兴旺。

(5) 十福寿禄：风筝上有蝙蝠和桃子的图案，被称为“十福寿禄”，因为在南京，“绿”字读作“lù”(与“lu”相同)。

因此，南京风筝这一外在的民俗艺术形式也无不蕴含着历代南京人的思想品位。同时，南京风筝的传承与演变并非形而上的静态承袭，而是不断变迁、与时俱进的生命历程。风筝的传承，并非简单地从扎制手艺中去摸索，而是需要在其所依附的民俗文化中追索传承的轨迹与意义。

二、风筝里的物质行为

美国民俗学会会长迈克尔・欧文・琼斯(Michael Owen Jones)曾提出“物质行为”(material behavior)或“作为行为的民俗”(folklore as behavior)，[①]是人们在日常生产生活中表现出来的特定行为方式和行为结果的沉淀，它具体地表达了人们的思维方式，反映了人们的价值取向。

(一) 放风筝，祛除疾病的手段

曹红介绍，南京市民在清明节期间放风筝，认为放风筝可以放走自己的秽气。最后，风筝的线被剪断，放飞在天空中，疾病和秽气都让风筝一并带走。即使人们看到落在地上的风筝，也不会把它带回家。清代苏州人顾禄《清嘉录》中证实：“春之风自下而上，纸鸢因之而起，故有‘清明放断鹞’之谚。”

民俗巫术信仰认为，由于人与神是分离的，人们将愿望上达神灵唯一的办法，就是要让这些图符、咒语等信息从人间离开送往神的场所，通过用火烧掉，让水冲走，或放飞天空来实现。

当今，放风筝对缓解疾病、保持身体健康仍具有现实意义。放风筝是一项能够放松身心、增加运动量的活动，同时需要专注和耐心。这不仅有助于舒缓紧张情绪和减轻焦虑，还能促进心血管健康与增强身体的平衡和协调性。所以，尽管放风筝可能不会直接根除疾病，但是它可以作为一种健康的生活方式来提高身体和心理健康。

---

① [美]迈克尔・欧文・琼斯，朝戈金，巴莫曲布嫫：《民俗学术语钩沉——迈克尔・欧文・琼斯教授访谈录之二》，《民间文化论坛》，2005年第三期。

（二）画风筝，征服自然的渴望

由于生产水平低下，古人在面对恶劣的自然条件时常束手无策，于是风筝就成了人类幻想中征服自然的寄托、载体之一。[①] 据曹红所述，沙眼风筝中的“黑锅底”，是由于过去人们生活物资短缺，很少有色彩鲜明的颜料，所以就用烧过的锅底上的黑灰当颜料给风筝上色，以此得名“黑锅底”。“黑锅底”沙燕风筝是人们在生活资料短缺情况下，对命运的不屈与抗争。（见图3）

图3 风筝倒图“黑锅底”/图源：《曹雪芹扎燕风筝图谱考工志》

（三）赠风筝，寄托思念的信物

首先，清明节放风筝寄托着对已故亲人思念。在清明节期间，鬼门暂开，放风筝以吊唁已故的朋友和亲属。

其次，在贺岁祝寿、订婚等民俗动中，文人将亲手扎制的风筝赠予亲朋好友，表达着庆祝与祝福。[②] “百福骈臻”的风筝款式多为祝寿的贺礼，蝙蝠的数量多寡与其年龄有关，有很强的象征寓意。据传承人曹红所说“屏开雀选”一般专为订婚而用，作为一件聘礼带给亲家，极其风雅。再如，瘦燕常见谱式为“学足三余”，指汉末人董遇，善于利用空暇时间来学习，特别是一岁之余、一日之余、一时之余。学足三余的谱式意在勉励女子学习要充分把握时间。除了民间行为的赠予，沙燕风筝在改革开放初期，还多次作为具有民族和地域特色的手工艺礼物赠予外国领导人、给国家创汇的行业。

最后，风筝是情人遥寄爱意的纽带。古代男子在风筝上写上求爱的诗，剪一风

---

① 张书珮：《风筝艺术的美学价值》，《艺术科技》，2015年第10期，第181页。

② 费保龄：《曹雪芹风筝》，工艺美术出版社，2008年版，第3页。

筝,爱意随风而起,以期望爱慕的女子能够看到,唐伯虎点秋香等许多古代故事中也多有描述。有的则在让风筝帮自己选择婚姻,飞起后剪短风筝线,落到哪家便去哪家提亲。广东粤剧《搜书院》、清代李渔的剧本《风筝误》,都是因风筝而结成良缘的故事。时至今日,在南京人的结婚纪念照上仍能找到夫妻二人共放纸鸢的身影。

三、创新开发,风筝文化的衍生

(一)开发风筝文化创意产品

提及非遗的传承发展与当代价值,创新是绕不开的话题。既要坚持非遗“原汁原味”传承的情结和态度,又要融入时代、融入生活,老少皆宜。

苑利和顾军认为保护非遗的“原汁原味”即原真性,不能逾越传统素材的表现内容,原有的尺寸、比例,透视的表现形式,以及以颜料、五音为元素的使用原料的三条底线。如果这三条尺度都是传统的,那么,该非遗项目的原真性就会确凿无疑。[①]

笔者认为非遗项目既要保持原真性也要融入当代生活,既要“见人、见物”也要“见生活”。那么现代人应当明确“非物质文化遗产”与“文化创意产品”的概念、区别与联系,要强调文创产品不是遗产,应当保护非遗的原真性,文创产品不是保护对象,也不禁止创新。根据《中华人民共和国非物质文化遗产法》(2011)强调的“两大原则”,其一在南京风筝的保护目标上,必须注重真实性、传承性,达到可持续发展的目的;其二在南京风筝非遗项目的使用上,必须尊重当地风筝的形式与内涵,杜绝歪曲与贬损。

为了更好地挖掘南京风筝的文化价值并推广其文化形象,我们需要尝试架构出实操性强、普适性强、系统高效的文创产品开发模式,该方法不仅能准确把握设计导向,客观评价设计结果,将若干信息分解与整理为清晰直观的量化结果,按照其重要性进行排序,以此来确定每个层次的重要性和影响因素。避免过度依赖经验主义,又使南京风筝的非遗基因在创新中真正做到传承有序、有章可依、有据可循。在这里,我们选择运用层次分析法(Analysis Hierarchy Process,简称 AHP)进行非遗风筝的文创产品设计。[②]

研究需要一个明确而全面的评价体系,分别适用于文化元素的选择和风筝文化创意产品方案的评价。通过焦点小组研究的方法,邀请了两位风筝文化遗产代表性传承人、两位文化创意产品设计领域的专家和四位消费者代表对南京风筝文化创意

---

① 苑利、顾军:《非物质文化遗产保护干部必读》,社会科学文献出版社,2013 年版,第 145—146 页。

② [美]朱利安 · H.斯图尔特,潘艳,陈洪波:《文化生态学》,《南方文物》,2007 年第 2 期。

产品的评价要素进行讨论，并辅以现有的一些文化创意产品设计要素的研究作为参考。[①]

图 4 中，文化基因 C_1 底下的四个子指标，其中地域特色 S_1 是文创产品最有效的支撑，是保障文创产品实现“非同质化”的重要手段。文化内涵 S_2 包括了南京风筝的行为文化内涵、谱式文化内涵、吉祥文化等。非遗基因 C_2 根据上文提及的原真性原则的三条底线为依据，提炼非遗基因。

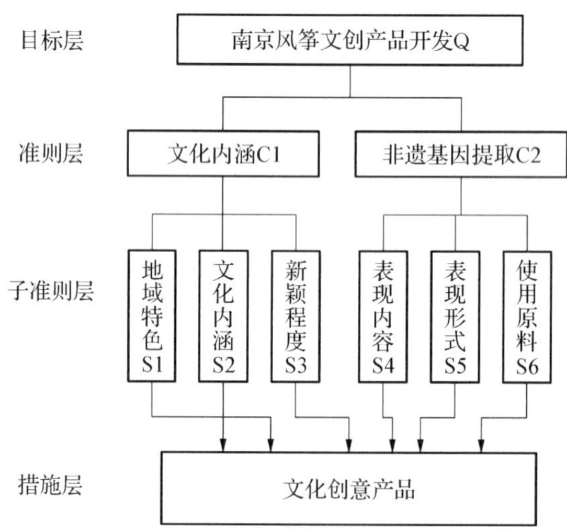

图 4　文创产品综合评价指标体系/笔者自绘

通过 AHP 分析法得出，非遗南京风筝的文创产品开发要重视文化内涵在非遗传承与创新中的作用，尽可能地还原“表现内容”与“表现形式”，基于沙燕风筝的家族谱式。在色彩研究中，风筝常用色更偏向于鲜艳亮丽的色彩。

由此，笔者根据以上分析结论设计出非遗南京风筝的相关文化创意产品。

第一，以沙燕家族图谱为主的筷子系列设计。保留沙燕家族的典型视觉形象，制作家庭筷子，沙燕拟人化手法与家庭成员的身份特征一一对应，突出家庭成员的个性和彼此间的相互关系，其中“比翼燕—我们家”作为公筷使用。

第二，以图案中的吉祥文化为主的文具设计。“学足三余”文化内涵与“筝筝日上”谐音取向的书签设计，在瘦燕风筝的谱式吉祥寓意基础上，使用纸质书签作为新的表现材料。

第三，以物质行为的文化内涵为主的垃圾袋包装设计。“放断鸢，丢垃圾；送瘟神，保安康。”放风筝作为古代祛除疾病的习惯性动作，疫情肆虐的当下，保持身体健

① 朱云峰：《基于模糊层次分析法的金箔文创产品设计研究》，《包装工程》，2022 年第 22 期。

康的依然是人们理想状态，丢垃圾同样是可以远离细菌疾病的有效方法之一，为南京风筝里的行为文化衍生出新时代的行为手段。笔者对沙燕口诀的再创作，表现形象采用剪纸风格的雏燕风筝形象。（见图 5）

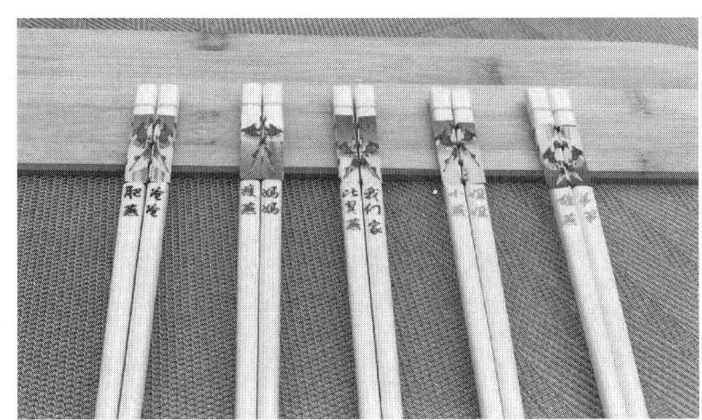

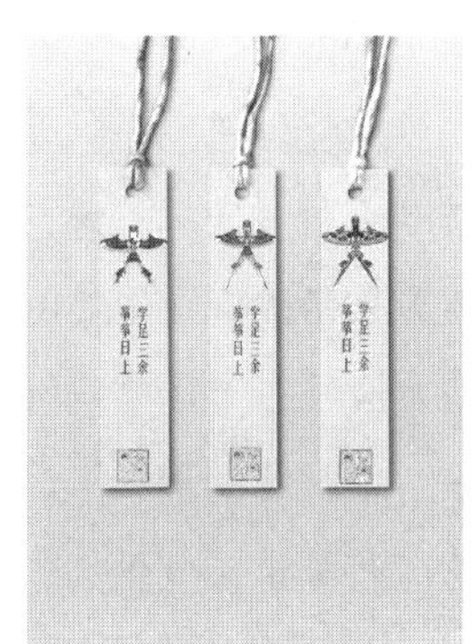

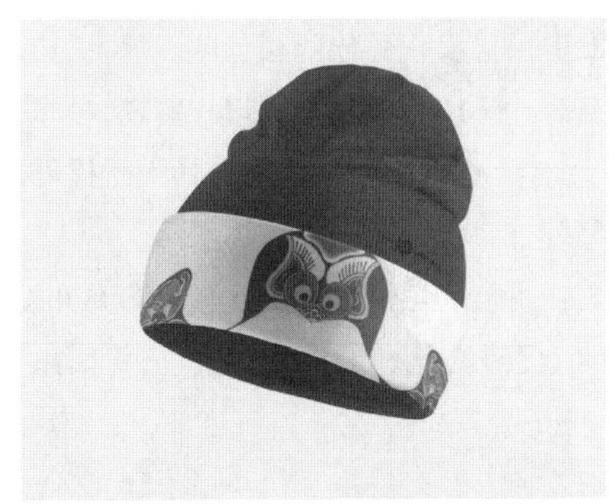

图 5　南京风筝相关文创产品/笔者自绘

总之，非遗南京风筝的文创产品设计需要我们充分挖掘其文化价值，并运用科学的方法进行设计和推广。层次分析法是一个不错的选择，它能够帮助我们准确把握每个设计层次的重要性和影响因素，从而达到更好的推广效果。

（二）培育风筝文化创意产业

产业化促进南京风筝产品实现经济与文化的良性互动。南京风筝作为属地文化生态链中不可或缺的一环，在建立保护区的同时，还应该打造南京风筝的品牌形象，用品牌效应来带动南京风筝的推广和发展。应该注重南京风筝的文化内涵和制作工艺，提高南京风筝在市场中的知名度和美誉度。秦淮区可打造南京沙燕风筝家族 IP，结合域内旅游景区绘制游秦淮非遗地图，由瘦燕、肥燕制作的文创形象带领消费者亲子游，初步营造有利于文化生态可持续发展的氛围，提高保护区内社会公众的文化主体意识。[①]

要让更多的人了解和认识南京风筝，需要通过各种渠道开展宣传推广活动。向公众介绍南京风筝的历史、文化背景、特色和制作工艺等方面的知识，让更多人了解南京风筝，并对南京风筝产生浓厚的兴趣和爱好。可以通过媒介传播的方式，利用视频、音频、文字等手段创造消费动机，使消费主义的理念容易被接受，从而抓住人们的消费心理，使他们成为南京风筝的消费者。[②] 同时，举办风筝竞技比赛促进民间团体组织规范化、制度化，开展南京风筝比赛、展览等活动，吸引更多人前来参与，增加南京风筝的知名度和影响力。加大宣传力度，加强对南京风筝的宣传，吸引更多的人了解、接触、体验南京风筝文化，培养更多的南京风筝爱好者。健全营销机制可对南京风筝进行品牌战略规划和营销策略设计，并利用现代科技手段，如微信公众号、小程序等线上平台，推广南京风筝文化，打造南京风筝品牌。

结 论

南京风筝作为中国传统文化的重要组成部分，是我们民族的根与魂。保护、传承好南京风筝这个非物质文化遗产，破解其在新时代环境下的发展困境和问题，根本出路在于开创“一条让人民群众的文化生活日益丰富多彩，幸福感、获得感不断提升的新路”。开创这条新路也要求我们讲好南京经验、南京创意、南京案例。

本文从创新与利用的路径，提出注重以文化价值为主的风筝文化创意产品开发，培育风筝文化创意产业，推动非遗产业化发展，促进文化和经济良性互动，将南京丰富的遗产资源、文旅资源、文博资源和文化产业资源有机融合。

① 王文：《从风筝艺术看非物质文化遗产保护的必要性》，西安美术学院，2010 年，第 22 页。

② 宋小飞：《“走向消费”——从民俗文化到消费资本的非物质文化遗产》，《中国文化研究》，2020 年第 2 期，第 112—120 页。

江苏传统技艺类非遗数字化探析与实践

胡　燕　杨雨彤　朱婉尚婕[①]

摘　要：传统技艺类非物质文化遗产（以下简称"非遗"）是我国重要的非遗种类之一，江苏共有38项国家级传统技艺类非遗。但随着时代发展和社会形态的改变，传统技艺非遗正面临政府干预、学界过度解读、商界逐利、传承人技艺壁垒与老龄化、技艺同质化、非遗相关法律不健全、传播缺乏系统认知等困境。研究基于"文化聚落"理论中的"虚拟空间"，探析江苏传统技艺非遗数字化路径，运用爬虫等大数据技术，全面收集相关数据并保持动态监测，再基于不同主体的需求，建立分析模型，以此为依据建设非遗数据库，为优秀传统文化创造性转化、创新性发展提供理论支撑和实践路径。

关键词：传统技艺非遗　文化聚落　非遗数字化　活态传承　吉祥文化

一、相关概念

传统技艺，主要指在手工业时代形成、以与美的结合为特征的造物部类与设计，在现代大机器工业生产的比照下，尤指那些手工技艺性强并具有一定艺术性的传统型产品，一般具有百年以上历史以及完整的技艺流程。我国拥有数量众多、种类丰富的传统技艺非遗，拥有悠久的历史和特定的文化基因。2022年8月16日，中共中央办公厅、国务院办公厅印发的《"十四五"文化发展规划》强调要推动优秀传统文化创造性转化、创新性发展。这就需要用本土理论来研究中国日新月异的非遗，例如文化聚落理论。"文化聚落"是具有相对稳定的共同价值与文化信仰，并居住在相对集中地理空间和虚拟空间的人类群体及其精神世界。在很大程度上，反映了该空间的

---

① 胡燕，南京农业大学人文与社会发展学院教授、博导；杨雨彤，南京农业大学人文与社会发展学院民俗学硕士研究生；朱婉尚婕，南京农业大学人文与社会发展学院民俗学硕士研究生。

历史时期风土民情千丝万缕的相关性、传承性与生态性，通常不能用明晰的行政区划来切割，显示凝聚力与归属感强的吉祥文化表征。

江苏省位于长江下游地区的吴文化聚落，河湖众多、草木繁茂，经济、文化、社会发展迅速，显现出开放创新的特点和追求超越的“精英”意识，以及在耕读中勇于突破创新，顺应时代变迁的吉祥文化表征。江苏有宜兴紫砂陶制作技艺、南京云锦木机妆花手工织造技艺、镇江恒顺香醋酿制技艺、雕版印刷技艺、金陵刻经印刷技艺等国家级传统技艺 38 项，民间手艺行有“有图必有意，有意必吉祥”的说法，吉祥文化就来源于人们追求美好生活、祈望平安幸福的吉祥意识。

二、传统技艺类非遗保护困境

传统技艺非遗在不断传承发展的过程中，由于政府干预、学界过度解读、商界逐利、传承人技艺壁垒与老龄化、技艺同质化、非遗相关法律不健全、传播缺乏系统认知等问题，正遭遇保护与传承困境。

（一）政府:阻碍非遗“自我造血力”

传统技艺非遗保护传承活动自身难以为继，导致过于依赖政府扶持。现代社会中，非遗自然传承模式所遇到的种种挑战使其难以承受，不得已转向政府寻求政策和资金支持，这就陷入另一个误区，即非遗传承比以往任何时候都依赖政府，逐步丧失了“自我造血”能力，而政府的支持本质上属于外来力量，一旦出现过度干预的情况，非遗传承就会陷入困境，一旦政府的扶持演变为过度干预，势必会破坏非遗自然传承的文化规律，影响传承人传承的环境和传承群体的原有和谐，影响到非遗的民间性、真实性与原生性，从而使民俗变成“官俗”，从而走上以政府取代民间、以“官俗”取代“民俗”的歧路。

（二）学界:过度解读失去研究本真性

学界在热烈讨论传统技艺非遗保护方式、意义以及在新媒体时代中不断变化的同时，对于非遗保护中的部分内容存在过度解读情况，或存在过度美化的行为，逐渐脱离非遗本体研究。部分研究非遗保护的专家在当地研究实践的时间较短，提出的观点难以长久适用。因此学界对非遗保护的介入应当十分谨慎，否则可能使得学术研究陷入偏离原真性的困境之中，导致影响非遗传承保护的良性发展。

（三）商界:逐利天性破坏文化社会效益

社会资本在为传统技艺非遗开发文创产品、创造经济效益的同时，不可避免地赋予传统技艺非遗经济属性。商界携带着商业资本参与非遗保护,必然出于任何商业投资背后掩藏着的逐利天性,商业盈利与文化保护之间的关系一旦无法平衡,社会资本追求商业价值最大化,难免会破坏非遗传承规律,致使过度开发的情形出现,偏离保护与传承的初心。近年来,非遗被商界过度开发、干预的情形层出不穷,导致了非遗文化价值的减损与现代社会商业文明的趋同。

(四) 传承人:技艺壁垒与老龄化趋势

传统技艺非遗的传承中,传承人是中心链条。目前,非遗仍以传统师徒教授、家族传承为主要技艺传承方式,与其他技艺圈层存在信息不对称、技艺无法融合等茧房现象。技艺传承为口传身授,没有规范化的标准,艺人因自身观念、文化水平、审美层次等原因,让自主推陈出新、开发艺术新品的难度增加。同时,近年来相当一部分传统技艺美术类非遗项目本身由于历史传承等客观原因,使对其实施抢救性保护、避免“人亡艺绝”成为第一要务,传承人“老龄化”日益成为困扰非遗抢救保护的突出问题。

(五) 技艺:传统技艺同质化严重

传统技艺是非遗保护的核心内容。目前,同类传统技艺整体保护、所用资源、具体设计等方面在不断发展的过程中杂糅多种概念,辅以种种装饰,从而失去了原记忆的基本特色,逐渐同质化。这种传统技艺的同质化主要表现在技艺层面和审美层面,技艺层面的趋同是根本的、深层次的,而审美取向的趋同是外显的、直观的。究其原因是没有守住传统技艺的内在特质,在不断变迁的技艺方式与审美中,如果一味迎合流行趋势,没有坚定的美学追求,难免走向同质化的道路。

(六) 法律:缺少非遗知识产权保护规定

现有的传统技艺非遗相关立法缺少非遗知识产权保护的法律规定,这直接影响非遗的利用和保护。尽管《中华人民共和国非物质文化遗产法》第四十四条规定参照知识产权法对非遗的私人权利方面进行保护,同时江苏 2013 年施行《江苏省非物质文化遗产保护条例》,2020 年出台《江苏省非遗代表性传承人认定与管理办法》,但非遗知识产权相关的立法与政策制定仍然有待完善。

(七) 传播:缺乏系统认知与新媒体滞后

目前,江苏各级地方政府对传统技艺非遗的保护与发展意识有所提高,但关于传播的重要性依然认识不到位、重视不够,缺乏对于非遗的系统认知,造成了人们对非遗主动传播意识的弱化,非遗传播的范围与受众面日益狭窄。当前,非遗的传播手段单一、创意贫乏、内容干瘪,传播效果不理想,对非遗文化传播手段的创新性与整合性思考不够,对新兴媒体的关注、资金投入、人才储备和硬件建设等方面重视不够。

三、文化聚落虚拟空间:非遗数字化认知

文化聚落不仅包括实体的地理空间,还包括伴随着社会进步和科技发展延伸出来的新形态虚拟空间——数字化空间,集合了包括非遗传承人和所有与之相关的政界、学界、商界、新闻媒体等广大民众。黄永林①、宋丽华②、谈国新③等聚焦数字化背景下非遗的保护传承与开发利用问题,如非遗资源数据库建设、非遗资源数字分类和检索体系构建、虚拟现实和可视化展示技术等,试图通过这些问题的探讨为促进非遗的保护、传承和利用的可持续发展提供借鉴。宋俊华④、马晓娜⑤、彭冬梅⑥等认为数字化技术的出现和发展,改变了非遗的存在生态和人们对待非遗的观念。数字化技术进入非遗保护,不只是非遗的一种存储、展示、宣传和教育的外在手段,而且具有内化为非遗自身方式的合法性和可能性。数字化技术只有真正内化成非遗自身的存在和发展方式,才能真正发挥确保非遗生命力的作用,这是非遗数字化保护发展的基本趋势。

(一)政府:牵头非遗数字化保护

非遗数字化具有渠道多样化、传播社交化、浏览视觉化、洞察全面化、内容动态化等特征,政府提供资金支持,牵头建立传统技艺非遗数据库、分析系统等数字化平台,明确主体需求便于政府从宏观视角统筹制定、落实相关政策措施,不断通过获取更新数据来更新非遗保护传承思路。

(二)学界:探索非遗数字化活态传承

专家学者在文化聚落虚拟空间,通过数字技术可以相对地高度还原记录非遗的原始生态,不受时间和空间的消磨,从而形成新的传统技艺非遗"活态传承"形式。将

① 黄永林:《数字化背景下非物质文化遗产的保护与利用》,《文化遗产》,2015 年第 1 期,第 1—10 页,第 157 页。

② 宋丽华,李万社,董涛:《非物质文化遗产数字化保护与知识整合平台建设》,《图书馆杂志》,2015 年第 1 期,第 73—81 页。

③ 谈国新,张立龙:《非物质文化遗产数字化保护与传承刍议》,《图书馆》,2019 年第 4 期,第 79—84 页。

④ 宋俊华:《关于非物质文化遗产数字化保护的几点思考》,《文化遗产》,2015 年第 2 期,第 1—8 页。第 157 页。

⑤ 马晓娜,图拉,徐迎庆:《非物质文化遗产数字化发展现状》,《中国科学:信息科学》,2019 年第 2 期,第 121—142 页。

⑥ 彭冬梅,刘肖健,孙守迁:《信息视角:非物质文化遗产保护的数字化理论》,《计算机辅助设计与图形学学报》,2008 年第 1 期,第 117—123 页。

数字技术应用于非遗研究,可以快捷获取海量信息,并快速分析相关数据,其动态性便于持续、定期地获得非遗网络数据增量,精准满足不同主体不断变化的需求。

(三)商界:拓展非遗数字化市场

在文化传承、项目开发、品牌拓展和旅游推动下,将非遗与数字技术创意设计结合,延伸产品线的长度和宽度,形成完善的文化产业生态链,在赢得了社会和消费者的认可的同时也再现了中国文化的璀璨。因此,为挖掘具有市场需求和开发潜力的非遗项目,创新市场认同的传承内容载体,进而拓展数字文创产品市场,推动非遗品牌化和产业化,其主要思路一是非遗数字资源要在内容传承与创新的基础上,吸收不同的社会、技术等元素,尤其是文化市场元素,进行融合发展,丰富非遗数字内容的时代内涵;二是通过游戏开发、文旅结合、衍生品开发、非遗 IP 孵化等方式,积极推进非遗文化、数字资源及其要素与其他行业的跨界融合发展,构建非遗数字文化产业的良性生态圈。但在追求非遗创造的经济价值时,还要特别注意其社会的促进作用,对它进行持续长久的开发利用。

(四)传承人:数字化培养传承人

将数字科技与非遗传承人培养相结合,以数字科技全面记录和展示非遗技艺,包括但不限于口述资料、实践资料、教学资料、综述资料、会议资料、动画资料、VR 资料、3D 资料等,为后续非遗文化传承人培养提供更加全面的资料支持,也为后续非遗文化传承、展示及研究提供资料保障。另外,加强数字化传播与推广,即通过数字科技加强非遗文化对青年传承人的影响,吸引更多人关注非遗,接受非遗文化,愿意加入非遗文化传承队伍,拓展人才培养渠道,为非遗文化保护与传承提供重要支持。

(五)技艺:数字化保护非遗多样性

传统技艺是广大民众所创造、享用和传承的民间生活文化中的物质文化遗存和精神文化的物化遗存,是“活态文化”。每一个传统技艺非遗都有着自身的独特性所在,这种独特之处也是区分、认识、传承不同传统技艺的出发点,可以运用例如 3D 打印、机械智能化等数字技术实现传统技艺记录、呈现、传承的数字多样化。

(六)法律:强化数字化非遗法律法规建设

大数据时代,人们越来越重视网络安全等问题,在非遗保护传承过程中更要不断加强数字安全保护,骨干部门也需要正确树立法律意识,并有效认识法治观念,同时强化数字化监测监督,重视对非遗知识的有效保护,切实在法律框架和数字化运用中保护非遗知识产权，在宣传非遗时，各部门需要认真做好有关保密工作和建立起数字安全网络，防止不法知识分子利用漏洞盗取文化遗产知识，甚至开展不法交易，避免非遗的完整性受到破坏。

（七）传播：树立非遗数字化传播理念

作为非遗数字化传播的主力军，新媒体能将非遗中的细节透彻分析、客观分解、有序放大、及时推送在各大设备数字化平台，将非遗从现实生活复制到虚拟世界，促使人们反复学习和摸索，由此激发人们传承的主动性，加快保护非遗体系的完整性。不仅要深化短视频自媒体的应用，保障非遗文化传承和发展的创意性和丰富性，还需落实跨界合作，在不同领域实现非遗文化和自媒体的有机结合，如探索“非遗建筑＋短视频＋文创产品”“非遗节日＋短视频＋广告”“非遗技艺＋短视频＋电商”等，由此延伸非遗数字化的产业链条。最后坚持以用户需求为导向，运用大数据挖掘和AI数据分析技术对非遗资讯门户用户数据进行采集与分析，筹建公民非遗素养模拟测试系统，实现信息和用户需求的智能化匹配，完善非遗资讯门户内容，从而实现非遗数字内容的精准化传播。

四、非遗数据库的建设和应用

大数据时代相关信息锐增，当数据爆炸式增长时，传统数据查询和管理方式面临挑战，需要更高性价比的数据分析与储存方式。数字化技术极大地拓展了资料采集的深度和广度，以及当下保存和查询数据的能力，爬虫、Hadoop等大数据系统的行业普及，非遗大数据系统的建设成为必然趋势，例如建立传统技艺非遗数据库。

基于文本检索和情感模型分析等关键技术，先运用网络爬虫，根据传统技艺相关关键词，从百度爬取所有相关网页的文本，再基于Python分词解析文本，将非结构化数据转换为结构化数据，对获取文本进行情感模型分析，通过设立不同的积极和消极的情感词，对文本内容进行筛选，统计文本中的积极和消极情感词数量，选择数量较多的情感词，确定文本的积极或消极的情感属性，数据挖掘和数据分析后，将经爬取和处理后的数据建立数据库并可视化，便于查询和统计。数据库的建立可以针对不同主体，如政府部门、民间团体、学界、商界、新闻媒体等，在保护和传承过程中的认知交叉、混乱等问题，聚焦他们不同的需求，从情感维度、时间维度、空间维度和领域维度等对海量数据进行挖掘和处理，分类满足政府部门、民间团体、学界、商界、新闻媒体、非遗传承人等不同主体提出的需求。

未来，继续探索爬虫从获取文本拓展到音频、影像，甚至运用3D虚拟交互技术构建非遗数字化平台，为非遗数字化提供可塑的虚拟空间。着力解决非遗数据库搜索功能不足(如包含名称、批次、地区和类别等多种检索途径)、展现方式不够(如视频展示功能、图文穿插方式等)、互动功能缺失(如评论功能、互动功能、体验功能等)、更新频率低(持续获得非遗网络增量)等问题，以此探索中华传统文化活态传承和创新发展的路径，助力乡村振兴，提升中华传统文化的自信心和创造力。

连云港传统建筑中的民俗意蕴

——以连云港市民主街为例

王二杰[①]

摘　要：建筑不仅是人们居住、活动的场所，而且常常成为多种民俗文化载体。连云港地理位置特殊，兼具南北方的气候特征，在文化上，也融合了南北方文化特征于一体。民主街形成源于海水东退，盐业内河运输的需要，民国时期发展成为集盐运、商贸为一体的繁华地带，集中展现了城市的独特建筑特色。传统建筑在石材运用中蕴含镇宅保安灵石崇拜，砖雕木雕装饰中蕴含趋吉祈愿，天香庙筑造中蕴含家族祭祀信仰空间，承载人们平安幸福 、祈福求财、多子多福、延年益寿等理想，展现了当地特色民俗文化、生活习惯、审美意识。

关键词：传统建筑　装饰　山石　砖雕　天香庙

民主街是一条具有百年历史的老街，源于盐业内河运输的需要，海水东退，到嘉庆三年(1798年)卞家浦向北河道淤塞，始建新浦，开河通海，筑坨堆盐，用于向板浦转运。到清同治元年(1886年)，盐运码头在前河兴起，大批盐商向新浦聚集，新浦商业逐渐发展起来，后逐渐发展成为集盐运、商贸为一体的繁华地带。民国期间涌现出一大批民国时期建筑群，现拥有市级文物保护单位2处、登记不可移动文物11处、民国建筑60余处，街区肌理清晰，鱼骨状的街巷格局保存完整，保持原有的走向、宽度和历史铺装，保留了丰富的民国建筑遗产，集中展现了连云港近代民居建筑特色。

一、民主街区的建筑类型

(一) 地方特色的民国风貌小楼

从最初在民主街区两侧分布着的各式草屋、窝棚逐步发展成为相对简陋、“穿楼

① 王二杰，连云港市民俗博物馆馆员。

阁”式的二层小楼。这类房屋比一层房屋空间高，在较高的房屋内上部架起一层楼板，架起的阁楼间矮小狭窄。在民主街现有 20 余处二层阁楼式小楼，青砖墙体，墙面饰土黄色黄沙拉毛墙，硬山，两坡顶屋面；山墙两端建有简易的垛头，二层青砖直檐或菱角檐口，宽厚的砖石墙体，苏式梁架。

（二）中式民居四合院

外地商人在民主路建起约 12 处四合院建筑。条石砌筑的墙裙，青砖砌筑的清水墙，两坡顶，硬山，蝴蝶瓦层面，堂屋明间的门头砖雕“门牙子”，门的上首（东侧）有祭祀民间神祇“天官”的天香庙，苏式木梁架，方砖铺堂，庭院中条石或砖块铺地，无不显示出古色古香的中式民居特色。

（三）本土特色兼有淮扬特征的建筑

在民主街范围内，还保存了为数不少的带有传统的淮扬民居特征的建筑，青砖清水墙，小瓦苫顶，锯以铁锔。房屋建筑正脊两端多运用观音兜。楼房及平房的堂屋高大，建筑稳重，装饰简洁秀气。其中前河路 107 号，二层楼房底楼的外走廊为曲木斜撑；二层则是带廊柱的外廊，廊柱与廊横枋的结合部为雀替。红色的廊柱、青色的墙体、灰白的石墙、青砖走檐的山尖墙。

（四）西式元素的民国建筑

由于西方建筑思潮不断涌入的影响，民主街区建筑也在悄悄地融入西方建筑元素，临街建筑表现出中西合璧、土洋混杂的折中主义风格。如民主中路 267 号殷氏楼院，外墙的装饰极具西式建筑特征，运用蘑菇石做墙裙及腰线石，土黄色的拉毛墙面，却具有西方特色的平座叠涩分层屋檐及西式檐口。

二、传统民居建筑中的民俗意蕴

（一）石材运用中蕴含镇宅保安灵石崇拜

连云港山地多石，以石筑墙，且沿海地区东临黄海，四季多风，夏季多雨，石材自重有利于抗风且防水耐久，“境内众多的摩崖石刻和采石场遗迹表明其居民很早就懂得利用本地丰富的石材建造房屋以备风雨”[①]，由此对石头产生敬畏、崇拜，形成了石材砌墙

---

① 李新建：《苏北传统建筑技艺》，东南大学出版社，2014 年版。

的传统并延续至今。连云港传统建筑中石材大多是就地取材,使用主要集中在建筑基座、墙身、门楼、宅院墙等部位,往往起到画龙点睛的作用,使建筑更加丰富细腻。

民主街区传统民居建筑多为砖石结构,房屋的石墙裙(古称下碱,又叫下肩或裙肩)有块石、条石、毛石或蘑菇石砌筑的石墙,石墙上置腰线石,在其上砌青砖墙。石墙砌筑样式分内外两层石墙片,中填以碎砖石。用条石砌筑,一般两到三层(一立一卧为一层),横砌的"卧石"起到拉结内外墙皮的作用。房屋的过门梁、门枕、青砖墙上的过墙石等大部分是石构件,制作工整、规正,既起到居住的功能又起到装饰功能。在建房过程中"石头"也是必不可少,建房时在房基的正中心地面上挖一个小洞,埋一块石头,叫"压喜"又叫"镇宅"。如果建筑对着路口、巷口,则通常用三尺长一尺宽的条石刻字,竖起"泰山石敢当"石头相镇,用于辟邪,以祈求家宅安宁,形成了一种集体无意识的心理结构,凸显了人们各自的群体认知与归属。

(二)砖雕木雕装饰中蕴含趋吉祈愿

"图必有意,意必吉祥,是传统民居装饰的内在动力,也是中国文化的基本精神。"①传统民居装饰在特定的生产生活方式影响下,体现了该地区人民的精神追求和文化底蕴。传统建筑装饰采用谐音、寓意、象征、符号和文字等蕴含吉祥文化,赋予建筑以趋吉避凶、祈福求愿的文化内涵。砖雕是以砖石为主材的雕刻形式,民主街区建筑砖雕主要集中在门楼、门罩、影壁、山墙、瓦当等部位。在门洞的顶部两侧,各用4块青砖叠涩成对称的"门牙子"共四层,承托过门石或木质过门梁。外表向内一侧用带有多个弧形曲线花砖组合成为完整的线脚,线脚的内边刻有阴线边廓。门牙子的装饰样式多种多样,卷头的表面多为高浮雕的莲花、葵花、菊花状,或为阴线云纹、回纹,或为浮雕"寿""万"字纹,或在卷头饰纹下面刻有草叶纹、云纹、阳刻圆点,表达人们着对生活的一份期望和热爱。

民主街区传统建筑封砖檐多用望砖或青砖层层出挑,用2—3层青砖叠涩出挑形成冰盘檐(直檐)、菱角檐、两层直檐、二层菱角檐、二层直檐砖挂枋、抽屉檐青砖仿木结构斗拱等样式。檐上瓦当和滴水图案大多为一些篆体的文字如"福""囍"或是回字纹等,这样既遮蔽屋檐,防止风雨的侵蚀,以延长建筑物的寿命,同时兼具装饰作用,表达祈求生活富裕、美好的祈愿。

民主街传统建筑木雕的装饰主要集中在梁、斗拱、窗口、栏杆等部位。梁上的木雕装饰主要集中在梁两端,多采用线雕的手法,通常简单的是顺着两端的曲线刻一道或两道弯曲的纹样,如简单的植物花卉或波浪纹;由套棱角、双环、握拳、棂条等木雕

---

① 周红:《蔡氏红砖厝民居建筑艺术风格与装饰》,《装饰》,2007年第3期。

件组成的官式花窗；檐柱外侧的撑牙的装饰主要是透雕，其特点是圆润、轻盈，图案大多以动植物纹样为主；位于廊柱与廊横枋的交接处的镂空雀替，装饰纹样多为花卉装饰。木雕在建筑装饰中多以梅、兰、竹、菊等体现主人精神品格，或为牡丹、石榴祈求富贵、多子多福等。

（三）天香庙筑造中蕴含家族祭祀信仰空间

民主街区传统建筑遵循“左尊右卑”“左祖右社”的秩序，以中轴线为基准，厅堂是建筑的最主要部分，建堂屋时，在堂屋门左边墙上的适当位置，留一个向外开放的长方形小洞，上端修饰成楼阁檐形，称为“天香庙”，逢年过节在天香庙里烧香敬天地神灵。以民族路103号民居堂屋的天香庙为例，外廓高62厘米，宽度为30厘米，天香庙的龛门洞高为42厘米，进深24厘米，宽16.5厘米，门洞内空间高度为80厘米。完整的天香庙的龛顶一般都带有扩檐以为“庙顶”，庙顶为歇山式，上雕屋脊、瓦陇、勾头、滴水。屋脊表面多有雕饰，有钱纹、挑纹、回纹、卷云纹、团福、花卉等组合，不少天香庙的庙顶，上面还雕有阴纹的葫芦图案，或龛门的门楣雕有“天官赐福”四字。龛门下还雕刻有一个方形的凹框，是代表“庙”的基座，基座上也有的雕刻草叶瓜果等纹样，凹框内刻有如意或菱形、“福”字等纹饰。

旧时连云港，一年之中要在天香庙举行多次家祭活动：“过春节时，家家都要把天香庙装饰一新，门两边贴对联：‘一门清泰蒙神佑，四序安康托圣扶’，‘无物可酬两大德，虔诚惟进一炉’；庙洞的后墙上竖贴长条红纸，上写：‘天地之位’或‘三元大帝之位’。”[①]连云港人尊祖敬天，天香庙作为人们尊祖敬天最重要的祭祀空间和活动场所，成为人神共居的空间，是建筑居住空间和精神内涵的核心，也是传统民俗文化的集中体现，展现出建筑居住功能和精神意义。

三、民主街传统民居建筑的保护与传承

（一）全面普查民主街区传统建筑

深入开展对民主街区传统建筑有计划的、周密的和系统的调查，扩大调查保护范围，对建筑进行登记，拍摄图片，绘制测绘图，记录建筑的年代、结构、装饰特征、细部特点等内容，评估建筑建造水平、文化价值和艺术价值。对建筑进行文物类、保留整修类、日常维护类分级分类保护，并形成短期和长期的维修计划。选取其中建筑体量、文化价

① 刘兆元：《海州民俗志》，江苏文艺出版社，2009年版，第281页。

值具有代表性、保存较为完整的传统建筑分为一类，予以重点保护，对建筑进行修缮，保留建筑装饰的基本形态、基础设施和周边环境；选取保存完整传统建筑分为两类，予以合理改造利用；将建筑质量较差、文化价值较低的分为三类，予以基本维护。

（二）分层分级改造利用传统建筑

街区改造应保持传统建筑原始风貌、尊重城市肌理，分区分段对建筑、街巷、院落立面修缮、更新或者封闭保护。针对文化价值较高、地域风格明显的文物建筑，进行内部改造，加强管理和维修，增加其文化氛围，进行行业博物馆入驻保护，展览展示地域民俗文化。对沿街部分建筑进行修缮，妥善保护其原有的结构、空间布局和装饰，拆除违建物，增加必要生活设施，各种管线应尽量简洁、隐蔽和符合防火要求，鼓励原住民回迁和传统工艺店铺入驻，保持原有生活环境，使得原住民能够更好保护传统民居。对建筑周边环境，运用现代材料和工艺，延续风貌与传统建筑相和谐。

（三）多方参与的动态保护传统建筑

传统建筑保护需统筹多方努力，需要政府支持、专家学者指导、当地居民与施工单位的配合，但其中坚力量仍是当地居民。政府需要搭建平台，制定传统建筑保护法规，加强宣传引导，加强专业人才的培养和队伍建设，开展传统建筑保护的技术指导和推广，完善日常维护工程队伍建设，让当地居民了解建筑价值和文化内涵，调动当地居民参与的积极性，提升他们的责任感，避免因认识不足带来的破坏。同时在保护传统建筑时也不能忽略其所处人文环境保护，需要对街区内现存物质文化遗产和非物质文化遗产进行整体保护，才能真正保存民主街区文化风貌，激活街区活力，提供就业机会，增加居民收入，强化居民的文化保护意识，提升生活品质，进一步扩大传统建筑与习俗的影响。

结　语

建筑是地域文化外在表现形式，是民俗文化传承的桥梁，在不同时代和环境下形成建筑特色各不相同。民主街区传统建筑成为特定历史时期的特定文化载体，体现了城市的独特风貌，蕴含风俗习惯、视觉语言，传达精神和文化内涵，承载人们平安幸福、祈福求财、多子多福、延年益寿等理想，展现当地特色民俗文化、生活习惯、审美意识。建筑在石材运用中蕴含的镇宅保安灵石崇拜，砖雕木雕装饰中蕴含趋吉祈愿，天香庙筑造中蕴含家族祭祀信仰空间，展现连云港地区传统的民俗观和文化观，以传统民居建筑装饰来展现地域文化符号，塑造城市形象，培育街区文化，传承城市记忆，推动传统建筑的保护和传承。

盆中日月长
——盆景技艺的起源、特点与审美意涵

杨俊安①

摘　要：盆景技艺发展历史悠久，因文人园林的发展而在明清时期得到长足发展，通过赋予景观人格美而为欣赏者带来审美体验。盆景技艺具有超越性和多质料、多形式的特点。作为一项国家级非物质文化遗产，目前主要有苏派、扬派、徽派、川派、英石假山等流派。盆景技艺主要有三个层面的审美意涵，从审美者的视角来说，盆景技艺通过将审美对象盆景变得"可爱"而使得审美者获得愉悦；与此同时，审美者自身的判断力被放大，得到存在肯认；从自然主义美学视角来看，盆景技艺可以为审美者带来愉快并且这种愉快可以被具象化。

关键词：盆景技艺　微缩景观　自然主义美学

一、盆景技艺的起源及流派

（一）起源

盆中有乾坤，景中日月长。盆景技艺(The techniques of potted landscape)为中国传统美术类国家级非物质文化遗产，具有悠久的历史，"滥觞于汉晋，形成于唐，发展于宋元，兴盛于明清，近代一度衰落，今又复兴"②。汉代已出现"构石为山"的盆景制作技艺，可在汉墓壁画上找到不少证据。河北望都东汉墓(公元25～220年)，在墓道壁画上绘有一陶质卷沿圈盆，盆里栽有六枝红花，盆下还配有方形几座。可视为原始盆景制作技

① 杨俊安，南京博物院助理馆员。

② 赵庆泉：《徐晓白先生和他的盆景诗》，《花木盆景：盆景赏版》，2007年第5期。

艺的雏形。魏晋以来,盆景制作技艺取得了较大发展。至唐代,盆景成为富贵家庭的陈设品,当时的许多壁画和绢画都反映了这一状况。如1972年发现的陕西乾陵章怀太子墓甬道东壁绘画中,侍女手托有假山和小树的盆景;另一侍女托盘中有红果绿叶盆景的莲瓣形盘。可见盆景制作技艺在唐代已经有了与今日一脉相承的形式。①

在宋代,短暂地出现过"些子景",盆景出现了小型化的发展趋势。据南宋理学家陈亮的描述,家中装置些子景增添春色:

"亮人品庸俗,本非山水好乐,此间亦无所谓山水可乐者,且于平地妆点些子景致所谓随分春者是也。"②

陈亮自谦为俗人,家中装饰的"些子景"亦为观赏作用。"些",在这里可以解释为些微、些小、些个。"些子景"的兴起,是由一位法名韫上人的高僧提出的。盆景在宋元出现了小型化发展趋势,但是因为战祸频仍,并没有对后世产生多大的影响。③ 盆景技艺仍停留在较为简单的阶段。

明清时期,随着商品经济的繁荣和哲学由理学向心学发展的个人关切转向,文人园林的昌盛为盆景技艺发展带来需求,盆景技艺迎来发展的昌盛时期。哲学思考和艺术修养、园林创造属于同质异构关系④。而中国文化中恰好存有比德传统,即用自然形象表现出与人的高尚品德相类似的特征,作为审美客体的山水花木可以与审美主体的人"比德",亦即从山水花木的欣赏中可以体会到某种人格美。《论语·子罕篇》:"岁寒,然后知松柏之后凋也。"⑤孔子通过描述凛冬之时松柏坚忍不落叶,将松柏拟人化,认为忍受寒冷的松柏具有高贵的君子品质。而人应当学习松柏,在艰难困苦的环境下仍然不动摇本质和决心。盆景技艺正是通过赋予景观人格美而为欣赏者带来志存高洁的心理投射。而随着文人园林的发展,盆景技艺也得到了飞跃进步。

(二)流派

盆景技艺是一种传统的人工置景手段,它将植物、奇石等种植和布置于盆内,经过艺术加工使之成为浓缩自然美景的一种陈设品。盆景依据内容主题主要可分为山水和树桩两个大的类别。山水类盆景将自然界的奇石通过锯裁、雕琢、腐蚀、胶合、拼接等技法布置于盆中,点缀以制成的微型亭台楼阁、小桥流水人家等,配上池草木藓,

① 贾祥云、李峰、贾曼:《中国盆景起源研究——中国盆景艺术形成于魏晋南北朝》,《花木盆景:盆景赏石版》,2001年第6期。

② [宋]陈亮:《龙川集》,影印文渊阁《四库全书》本,台湾商务印书馆,第1171册,0704a页。

③ 范新玉:《"些子景"·"微型盆景"·"多肉"》,《贵州大学学报(艺术版)》,2019年第5期。

④ 黄新:《传承与发展:中国现代风景园林初探》,《湖北工程学院学报》,2019年第6期。

⑤ [宋]俞德邻:《佩韦斋集》,影印文渊阁《四库全书》本,台湾商务印书馆,第1189册,0005d页。

使之峰峦叠秀，咫尺而具千里之势。树桩类盆景则将木本植物栽于盆中，借助修剪、绑扎等工艺形成美观的植物造型，使树干苍劲有力，枝叶青翠茂盛，别具审美意蕴。[①]目前，中国盆景制作技艺主要集中在江苏的苏州、扬州和安徽、广东等地，营造作品风格虽各不相同，但技艺审美均趋向于小中见大、虚实相间，既讲究艺术加工，又追求自然状态，反对过分的雕琢。

1. 川派盆景技艺

主要分布于四川省成都市及其周边地区。相传起源于东汉时期，五代时的川派盆景艺术已是独树一帜，后历经唐、宋、元、明、清，最终形成独特的造型流派和技艺风格。成都是移民较多的城市，是古老的“花乡”，仅青羊宫花会就有一千多年的历史。现在成都一带还保存有很多百年以上的古桩盆景。[②] 从制作技艺的风格来看，川派盆景技艺可分为规律类树桩盆景蟠扎技艺、自然类树桩造型、山石盆景造型技艺、树石组合类盆景制作技艺四种类型。川派盆景以其“以小见大，缩龙成寸”的艺术风格著称于世。

2. 扬派盆景技艺

主要流传于江苏省扬州市、泰州市。形成于明代，成熟于清代，享誉于当代。扬派盆景融诗、书、画、技为一体，造型精巧，意境深邃，富于装饰性，端庄大气、清丽古雅而不失灵动飘逸，层次分明、工稳严整而不乏朴质自然，是技艺与文化的完美结合。扬派盆景以树木为主要材料，通过精心培育和艺术处理，在盆钵之中塑造出源于自然而又高于自然的美，“一寸三弯”的剪扎法至今仍是扬派盆景独擅的技艺。[③]

3. 徽派盆景技艺

发源并主要流传于安徽歙县卖花渔村，它始于南宋，盛于明清，发展至今已有一千多年的历史。游龙式梅花桩是徽州盆景的代表作，它俗称“徽梅”，以整齐、对称和庄严为主要特点，长期驰名海内，为徽派盆景技艺赢得了巨大声誉。[④] 主要通过修剪、蟠扎、构图等艺术处理手段将当地特有的黄山松、歙石等材料布置于景中，枯荣对比，巧拙互用，使其呈现出苍古刚劲同时又不失幽雅静谧的风格特点。以徽州特有白墙灰瓦马头墙为留白背景，意境深远。

4. 苏派盆景技艺

主要分布于江苏省苏州市及其周边地区。相传起源于唐代，盛于明代，成熟于清

---

① 参见中国非物质文化遗产网“盆景技艺”词条 https://www.ihchina.cn/Article/Index/detail? id=14220。

② 陈敏、秦华：《川派盆景艺术解析》，《牡丹江教育学院学报》，2005 年第 2 期。

③ 盆景技艺，中国非物质文化遗产网：https://www.ihchina.cn/Article/Index/detail? id=14220。

④ 同上。

代。苏派盆景造型技艺的主要素材是树木材料、盆钵、棕丝或铝丝等,主要工具为剪刀、木锯等。苏派盆景的树种多以乡土树种为主,"六台三托一顶"是其传统造型,技术核心是"粗扎细剪,剪扎并用""以剪为主,以扎为辅"。"粗扎"是用棕丝或铝丝进行绑扎造型,有"全扎"及"半扎"。"细剪"是对修剪的要求要细致,分为生长期及休眠期修剪。通过艺术加工与精心培养,在盆钵之中创作出来源于自然的形象美而高于自然的意境美,并逐渐形成了清秀古雅的独特风格。

5. 英石假山盆景技艺

主要流传于广东省英德市,因产于英山而得名。宋代宫廷御苑已选用英石点景,18 世纪以后,欧洲的宫廷和园林建筑也开始选用英石叠山、拱门或筑亭基、饰喷泉。英石假山盆景技艺以自然奇石为基础,由无数松散的板块构成,在暴冷暴热气候和风雨风化腐蚀的作用下,形成了"瘦、皱、漏、透"等特点。英石假山盆景中的山水式、旱山式、山附树式造型充满审美意趣。①

二、盆景技艺的特点

(一) 超越性(Transcendence)

盆景技艺追求天人合一的关系。庄子有言:"天地与我并生,而万物与我为一。"②盆景技艺寄托的正是审美者(aesthetic subject)追求人与自然合二为一的审美体验。老子曰:"人法地,地法天,天法道,道法自然。"③制作者以自然为师,把人与自然的关系看成一种和谐有序的统一体,园林虽然出自造园与工匠的精巧之手,但它的景色却要表现出一种浑然天成的野趣。盆景制作技艺也因此追求毫无雕琢痕迹的作品,虽经人手却能生动表现万物生机盎然。

(二) 多质料和多形式(Multi-Material and Multi-Form)

从盆景技艺包容的概念上便可推知,盆景制作过程中使用的形式和材料是多样的。而且由于单个的盆景并非一定服务于大众,可仅针对个人的喜好定制。例如苔藓瓶景需要精心养护照料,或使用金属或塑料搭建的大型盆景,仅供观赏。盆景技艺的多质料性和多形式性使得盆景技艺的发展与时俱进。

---

① 盆景技艺,中国非物质文化遗产网:https://www.ihchina.cn/Article/Index/detail? id=14220

② 吴澄:《庄子内篇订正》,载《道藏》第 16 册,文物出版社、上海书店、天津古籍出版社,1988 年版,0009c 页。

③ 焦竑:《老子翼》,载《道藏》第 36 册,文物出版社、上海书店、天津古籍出版社,1988 年版,0550b 页。

三、盆景技艺的审美意涵

盆景在形式上属于微缩景观。微缩景观多用于观赏，一般尺度较小。微缩景观指的是由人工制作出的可供观赏的小尺度景观。[①] 作为微缩景观的盆景在制作技艺上给潜在的审美者提供了以小见大(multum in parvo)的视角。景观在物理尺度上的微缩，成就了审美者自身的放大。而这种审美者的放大，具有三层意涵：一，以审美者的视角，被审美物盆景变得“可爱”；二，审美者自身的判断力被放大，得到存在肯认；三，盆景可以为审美者带来愉快并且这种愉快可以被具象化。

(一) 以小见大

从审美者的视角来看，被审美物盆景因为山川风物在物理尺度上被微缩而变得“可爱”。在缩小的过程中，审美者接收的信息在增删，盆景制作的过程中加入了制作者自身的审美判断，将美的部分纯粹化，成为制作者的审美表达。例如将一幢五米高的草屋做成盆景中的布景，那么在制作时需要减少草屋本身的信息，只需要留下与盆景所表达的审美意蕴相适应的特征。在欣赏微缩的盆景时，审美者充满了想象力，会去试图想象出来减少掉的信息。而想象的过程带来的就是审美体验。

(二) 方向性张力

审美者在对盆景欣赏的过程中，自身的判断力被放大，得到存在肯认。格式塔心理学视角来看，审美者在欣赏盆景时先知觉整体再发现细节，盆景制作必须与现实分离并有效把握现实事物的整体性特征，并在审美者的潜意识中提供方向性张力(directed tensions)。如果是单独的微缩树木或房屋，是没有倾斜或意蕴的，只有组合在一起，微缩树木仿佛被风吹拂，苔藓上仿佛刚刚迎来一场降水。这种似动现象，即盆景制作技艺提供的审美知觉中的运动幻觉。

(三) 自然主义美学(Naturalistic Aesthetics)

从自然主义美学的视角来看，美是一种“客观化了的愉悦”(pleasure objectified)，产生于一种直觉。[②] 盆景拥有了一个完整的活的世界，盆景虽然在尺寸上是小的，但是为审美者提供了圆满的意象世界，让审美者感到心情安宁。不需寻寻觅觅艰苦找寻，绿水

---

① 张硕、曾峻峰：《微缩景观探索》，《绿色科技》，2021 年 1 月第 1 期。

② 朱狄：《当代西方美学》，人民出版社，1984 年版，第 39 页。

青山已在眼前。甚至盆景本身不需要是美的,只需要激发审美者飘忽不定的情感,就可以成为美的表现。审美者把自己的热情和理想赋予审美对象盆景,审美对象借此显现出美。盆景也因此可以为审美者带来愉快并且这种愉快可以被具象化。

综上所述,在盆景技艺的制作过程中,制作者和审美者的审美视角贯穿了全程。在当代非遗技艺的传承过程中,必须做好相应的创新以应对日新月异的意象变化,为盆景技艺的发展注入新的活力。

文旅融合背景下传统工艺类研学的探索与实践

——以南京博物院“格物匠心”课程为例

高梦琛　邓婕思　孙　悦[①]

摘　要:“让文物活起来”是新时代博物馆的使命,除了有形的文物,无形的文化遗产也同样重要。以博物馆研学活动的形式传承、保护传统工艺,不仅可以促进文旅融合发展,而且可以为发扬传统工艺注入新活力。本文基于对国内外博物馆开展传统工艺教育活动的相关研究,以南京博物院院藏文物为基础,探索江苏地区传统工艺与旅游融合的多元方式,通过馆校合作推广非遗研学课程,并为其他非遗相关研学开发提供科学、可行的指导先例。

关键词:文旅融合　传统工艺　研学　馆校合作

引　言

中国传统工艺历史悠久,《周礼 · 考工记》就记录有我国春秋战国时期的手工业技术。《说文解字》中又云:“工,巧也,匠也,善其事也。凡执艺事成器物以利用,皆谓之工。”可见“工”在古代指掌握某种高超技艺的匠人。中国的传统工艺蕴含着中华民族的文化价值观念、思想智慧和实践经验,是中华民族优秀传统文化的重要组成部分,也是一种价值禀赋良好的文化旅游资源。

根据联合国教科文组织《保护非物质文化遗产公约》中对非物质文化遗产(以下简称“非遗”)的定义,传统手工艺属于非遗,“研究、收藏、保护、阐释和展示”好传统工艺是博物馆的职责之一。2017 年 1 月,中共中央办公厅、国务院办公厅印发了《关于实施中华优秀传统文化传承发展工程的意见》,指出要把优秀传统文化融入生产生

---

① 高梦琛,南京博物院馆员、副主任;邓婕思,南京博物院馆员;孙悦,南京博物院助理馆员。

活，大力发展文化旅游，充分利用历史文化资源优势，规划设计推出一批专题研学旅游线路，引导游客在文化旅游中感知中华文化。2018 年，随着文旅融合发展的到来，博物馆研学成为促进“学”与“游”有机融合的载体，能够助力博物馆更好地发挥社会教育功能、传播优秀文化。

南京博物院现拥有各类藏品 43 万余件(套)，其中不乏江苏非遗的代表之作，还有部分文物代表了江苏古代的工艺技艺，反映了古人的审美艺术和工匠精神。在文旅融合背景下，作为博物馆，除了保护好有形的文物，传承、守护好无形的非遗也同样重要，这对于弘扬和传承中华优秀传统文化，塑造人民群众的民族品格，增强其文化自信具有积极作用。怎样将传统工艺与旅游融合？如何让青少年了解传统工艺并喜欢传统工艺？如何让传统工艺“鲜活”在人民群众的生活中？这些都值得南京博物院(以下简称“南博”)去进一步探索。

一、国内外博物馆的实践经验

在国际上，博物馆事业发达的国家都十分重视博物馆教育，例如美国、英国、日本、法国等，它们把博物馆教育纳入国民教育体系，作为社会教育中的特殊阵地。在这些国家，博物馆教育项目中与传统工艺相关的活动都占有一定比例。例如，美国史密森博物学院每年夏季都会举办民俗节。[①] 大英博物馆专门为 16—19 岁的青年学生开设服装设计体验课程。一名研究希腊青铜时代服饰的专家在考古资源的基础上引导学生为模特设计服装。[②] 笔者还在东京国立博物馆的官网上查阅到，该馆在 2021 年曾举办过亲子趣游“日本文化全方位体验”活动，活动以“浮世绘”“漆器工艺”“和服”和“盔甲”为主题，选取部分具有考古价值或民族学价值的物品举办参与型展览，使观众亲身体验浮世绘版画的制作、和服设计等日本传统文化，感受其魅力和乐趣。此外，很多外国博物馆还会通过展览、讲座、馆校合作等形式开展传统工艺类主题的教育活动，以此来扩大博物馆在保护传承传统工艺方面的影响。

2013 年年底，南博二期改扩建完成，为展示活态化的非物质文化遗产，专门设有非遗馆，馆内除了有非遗展板介绍和非遗产品展示外，还有非遗传承人长期现场演示，老茶馆中也会定期安排口头非遗表演。从观众的参与度和反馈情况来看，这一形式非常受公众喜爱。研究小组还走访了南京市民俗博物馆、南京云锦博物馆、南京江南丝绸文化博物馆、南通蓝印花布博物馆、上海纺织博物馆、杭州工艺美术博物馆(中

---

① 郑奕：《博物馆教育活动研究》，复旦大学出版社，2021 年版，第 69 页。

② 国家文物局博物馆与社会文物司：《新形势下博物馆工作实践与思考》，文物出版社，2010 年版。

国刀剪剑、扇、伞博物馆)等与传统工艺相关的专题类博物馆。这些博物馆大多设有非遗体验工坊,例如南京市民俗博物馆设有泥人、剪纸、雕刻、绒花等非遗工坊,每个工坊的传承人或老师都有自己固定的课程,课程内容一般包含工艺历史介绍和手工体验两个部分,每次课程体验一种非遗项目。南京云锦博物馆也是云锦研究所,其研学课程主要跟云锦相关,比如 DIY 手绘云锦布袋、织机体验、缫丝工艺体验、意匠图绘制等,每个课程套餐含 1—2 个工艺体验。南京江南丝绸文化博物馆是一座展示江南丝绸文化的博物馆,社教活动与南京云锦博物馆相似。南通蓝印花布博物馆主要开展蓝印花布印染技艺的体验课程。从上海纺织博物馆的官方微信推送信息中,我们可以了解到该馆教育活动主要以纺织科普讲解、科普实验为特色。杭州工艺美术博物馆(中国刀剪剑、扇、伞博物馆)由三个不同工艺主题的博物馆组成,曾举办“宋韵・百工”体验点,以南宋古画中的“货郎担”的形式,来呈现泥塑、提线木偶、灯彩、风筝、团扇、织绣等南宋相关工艺美术品,观众可身着汉服前来拍照打卡,感受“南宋”的百姓生活。这个项目与非遗的活态化展览有些类似,展览配套的体验活动有绘伞、绘扇、剪刀制作、兵器组装等,活动主要围绕展览主题设计。

二、开发传统工艺类研学项目存在的问题

江苏是“非遗大省”,能够代表传统工艺的非遗项目也十分丰富,研究小组希望能够在南博院藏文物中筛选出与江苏传统工艺发展相关的文物,同时还要考虑所选项目对于青少年群体是否具有吸引力和可操作性。此外,博物馆在开发传统工艺类研学项目时,还可能会遇到以下问题。

(一)学生对“传统工艺”认识不足

尽管学生对传统工艺充满好奇,他们可能体验过“剪纸”“泥塑”等较容易上手的项目,但还有很多优秀的传统工艺他们甚至都没有听说过,或者是了解不足,因而可能会对传统工艺的价值和内涵产生认知偏差。

(二)课程时间不足

在很多研学活动中,传统工艺的体验往往只有 1 小时到半天不等,仅仅作为特色或差异化课程之一,而非主体部分,导致学生难以深入了解和体验传统工艺的魅力。

(三)课程设计困难

传统工艺研学的课程设计不仅需要熟悉相关项目,还要能够将传统工艺的历史

发展、价值内涵等用通俗的语言传达给学生，并找到课程的亮点和特色，因此在短时间内打动研学的学生需要很高的课程设计技巧。

（四）缺乏专业人才

方案设计者对传统工艺的认知往往比较专业，但落地执行者则可能对“非遗”的认知比较浅，使得落地执行效果大打折扣。而且，“非遗”项目的传承人并非都能够胜任研学指导教师的工作，这也会影响到研学效果。

综上所述，博物馆在开发传统工艺类研学项目时，需要综合考虑学生的认知水平、活动时间、课程设计以及专业人才等因素，解决这些潜在问题，才能更好地推广和传承非遗。

三、南博在传统工艺类研学项目中的实践

观众调查可以帮助博物馆了解研学对象的需求，为研学设计指引未来规划。因此，社教专员在对到馆观众开展问卷调查和访谈之后，根据调查结果，依托南博一院六馆的研究架构和丰富的展陈内容，设计了以传统工艺为主题的博物馆研学项目——“格物匠心”，项目中包含“织染‘绘’江南”和“匠心传承”两个系列研学课程，让青少年通过系统的学习体验江苏传统工艺，来进一步领悟工匠精神，了解“水韵江苏”故事，提升文化自信。

（一）学习主体及教学内容的确立

南博一直遵循分龄分众的科学教育理念，研究小组选择分别针对小学中高年级和初中年级两个年龄段设计传统工艺主题研学课程。要了解这两个年龄段观众的需求，还要通过问卷和访谈两种形式来做调查。问卷内容主要围绕受众的参与意愿、学习需求、认知情况等方面开展。其中面向到馆参观的中小学生发放了150份问卷，回收有效问卷150份。通过对这150份问卷的分析，可以了解到有76%的学生非常愿意参加织绣印染、雕刻印刷等传统工艺体验，其中有一半以上的中学生想要了解江苏地区的织绣印染工艺。公众访谈是通过南博官方微信平台向社会招募了15组小学生亲子家庭。受访者中，绝大多数孩子都参加过博物馆的课程，他们对传统工艺的印象大多停留在剪纸、做花灯和雕版印刷，对于传统工艺的定义他们并不是很清楚。受访家长都希望孩子有机会体验不同种类的传统工艺，希望孩子可以通过博物馆的活动来认识传统文化、提高动手能力。基于调查结果，南博社教专员根据中学生抽象逻辑思维的特点，对照中学历史、美术等课程标准，结合江苏的云锦、苏绣、南通蓝印花

布等非遗技艺，设计了“织染‘绘’江南”系列研学课程。而具体、直观、新鲜的事物容易引起小学生的注意，教育专员对照小学道德与法治、语文、美术、科学等课程标准，结合“香山帮”传统建筑营造技艺、扬州漆器髹饰技艺、扬州雕版印刷等非遗项目等，设计了“匠心传承”系列研学课程。

根据本项目的主题以及实际的可操作性，社教专员对南博院藏文物进行梳理，整理出织绣印染、髹漆工艺、雕版印刷装帧、建筑营造等与传统工艺相关的重点文物，并对相关专题类博物馆、遗址遗迹进行了实地走访，亲身体验学习相关工艺的制作流程，为课程实际选择适当地体验项目。

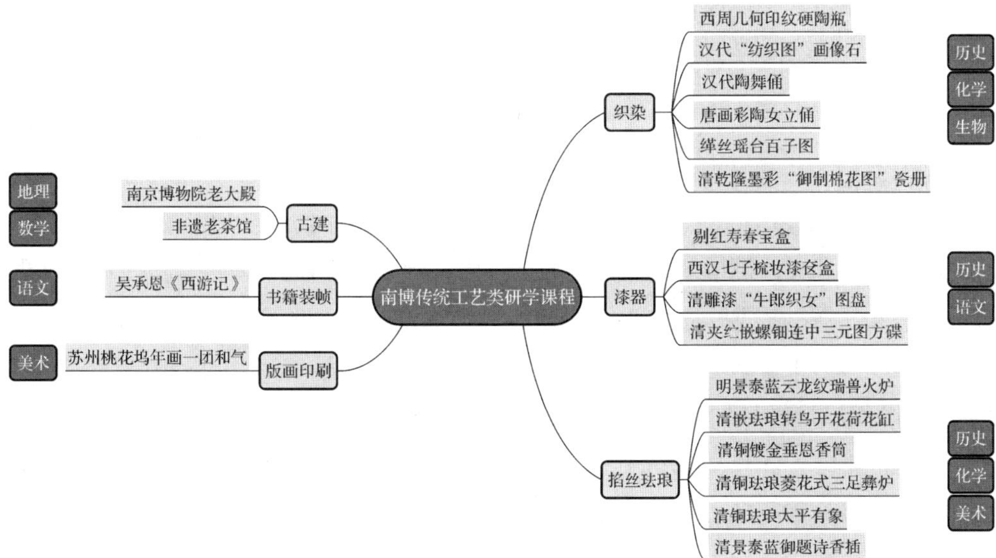

南博传统工艺研学项目教学内容思维导图

（二）教学活动构建

1. 创设学习情境

苏联著名教育家苏霍姆林斯基曾说：“用环境，用学生自己创造的周围情景，用丰富集体精神生活的一切东西进行教育，这是教育过程中最微妙的领域之一。”学习情境对于启迪学生的思想，激励学生的志趣，作用巨大，是教育过程中其他要素不可替代的。社教专员根据课程需要带领学生们在展厅欣赏古代纺织工具、服饰、漆器等文物，通过介绍文物的历史背景、制作过程、使用方法、艺术价值等，让学生对古代传统工艺的发展、古人的智慧有更深入的了解，激发学生的学习兴趣。参观过程中社教专员还会通过设问的方式创建学习情境。例如让学生观察 8000 年前的纺轮并猜想它是如何使用的、猜想当时纺的原料是什么等。通过这些问题引导学生根据老师提供的纺轮模型、棉花、苎麻等材料去亲身实践并获得答案。

2. 引导学生自主探究

为了提高课堂教学效果，南博社教专员在研学课程正式开课前会开展一次线上先导课，一是让师生有初步的了解和认识，二是通过先导课让学生对整个研学主题建立概念上的认识。给学生提前布置预习工作，让学生去搜集、整理相关资料。例如让学生去寻找身边能够给布染色的植物；阅读《红楼梦》，查找其中与云锦相关的名词。在这个学习过程中可以锻炼初中生自主探究的能力。面对小学生，社教专员一般建议家长一同参与先导课，家长与孩子一同学习，小学生在家长的指导下学习搜集信息、整理信息，这还可以促进家庭教育的和谐发展。

3. 建立知识的联系性和学习的系统性

"织染'绘'江南"课程是以相同类型工艺为主题的课程，课程设计将纺织历史发展脉络与织染工艺流程相结合，形成双主线的设计理念，每节课都有独立的项目体验环节，每个体验项目之间又有相关联系，学生可以更加全面、系统地了解织绣印染工艺的出现原因和发展历程。"匠心传承"课程中，虽然每节课学习的工艺不一样，但是教师也特别注重单次课程中知识的关联性。例如扬州雕版印刷，在木板上雕刻这个环节对于小学生来说既有安全隐患，也不容易操作，还比较费时，所以我们让学生在橡皮上进行雕刻，这大大降低了操作的难度，学生能够当堂完成，并且把作品带回家，会非常有成就感。此外，在访谈中我们了解过不少学生都体验过雕版印刷，确切地说他们体验的只是印刷环节，而且印刷的一张纸并不容易保存，拿回家可能就会慢慢被遗忘或丢失。考虑到这个问题后，我们将印刷的纸换成了一本线装书，那么学生不仅可以体验制作线装书，印完作品后这本书还可以做笔记本来继续使用，这不仅增加了学生作品的利用率，还能加深学生对于从纸到书这个变化流程的印象。

4. 鼓励小组合作，总结学习成果

研学课程中为了培养学生的人际交往能力，形成"组内成员合作，组间成员竞争"的学习模式，教师指导学生分小组学习，发挥群体的积极功能，提高个体的学习动力和能力，达到完成特定教学任务的目的。课程中教师会设计一些团队体验项目，已达到锻炼学生团队合作能力的目的。例如在学习建筑结构的过程中，教师让两个小组比赛拼装斗拱。同学们合作的积极性很高，在合作过程中学会分工和配合。"织染'绘'江南"课程的最后一节课，是让每个小组根据他们的手工成果来设计布置展览，同学们有的负责设计，有的负责摆放展品，还有的负责绘制宣传海报，每个人的参与互动感都很强，而且在活动前他们就知道要做一个展览展示，所以每节课他们都很注重成果的收集和总结。

（三）课程的评价与反馈

这个系列的研学项目受到了许多媒体的关注。荔枝新闻、紫金山新闻等新媒体相继对课程进行了报道，这也说明这个项目在社会层面获得了较好的反响。此后，南博与南京市第二十九中学（初中部）共同探索打造馆校合作的资源共享平台，将“织染‘绘’江南”传统工艺研学课程进一步优化，打造成由 12 节课组成的系列馆校课程。“匠心传承”课程也在南京市文婧东路小学落地实施，并且被评为“2022 南京市中小学生优秀研学实践教育课程”。通过馆校双方的多元合作，深度开发教育资源，推动了传统工艺、文化与素质教育的有机融合，建立多学科融合，且可复制、可推广、体系化的馆校教育课程，为“双减”落实落地助力。

在学校“织染‘绘’江南”课程开始前和结束后，社教专员分别根据学生对传统工艺的认知程度以及学生四项优秀品质的水平进行测量。在课程后，学生对传统工艺的了解和喜爱均有所增加，尤其是对传统工艺的了解增加更为显著。学生们在美的欣赏、爱学习、好奇心、创造力这四个优秀品质方面均有所提高，尤其是创造力的提升最大。这两项结论都证明课程达到了预期效果。

（四）研发配套教育材料包

经过馆校合作实践，社教专员对“织染‘绘’江南”的课程内容和教学工具进行了多次打磨和提升，在与文创部的设计师沟通后，将课程所需的教学材料转化成“趣物——织染‘绘’江南”文创产品。产品中复刻了南博院藏清乾隆《墨彩“御制棉花图”瓷册》中的织染图景，借鉴古法纯手工原材料，打造出可分别体验轧籽、弹棉、纺线、染色、织布五个流程的手工材料包，让观众们能够把博物馆带回家，获得多样化的学习体验和学习方式，锻炼创新思维和实践能力，将传统手工艺的文化内涵和魅力融入日常生活中，帮助人们更好地了解和感受中华文化的博大精深。

四、基于南博实践经验的思考

2022 年 7 月 22 日，全国文物工作会议上提出“保护第一、加强管理、挖掘价值、有效利用、让文物活起来”的新时代文物工作方针。如何让文物活起来？作为文博工作者，我们要对中华文化遗产有深沉的热爱、深厚的理解和深入的挖掘。“格物匠心”传统工艺主题研学项目就是在这样的坚定信念下，在强大的文化自信下设计的，每一个课程体验的不仅仅是传统工艺，而是通过工艺体验，来向观众“讲述”文物背后的故事，让静态的文物变的“鲜活”，让历史变得生动。这个研学项目不仅以不同工艺主题、不同年龄段的分众方式在博物馆开展实践，而且馆校合作的形式，扩大了博物馆研学的受众面，提高了南博对江苏地区优秀传统工艺的宣传和保护。

新时代，博物馆教育在不断探寻创造性转化、创新性发展的路径，此次传统工艺研学项目的探索与实践本身就是一种创新，在实践中我们不断反思和总结，希望对博物馆未来开展非遗主题类教育活动能够有所帮助。

(一) 加强教育专员的业务培养

博物馆藏品是重要的教育资源，作为综合博物馆的教育专员，除了要有专业的文物知识、历史知识，还应该有较强的动手能力和一定的非遗知识。这些专业的知识和能力不是自学能够掌握的，需要有专业系统的培训，更需要有非遗老师的指导，这需要单位给予大力支持。经过系统专业的培训才能掌握正确的知识，传播正确的文化。

(二) 打造多元融合的非遗课堂

蒙台梭利教育名言："我听过了，我就忘了；我看见了，我就记得了；我做过了，我就理解了。"传统工艺作为无形的文化遗产，只靠听和看是无法让学生全面理解的，还需要通过动手体验、对比实验、数字化场景复原等方式，让学生多感官、全方位地走近非遗，体会到传统工艺的精髓，理解传统工艺背后的工匠精神，还能够发挥传统工艺的传承与创造。博物馆还可以集中社会各界力量，建立非遗资源数字化共享平台，为非遗守正创新提供良好的发展空间，促进博物馆非遗教育常态化、精品化、多元化的发展。

(三) 建立课程评价体系

目前许多博物馆对于研学课程的设计都非常用心，但很多课程上完就结束了，缺少课程评价。课程评价对于课程的提升和优化具有很重要的参考价值，课程好不好，并不是由课程实施者来说的，而要听从受众意见或建议。如果每个博物馆课程都按照"课程实施—课程评价—课程优化—课程再实施"的步骤来操作，这对博物馆教育能力的提升将有很大帮助。

非物质文化遗产的创新融合之路

罗戎平[①]

非物质文化遗产是一个国家和民族历史文化成就的重要标志，是这个国家优秀的传统文化的重要组成部分。我国自2006年申报“第一批国家级非物质文化遗产名录”以来，“创新”一词已成为非遗保护工作中的敏感“热词”。“创新”是在现有基础上通过创造性思维、技术和方法，提出新的想法、路径与概念，是人类特有的认识能力和实践能力，是实现可持续发展以及在前进道路上应对各种挑战的重要手段。它涉及人类的思维、科技、文化、经济、政治、环境等多个方面，在实现过程中需要不断地迎难而上、负重前行。

一、政府主导，以人为本

“非物质文化遗产”这一概念逐步进入国人的视野，是在2001年我国积极向联合国申报“第一批人类口头和非物质遗产代表作名录”之时。当时使用的是“非物质遗产”而不是“非物质文化遗产”这一术语。2002年1月联合国教科文组织在里约热内卢召开了以“非物质文化遗产：一项国际公约应包括的优先领域”为主题的国际专家会议，建议用“非物质文化遗产”取代之前的“人类口头和非物质遗产”，以确保与将要出台的《保护非物质文化遗产公约》在术语和概念上形成内在的一致性。2003年10月《保护非物质文化遗产公约》在联合国教科文组织第32届会议上通过，“非物质文化遗产”正式成为该公约中的法定用语。

我国政府发起对非物质文化遗产的保护工作，是因为国内的非物质文化遗产已

① 罗戎平，镇江民间文化艺术馆研究馆员，原副馆长、副书记。

濒临危境,所开展的对非物质文化遗产代表作名录的申报和公布工作就是为了抢救和保护它!抢救它是要为其注入生命活力,保护它则说明它已极其脆弱。当非物质文化遗产项目不能让后人自觉传承而需要被动地接受外力对其的保护时,我们无疑感到了一种焦虑。

因此,我国政府文化主管部门、学术团体和相关媒介,向联合国申报人类非物质文化遗产名录以及在国内申报国家级、省市级非物质文化遗产名录的同时,都积极努力地对"非物质文化遗产"这一新的术语开展了广泛的宣传报道和一系列有社会影响的活动。

联合国教科文组织在《保护非物质文化遗产公约》中,对非物质文化遗产所作的认定包括口头传统和表现形式、表演艺术、节庆活动、仪式、传统手工艺、有关自然界和宇宙的知识和实践等,并强调"这种非物质文化遗产世代相传,在各社区和群体适应周围环境以及与自然和历史的互动中,被不断地再创造,为这些社区和群体提供认同感和持续感,从而增强对文化多样性和人类创造力的尊重"①。

2011 年 6 月,《中华人民共和国非物质文化遗产法》在全国施行,它对非物质文化遗产的认定包括传统口头文学以及作为其载体的语言、传统美术、音乐、舞蹈、戏剧、传统技艺、医药、历法、传统礼仪、节庆等,强调了非物质文化遗产是被"各族人民世代相传并视为其文化遗产组成部分的各种传统文化表现形式……国家鼓励和支持发挥非物质文化遗产资源的特殊优势,在有效保护的基础上,合理利用非物质文化遗产代表性项目开发具有地方、民族特色和市场潜力的文化产品和文化服务"②。非物质文化遗产是"以人为本"的活态文化遗产,表现了"以人为核心"的技艺、经验、精神、知识等文化空间,凸显了不依赖于物质形态而存在的自我品质。保持非物质文化遗产的非物质特性,充分体现了它的地域性和民族性,关系到对本民族优秀传统文化的认同和尊重。

由于高科技的冲击、城镇化的快速进程,非物质文化遗产已经失去了原有的生存土壤和社会环境,其保护和传承工作面临着需要保持"本真性"和"创新性"相对应的问题。自 2004 年我国政府签署加入联合国教科文组织《保护非物质文化遗产公约》以来,现已基本完成了非物质文化遗产保护从国际化到中国化的过渡期。

我国非物质文化遗产保护是典型的自上而下的政府主导模式,其工作原则是"政府主导、社会参与、明确职责、形成合力;长远规划、分步实施、点面结合、讲求实效"③。对

---

① 中国艺术研究院,中国非物质文化遗产保护中心:《中国非物质文化遗产普查手册》,文化艺术出版社,2007 年版。

② 全国人民代表大会常务委员会:《中华人民共和国非物质文化遗产法》,中国法制出版社,2011 年版。

③ 中国艺术研究院,中国非物质文化遗产保护中心:《中国非物质文化遗产普查手册》,文化艺术出版社,2007 年版。

非物质文化遗产项目来说，政府行为包括任何形式的中介力量渗入原生态的传承环境中，都将或多或少地影响和改变非遗项目的原生形态，行政主导及商业性驱动也会在一定程度上削弱非物质文化遗产母体的"本真"形态。但政府的主导作用，与其他形式的强制性介入相比，利大于弊。尽最大可能保持非物质文化遗产的核心本质，加大对非物质文化遗产代表性传承人的扶持力度，改善其生活和生存条件，加快培养非物质文化遗产代表性传承人的老中青阶梯式队伍，确保非物质文化遗产项目早日走出坚守的困境是亟待研究和解决的课题。一个民族如果没有意识到本土文化逐渐消失的危险性，其文化身份和文化之根将会丧失。我国改革开放后，西方文化涌入，从文化资本到文化产品，从文化形态到意识形态，从影视传媒到日常生活，国人的民族文化认同感正逐步被西方文化所遮蔽。因此，树立国家文化安全意识，弘扬祖国优秀传统文化，保护非物质文化遗产，是重塑国民精神、道德规范，建设中华民族共有精神家园的重要文化战略。

二、抓住核心，数字转化

（一）非遗的保护形态与传承基础

2017 年年初，中共中央办公厅、国务院办公厅印发了《关于实施中华优秀传统文化传承发展工程的意见》(中办发〔2017〕5 号)，提出要"坚持创造性转化和创新性发展"，使"具有中国特色、中国风格、中国气派的文化产品更加丰富，文化自觉和文化自信显著增强"。创造性转化和创新性发展实际上就是要求非物质文化遗产的研究与实践、形式与内容、继承与发展、保护与开发相互融合，在保持非遗核心内容没有改变的基础上开展非物质文化遗产的整体性保护与传承。2018 年 5 月，中国艺术研究院艺术人类学研究所所长、博士生导师方李莉在佛山科技学院的讲座《论非物质文化遗产保护与文化传承与创新之间的关系》中提出了非物质文化遗产保护的"3.0 层级"概念。第一层级是对非物质文化遗产项目进行调查研究，摸清家底；第二层级是确立非物质文化遗产代表性传承人，为其提供必要的条件和经费；第三层级是在保护的基础上创造性转化、创新性发展。①

前两个层级在全国实施多年，"非遗"文化工作者都已熟知，第三个层级还需要讨论和研究。在这里我要说的是，非物质文化遗产保护的基础，其实也有 2 个层级，我想一个就是非物质文化遗产代表性传承人；第二个是需要建立非物质文化遗产专家委员会。非物质文化遗产传承人文化程度不同，思维方式迥异，存在一定的自我局限

① 何敏华：《"非遗"保护要实现创新性发展》，《佛山日报》，2018 年 5 月 19 日。

性。但是,与非物质文化遗产专家委员共同出谋划策,即可最大限度地保留传统文化之精粹,激发其活态的生命能量和时代内涵,有效保护非物质文化遗产的内在本质,处理好为民族传承、为生活创新的关系。《中华人民共和国非物质文化遗产法》第二十二条规定:"国务院文化主管部门应当组织专家评审小组和专家评审委员会。"《江苏省非物质文化遗产保护条例》第十八条也要求:"文化主管部门应当建立由具有较高学术水平和良好职业道德的专家组成的非物质文化遗产专家库。"[①]非物质文化遗产专家委员会只有与非物质文化遗产代表性传承人双管齐下,勠力同心,才能够有力推动非物质文化遗产的保护和传承工作。

(二)非遗的生命活力与创新实践

非物质文化遗产是中华民族的根和魂,如何结合现代科技,融入现代理念,灵活运用创新融合平台,如"非遗+创意、+互联网、+科技、+文旅"等。结合我国非遗保护已逐步进入数字化时代,运用数字化技术进行非遗文字、图片、音频、视频资料的保护,使非遗的创新发展步入快车道。如近年来,南京大学艺术学院开展的"南京传统工艺非物质文化遗产虚拟展示"项目,以"ZHI 艺"这一非物质文化遗产虚拟展示平台为基础,对南京传统手工艺非遗项目进行数字转化及虚拟展示,对"绒花、金箔、云锦"等三项非遗工艺进行深度文化梳理,据资料显示,仅收集的高清大图就多达 1 758 张,口述史涵盖了录音 461 分钟、视频 691 条。同时,我国的"依文集团"还立足于苗族刺绣传承人和国际设计师资源,搭建了"绣娘数据库"和"全球设计师空间",建立了拥有 1 600 多位设计师、8 000 多个民族传统纹样的数据库,来自全球的设计师可通过这个庞大的数据库,超越时空般地与绣娘共同合作。其中,77 岁的苗族刺绣传承人潘玉珍和她的绣品已经成为国际时尚舞台的常客,为刺绣与全球时尚产业的结合带来了机遇。[②] 非物质文化遗产项目传承人不再"闭门造车",而是融入现代社会的"头脑风暴",以更高效的站位,更广阔的视角,更有力的触角,谋划非物质文化遗产的转化与发展大局,共同让非物质文化遗产不再成为"沧海遗珠",非物质文化遗产代表性传承人也不再"流汗又流泪",而是插上腾飞的翅膀,形成"你出力,我出力,保护遗产齐出力"的社会共识。

然而,非物质文化遗产的传播形式尚有很大一部分停留在庙会集市和走街串巷的人际传播中。随着新媒体时代和数字化、移动智能终端的普及、互联网和云计算、5G、大数据、区块链、人工智能等新技术的广泛应用,相信它们必将为"非遗"的发展和

---

① 江苏省人民代表大会常务委员会:《江苏省非物质文化遗产保护条例》,[DB/OL].https://flk.npc.gov.cn/detail2.html? NDAyOGFiY2M2MTI3Nzc5MzAxNjEyODM2ZGU1NDc2NjI.

② 史轩:《数字化技术为非遗创新发展赋能》,《中国社会科学报》,2023 年 5 月 18 日。

传播路径带来更广阔的发展前景。"非遗"要发展就必须创新,要创新就必须跳出旧有樊篱,实现新型业态的跨界融合。非物质文化遗产项目中的本土知识、文化形态、审美观念等是民众创造的,而非物质文化遗产的生命力又是由人的观念所决定,无论在传承模式、方法、技术、体验功能上,都需与时俱进,在融合领域做到优势互补,精准对接。

三、连接古今,守正创新

实现非物质文化遗产保护的"创造性转化和创新性发展"不是一句空话,非物质文化遗产项目的"活态"传承和传播与当代生产生活方式紧密相连,与受众的喜爱程度密切相关,用"创新"的目光审视其精神个性,将之转化为民众喜爱的艺术表现形式,就需用新的科学因子丰富和充实传播手段。近年来,江苏文旅在创新之路上开展了突破时空限制的"无限定空间非遗进景区"活动,把形式多样的非遗展示展演植入了景区的旅游要素中,创设了非遗创意基地、非遗旅游体验基地,打造了集传承、体验、教育、培训、旅游等功能于一体的非遗旅游融合载体。目前,全省认定的省级非遗创意基地 13 家、非遗旅游体验基地 10 家,这些基地都已成为人们走近非遗、体验非遗、品味非遗的重要场所和旅游目的地。2019 年至 2021 年,江苏省级非遗创意基地共为景区设计非遗文创产品 2 500 余件,实现营业收入 8 120 余万元,培训非遗创意人才超 1 400 人次。在 2022 年第四届大运河文化旅游博览会中,又打造出了"炫非遗"数字体验场景,展示了非遗之家元宇宙体验、数字非遗混合现实体验、运河非遗数字长廊等,用数字化、潮流化方式讲述精彩的非遗故事,[①]其创新性的非遗保护,既获得了大众青睐,也扩大了社会影响。所以说非物质文化遗产保护,缺乏的不是文化资源,而是科学创意!用"创意"包装非物质文化遗产,用"体验"传播非物质文化遗产项目,创新保护之路无疑给了我们很大的启发。非物质文化遗产项目如果孤芳自赏,就会在社会发展中逐渐边缘化而淡出人们的视野。

联合国教科文组织保护非物质文化遗产政府间委员会于 2015 年年底审议通过了《保护非物质文化遗产伦理原则》,其中的第 8 条明确指出:"非物质文化遗产的动态和鲜活本质应持续获得尊重。真实性和排他性不应构成对非物质文化遗产保护的担忧和障碍。"[②]非物质文化遗产具有连接古今、传承文化的重要作用,只有走进人民

① 张婧:《江苏:非遗为旅游增添了地域文化底色》,《中国文化报》,2023 年 5 月 15 日。

② 中国非物质文化遗产网,中国非物质文化遗产数字博物馆:《保护非物质文化遗产的伦理原则》,[DB/OL].https://www.ihchina.cn/zhengce_details/15769.

的现代生活才能真正地传承下去。据统计,截至 2022 年 12 月,我国列入联合国教科文组织非物质文化遗产名录(名册)项目共计 43 项,总数位居世界第一。其中,人类非物质文化遗产代表作 35 项;急需保护的非物质文化遗产名录 7 项;优秀实践名册 1 项。① 而我国国务院公布的国家级非物质文化遗产代表性项目截至目前有 1 557 项。② 它们均表现了中国日益提升的非物质文化遗产保护水平,体现了博大精深的中华文化、中国精神和中国智慧。

为确保对年事已高的国家级非物质文化遗产代表性传承人的抢救性工作顺利进行,2016 年文化部组织编写了《国家级非物质文化遗产代表性传承人抢救性记录工程操作指南》(试行本),要求各地采用数字媒体等现代信息技术对国家级非物质文化遗产代表性传承人开展记录工作。2018 年 5 月,文化和旅游部、工业和信息化部联合发布了“第一批国家传统工艺振兴目录”,全国共有 383 项传统工艺项目入选,涉及“纺染织绣、雕刻塑造、食品制作、中药炮制”等 14 个门类。③ 该“目录”旨在选取并重点支持一批具有传承基础和生产规模、有发展前景、有助于带动就业的传统工艺项目,以形成成功案例来推动全国范围内传统工艺的振兴和发展。

创新性发展中的非物质文化遗产保护工作任重而道远,它不是消极被动的保护,而是活性动态的保护,在保护工作中应尊重人民的审美习惯和民族个性,不脱离人民生活,不脱离原本故土。创新的内容和形式是非物质文化遗产项目持有者和传承人的权利,非物质文化遗产的保护性实践能否给大众带来情感的认同,则取决于民众的选择。保持非物质文化遗产的核心本质是我们的首选,可持续发展的创新融合无疑是一条活态的发展之路。

---

① 中国非物质文化遗产网,中国非物质文化遗产数字博物馆:《中国入选联合国教科文组织非物质文化遗产名录(名册)项目》,[DB/OL].https://www.ihchina.cn/chinadirectory.html.

② 中国非物质文化遗产网,中国非物质文化遗产数字博物馆:《国家级非物质文化遗产代表性项目名录》,[DB/OL]. https://www.ihchina.cn/project.html.

③ 中华人民共和国中央人民政府:《文化和旅游部、工业和信息化部联合发布第一批国家传统工艺振兴目录》,[DB/OL]. https://www.gov.cn/xinwen/2018-05/24/content_5293285.htm.

非遗融入博物馆公共文化服务的实践路径
——以南京博物院为例

衣雨涵[①]

摘　要:中国特色社会主义进入新时代,文化自信成为民族文化发展的核心要素,非遗是诸多中华优秀传统历史文化的典型代表。非物质文化遗产的保护与传承,重在融入现代生活、展现当代价值,涵养文明乡风、凝聚民族精神。围绕"博物馆+非遗",传播更多承载中华文化、中国精神的价值符号和非遗产品是博物馆"保护文化遗产也是发展生产力"的重要实践,博物馆助推非遗创新性发展、创造性转化,推动非遗更好融入公共文化服务体系。

关键词:博物馆　非物质文化遗产　公共文化服务　南京博物院

一、引　言

非物质文化遗产是中华优秀传统文化的重要组成部分,是传承中华文明、赓续中华文脉的重要载体。党的十八大以来,党中央高度重视中华优秀传统文化保护传承弘扬工作,作出一系列重大部署,推出一系列务实举措,一批珍贵、濒危和具有重要价值的非遗项目得到有效保护,高水平、专业化的非遗传承人队伍不断壮大,社会各界共同参与非遗保护传承的理念日益深入人心,非遗在促进经济社会发展、彰显中华文化魅力、坚定人民文化自信等方面发挥着越来越重要的作用。目前,国务院已批准公布了5批10个类别共计1 557项国家级非遗项目。截至2022年12月,中国列入联

① 衣雨涵,南京博物院馆员、行政干事。

合国教科文组织非物质文化遗产名录(名册)项目共计 43 项,总数位居世界第一,非遗名录体系已形成。

博物馆和文化遗产紧密相连,和社会发展的过去紧密相连,是一个国家或地区文明发展程度的重要标志,是青少年教育的第二课堂,是成年人的终身学校,也是人们文化休闲的一个重要场所,更是公共文化服务的主要阵地。今年适逢联合国教科文组织《保护非物质文化遗产公约》通过 20 周年,作为第一批加入公约的国家,中国已形成社会广泛参与、人人保护传承,非遗主题博物馆接连建成,非遗助推文旅融合的生动局面。

二、非遗在博物馆中弘扬中华优秀传统文化的优势

国际博物馆协会(International Council of Museums,ICOM)于 2007 年在维也纳召开的全体大会对博物馆定义修订中添加了"为教育、研究、欣赏的目的征集、保护、研究、传播并展出人类及人类环境的物质及非物质遗产",将非遗纳入博物馆的保护范畴,博物馆通过展览展示、保管收藏、展演等方式,发挥非遗的积极作用。国际博物馆协会将非遗纳入博物馆保护范畴,正是认识到非遗在人类文化遗产中能够产生的积极效能。《中华人民共和国非物质文化遗产法》也提出,博物馆应当根据自身业务范围开展非遗相关研究展示工作。

(一) 扛鼎复兴,"博物馆+非遗"弘扬传统文化

博物馆和非遗传承有着天然的联系和内在的共性,"博物馆+非遗"模式是保护和传承非遗,弘扬优秀传统文化的有效途径。江苏创新非遗活态展示和传承机制,非遗主题馆扎实推进非遗系统性保护,做好抢救性、生产性、整体性和数字化保护,推动非遗更好融入当代生活。

苏州戏曲博物馆立足地方特色,弘扬传统文化,坚持做好"昆曲星期专场"和"吴苑深处"评弹书场两大公益演出品牌,推出"戏博讲坛""昆曲小课堂""评弹进校园"等社教活动,主办的"中国昆曲文化展"赴多国展出,把活态展演与静态展陈相融合。南通纺织博物馆开馆 38 年以来,利用纺织专业优势,立足公益保障公民文化权益,通过走进校园普及纺织科普知识,为残疾人、留守儿童、特困家庭子女和外来务工子女提供免费手工项目,有效扩大了社会效益。南京民俗博物馆于 2010 年建立中国首家民俗、非遗"双博馆",非遗传承人展示展演的非遗项目内涵丰富、形式多样,为提升参观体验增添了更多吸引力。南京博物院更是国内率先在省级博物馆中建设非物质文化遗产馆的博物馆,并通过征集非遗主题的展品不断丰富展陈内容。2019 年,罗关根

先生向南博捐赠了缂丝作品《胤禛十二美人图》,运用平缂、结、掼、勾戗等多种缂丝技法相结合的方式双面成画,描绘了十二位身着汉服的宫廷女子品茶、观书、对镜、赏蝶等恬静休闲的生活场景,代表了当代缂丝技艺的高超水平。为感谢罗先生捐赠义举,鼓励捐赠,南博特举办有"'织'于至善——罗关根缂丝作品捐赠展",让更多人近距离感受传统工艺的艺术魅力,并能参与到对传统工艺的传承中。

可以说,非物质文化遗产进入博物馆展览后,不仅拓展了博物馆反映区域文化的广度和深度,使展览触及社会精神与心理层面,而且还对传统的博物馆展览提出了深度阐释的要求,并由此成为推动博物馆履行让文化遗产活起来的使命的重要助力。

(二)培土护根,博物馆厚植非遗底蕴

"一个博物院就是一所大学校",博物馆通过展示和传承文化遗产,让观众了解文化、尊重文化、传承文化,为非物质文化遗产保护和传承提供了重要的支持。

南京博物院的非遗研究发端较早,自国立中央博物院筹备时期,南博的前辈学人就对包括非物质文化遗产在内的民族民俗文化进行了比较多的关注。当时主要基于民族民俗学,所进行的西南民族考察可以说是国内博物馆界最早关注非遗领域的。2023年南博举办"美美与共——南京博物院藏西南少数民族文物展"正是展示了国立中央博物院时期老前辈们在西南的部分采集成果以及后人对此项工作的延续。这种学术传统也一直影响着南博,以至于南博一直有"民俗研究所"这样一个机构(后改为江苏省非物质文化遗产研究所)。南京博物院非遗馆将非遗的保护工作列为最重要的任务之一,对于目前存续状况相对良好的非遗项目引入馆内进行活态展示,同时积极协助这些项目在传统村落、乡镇进行"现地"(on-site)保护和发展,实行整体性保护;对于面临传承危机及存续状况严峻的非遗项目,则采取抢救性和记忆性的保护手段,除了通过非遗馆的展示空间进行推广教育,还采取实地田野调查以及配合第三方数字摄制专业团队进行采风记录,使用抢救和记录同步走的方法;对与消费市场有较深依赖关系的表演艺术和传统手工艺类非遗项目,则通过生产性的保护手段,诸如传承人活态展示及贩售传统手工艺产品,以及传统戏剧在茶馆演出的方式,鼓励传承人在符合非遗核心内涵的前提下进行创新,以便更好地与现代人的审美与消费需求相融合。而博物馆对非遗传承人的尊重和对其价值的肯定,也更强化了传承人推广传承非遗的使命感,形成良性循环。由南博运营和管理的"江苏非遗"微信公众号亦成为传播江苏非物质文化遗产的重要平台。

(三)青春焕新,博物馆非遗传承接续有力量

非遗之所以有百年传承,作为文化遗产拥有深厚的文化底蕴,得力于传承人代代

相传的作用。非遗从不缺乏魅力与活力，创造条件和机会让青年一代投身非物质文化遗产的传承与保护，正是非遗传承接续有力的题中之意。

在"非物质文化遗产进博物馆"的潮流下，博物馆非遗主要展示地域内的代表性非遗项目(包括世界非物质文化遗产和多项国家级、省级非遗代表作项目)，要求展示形式是"好看、好玩、好卖"，展示内容是"亲民、亲切、亲近"。"亲民"是与民众的生活息息相关；"亲切"是可以唤起民众过去的记忆和美好向往；"亲近"则是廉价或免费享受非遗项目的展演。在展示非遗的手段上采取"审美型"结合"叙事型"的展示模式，除了静态的图文展示和多媒体视频纪录片播映外，更重视非遗的"活态性"及"故事性"的感染力，让公众从各项活动中亲身体验、感受古人的智慧与动手的乐趣，领悟中国传统文化。为了提高展览信息传达的效能，南博积极引入非遗传承人在非遗馆里进行活态展示，南博通过衡量观众主观评价、与观众深度互动程度和项目存续情况等(销售状况是否可观，技艺是否能得利行业和观众认可)选定非遗展示项目，定期轮换，为江苏非遗项目提供相对均等的展示机会，日月有新工。

三、南京博物院构建非遗活态体系实践

南京博物院非遗馆以四个部分构建展览、展示、展演为一体的展览体系。第一部分是剧场，每天播放"非遗"相关的 3D 影片，每个周六有一场固定的戏剧表演。第二部分是茶馆——活态的非遗展示与体验区，每天下午有一场折子戏。第三部分是民俗艺苑，以直观的、参与式的活动，展示江苏省田间地头的乡土风情，后也作为非遗所研究转化为展览的重要场所。第四部分是"非遗"展览，通过展览和"非遗"传承人的工艺展示，在"非遗"和观众之间架起沟通的桥梁。

(一) 主题策展，非遗传承有新意

非遗展览展示展演已经积累了十余年的实践经验，逐步探索、发展并形成了比较清晰的策展理念，博物馆在以历史、考古、艺术为典型的展览类型之外，开拓出新的领域，给博物馆的传统展览体系带来了全新活力和创意空间。2015 年，南博推出的全国首个戏曲对比展"南腔北调——传统戏曲艺术展"(以下简称"南腔北调")通过 200 余件(套)戏曲文物展示汉代到清代中国南北戏曲艺术的演变，向观众呈现出中国戏曲艺术的多样性和地域性。策展思路定位于"全遗产"理念，以文物静态展览结合戏曲活态表演的形式，在南京博物馆特展馆展厅、非遗剧场、民国街茶馆等多个空间内，共同呈现中国传统戏曲艺术的物质文化遗存和非物质文化遗存。由南博非遗所策划的"家・国——中国传统人文精神展示展演"展现了国与人、人与人之间深厚的伦理

道德与精神内涵，入选了2022年度“弘扬中华优秀传统文化、培育社会主义核心价值观”重点推介项目，体现了中华文明突出的连续性和统一性。

（二）项目展示，激活非遗新体验

基本陈列外，南京博物院利用“文化遗产日”“我们的节日”等时间节点，开设手工技艺类项目展示、口头表演类项目展演和社会教育活动，用静态和动态相结合的形式为传统节日注入新内涵，使博物馆非遗成为传承文化、凝聚价值共识的重要载体。南博利用户外场地开展形式多样的民俗节庆展演，如留左大鼓、马灯、舞龙、舞狮、连厢舞、河蚌舞等形式丰富、气氛热烈的表演项目，增加节庆气氛；策划实施以“江南水乡婚俗体验活动”为代表的活态展演极具特色，观众可通过预约参与活动，经过知识讲解、礼仪培训，即可扮演新娘、新郎、父母等角色，在体验中了解传统婚俗，并通过极具江南特色的婚服、道具、礼仪，直观再现了江南传统婚礼的热闹和喜庆；组织开展“二月二龙抬头‘咬龙耳’祈丰收”专场活动，在“花朝节”举办“繁花似锦”主题活动，在重阳节举办“博戏遣兴、登高怡情”社区活动，都让公众在互动中感受浓浓的节日气氛，汲取中华优秀传统文化养分。自2013年至今，“我们的节日”主题系列活动累计举办564场次的非遗体验活动，累计参与人数达数万人次，其中年龄最小的仅5岁，最大的已经70多岁。博物馆非遗活动既为非遗的保护研究提供了平台，也为非遗的存活土壤培养了全年龄段的观众。

（三）品牌展演，分众服务强效能

南博每年策划组织的非遗展演400余场，主要围绕日常展演、专题展演和品牌展演三个模块进行，以满足分龄、分众的传播需求。演出场地主要集中在老茶馆和小剧场，演出曲目根据场地适时调整，戏曲展演不仅在服装、化妆、道具方面以高标准呈现，而且全部采用乐队现场伴奏，以确保观众在南博非遗馆看到的是最正宗的戏曲形态。展演属于免费公益性质，自2015年7月1日起，为合理规范本地观众与外地观众的比例，避免观众长时间排队领票，开始试行售以低于成本的惠民票价，330张座位中，110张池座票价为30元/张，220张楼座票价为20元/张，观众可登录江苏文惠网进行购买，每人限购三张。考虑到老年观众的购票习惯，采取线上线下双渠道购买的方式。近年来，随着观众对网上购票习惯的逐渐养成，现场票的比例在逐年减少。从免费看戏到花钱看戏的转变，让很多戏迷觉得观演变得更有秩序，体验感也变得更好了。

南博打造的“梅花戏剧季”“剧种联盟展演”“快乐的寒假・暑假”等一系列优质的非遗展演项目，精准服务了不同的群体。其中，以南京市市花命名的传统戏剧类专题展演——“梅花戏剧季”已经开展了七届，每届戏剧季邀请获得中国戏剧“梅花奖”“二度梅”“梅花大奖”的名家携代表剧目参演，不断拓展剧种、流派，促进传统戏剧的省际交流，并尝试策划名家导赏讲座、手工技艺类非遗配套活动等方式，拓展梅花戏剧季的普及性和趣味性，是对非遗“活态展陈”的有益探索。

四、“博物馆＋非遗”助推文旅融合蝶变升级

非物质文化遗产是中华优秀传统文化的重要组成部分，是旅游的重要资源，丰富了旅游的文化内涵。按照文旅部和省委、省政府部署要求，江苏积极探索非遗保护传承的“江苏模式”，省文旅厅正式印发《关于推进非物质文化遗产与旅游深度融合发展的实施意见》，主动顺应人民美好生活新期待，让非遗在与旅游融合中更加“活”起来，为绘就“诗”和“远方”新时代画卷增添绚丽色彩。

而随着文旅融合向纵深发展，文博场馆日益成为游客热衷打卡的旅游目的地。在世界主题乐园权威研究机构美国主题娱乐协会（Themed Entertainment Association，简称 TEA）与 AECOM 经济咨询团队联合发布的《2021 年主题公园和博物馆报告：全球主要景点游客报告》中，南京博物院入选并位列全球最受欢迎博物馆第十四名，同时也是亚太最受欢迎博物馆第三名。南京博物院非遗馆则是二期改扩建后的人气聚集地，入选江苏省文化和旅游厅评选的首批十家“江苏省非遗旅游体验基地（2020—2022 年度）”。南博利用非遗馆、老茶馆、非遗小剧场、民俗艺苑、如意工坊等场所，通过展示、还原传统艺术、传统技术与民俗节庆，并采用活态的方式，吸引大批观众前来打卡。清代金漆木雕“出将人相”戏台靠壁、“云润星辉”碧纱橱式书房，正是南京老茶馆，是活态的非遗文化展示与体验区，走入其中恍惚流年回转。在大众点评、携程网和百度指数中，老茶馆成为南京博物院的主要搜索词条，满意度更是趋近百分百。

推动非物质文化遗产与博物馆深度融合发展对于扎实做好非物质文化遗产的系统性保护，促进旅游业高质量发展，更好满足人民日益增长的精神文化需求具有重要意义。随着公众欣赏水平的提高，游客正在由过去的看风景向看文化转变。博物馆加非遗的融合发展，既有效延伸了旅游产品链，提升旅游档次和品位，也让非遗项目得到了活态传承，有助于吸引更多社会力量参与到非遗保护工作中。

风起正是扬帆时，奋楫逐浪天地宽。中华文化延续着我们国家和民族的精神血脉，既需要薪火相传、代代守护，也需要与时俱进、推陈出新。习近平总书记对非物质文化遗产的深厚情结，让我们更加坚定文化自信，用心、用情保护好、传承好、利用好非物质文化遗产，挖掘其丰富内涵，使之绽放出更加迷人的时代光彩。“博物馆＋非遗”的组合也将推动非物质文化遗产成为弘扬中华优秀传统文化、不断铸牢中华民族共同体意识、促进人的全面发展、服务人民高品质生活的重要力量。

参考文献

[1] 王美诗:《话语视角下的非遗活态展览——以南京博物院非物质文化遗产馆为例》,《文化遗产》,2016 第 3 期。

[2] 李志勇:《非物质文化遗产博物馆建设理念初探——以南京博物院非遗馆为例》,《东南文化》,2015 第 5 期。

[3] 龚良:《保护文化遗产也是发展生产力》,《东南文化》,2009 第 2 期。

[4] 鲁力,高杰:《求得一腋缀白裘——服务公众理念下的文物征集》,《文物天地》,2016 第 4 期。

[5] 朱莉莉:《博物馆保护框架下的非物质文化遗产藏(展)品征集》,《东南文化》,2023 第 4 期。

[6] 陈述知:《博物馆戏曲展演及未来》,《社会科学家》,2020 第 12 期。

博物馆非遗公众活动的创新发展
——以南京博物院为例

杨　欣①

摘　要：随着"非遗热"的持续升温，博物馆如何更好地发挥教育职能在非遗和公众之间架起沟通的桥梁以及探索非遗融合发展的新合作模式，推动非遗事业更好地向前发展？南京博物院在非遗公众活动方面进行了广泛的实践，为国内博物馆非遗公众活动的创新发展提供借鉴。

关键词：博物馆　非遗　活动

非物质文化遗产是民族智慧的结晶，是中华文明传承的生动见证，也是公众生活的重要组成部分。《关于进一步加强非物质文化遗产保护工作的意见》中明确要求利用文化馆(站)、图书馆、博物馆、美术馆等公共文化设施开展非物质文化遗产相关培训、展览、讲座、学术交流等活动。② 南京博物院认真贯彻落实文件内容，发挥教育职能为非遗和公众之间架起沟通的桥梁，持续开展"我们的节日"非遗品牌活动、展览配套非遗活动、活态传承体验活动三大系列活动，通过跨界融合不断钻研非遗公众活动的创新升级，引导公众了解非遗、喜爱非遗从而自觉加入非遗传承与创新的队伍中来，共同推进中国特色社会主义文化建设，建设中华民族现代文明。

一、打造非遗品牌活动，拉近非遗与公众的距离

中国传统节日是非物质文化遗产的大舞台，有丰富多彩的民俗表演、民俗游戏、传统礼仪、生产知识、民俗手艺等，共同承载着深厚的文化内涵和强烈的民族情感。

---

① 杨欣，南京博物院馆员。

② 中华人民共和国中央人民政府：中共中央办公厅 国务院办公厅印发《关于进一步加强非物质文化遗产保护工作的意见》，2021-08-12. https://www.gov.cn/govweb/zhengce/2021-08/12/content_5630974.htm。

南博以传统节日为契机，精心策划“我们的节日”非遗品牌活动，通过多种多样的互动方式，不断注入时代的新元素、新内容和当代人喜闻乐见的新形式，烘托出热闹非凡且富有文化内涵的节日氛围。端午节南博推出“龙舟竞渡在南博”活动，通过“做香包”“包粽子”和“赛龙舟”的体验环节，让孩子们亲身感受到端午节日的文化魅力。重阳节举办了“博戏遣兴、登高怡情”的乐龄节活动，组织老人登明城墙、览金陵美景、游南京博物院，并在院内广场开展“博戏健身”传统体育项目体验及竞赛活动。中秋佳节，结合传统习俗策划推出了“秋夕月——中秋赏月雅集”活动。活动分为看展、赏月、观演、拜月四个环节。看展，拉近了公众与历史的距离；现场的天文望远镜，拉近了公众与圆月的距离；丝竹合奏《彩云追月》、诗朗诵《水调歌头》、古琴演奏《春江花月夜》、昆曲《游园惊梦》、古典舞《霓裳羽衣舞》等传统演出美轮美奂、古今辉映，拉近了公众与传统的距离；而寓意祈福纳祥的拜月仪式则拉近了公众与非遗的距离。参加拜月的人员包括主祭、赞礼、执事、参祭人员若干名。祭品包括具有美好寓意的西瓜、石榴、柿子等八件，整场仪式包括设立祭台、敬香、敬酒、献月饼、朗诵祭文、行拜月礼，按流传千年的传统习俗，祈福纳祥。“我们的节日”非遗品牌活动口碑影响力持续提升，受众不断扩大，“带孩子去南博过节”成为南京市民过节的新方式、新体验、新风尚。

二、精雕展览配套非遗活动，提升公众对非遗的好感度

在博物馆里，将非遗活动与展览相结合，与文物的故事相连接，让公众在观展的同时，品味非遗的深厚底蕴，让非遗从“被看见”到“被喜爱”。配合展览“家・国：中国传统人文精神展示展演”，开设了“家・国”博物系列课堂，通过展厅导赏、主题讲座、诗词朗诵、音乐鉴赏、创意手工等多种方式带领孩子们探寻与“爱国有义”“恩义好合”“兄弟一心”“慈孝有亲”“天下太平”等元素有关的文物，了解文物背后的历史故事，理解家国情怀的具体内涵。配合展览“汉光熠熠——南京博物院藏汉代错银铜牛灯特展”，社教人员指导孩子们动手实验，还原古人先进的环保设计，探寻古代灯具的发展史，体验制作秦淮花灯。多元化的展览让非遗公众活动有了更丰富的文化载体，文物背后的故事让活动更有意趣，增进了公众对非遗的了解与喜爱。

三、专注活态传承体验活动，增强非遗传播影响力

非物质文化遗产是承载在传承人身上的，传承的核心在于非遗传承人的口传心授。传承人以他们卓越的智慧、灵性，创造着、掌握着、承载着非物质文化遗产的精湛

技艺和文化基因。南博邀请非遗传承人现场教学，通过非遗讲座、技艺展示、手工体验等方式让公众更直观地认识非遗项目，更深入地体验非遗技艺。

（一）双师课堂，为非遗做加法

考虑到有些传承人普通话不标准、不善于表达、不擅长因人施教等情况，南博创新推出非遗双师课堂——“衍·习”，采取了“传承人＋社教人员”的授课模式。非遗传承人从非物质文化遗产的传承和保护着手，重点展示非遗的文化内涵和精湛技艺，博物馆社教人员结合分众化教育，特别注重青少年的认知发展规律并利用南京博物院丰富的藏品资源服务于教学，与非遗传承人共同研讨课程内容、设计教学方案进行“双师授课”，最终实现活动效果的最大化。

（二）重在体验，为非遗做减法

在非物质文化遗产中，传承人创作的云锦、剪纸、绒花、面塑、花灯等作品，是他们绝技的物质载体，凝聚了他们精巧的艺术构思、高超的手艺和独到的艺术表现力。这些作品背后包含了非常复杂的制作工序，如秦淮灯彩制作工序有数十道，采用选、扎、裱、托、贴、裁、配、染、扎、刻，平均每个流程都要有5—7道工序；传统掐丝盘扣要经过开料、刮浆、风干、拔浆、开条、烫条、画稿、掐型、盘扎、缝制、塑型、填充、定型、封底、修整等二十多道工序，等等。公众在短时间内无法体验每一步工序，而且操作难度较大，这时候需要给非遗做减法，精选体验环节，突出操作性和趣味性。花灯制作让青少年重点体验塑型、填充、定型、封底和点缀的工艺，盘扣制作让青少年体验裱、裁和贴的环节。

四、“非遗＋”融合发展，激发创新活力

非物质文化遗产只有融入公众、融入社会、融入当下的生活才能焕发出新的活力。南博通过跨界融合，采用了“非遗＋数字化”“非遗＋研学”“非遗＋社区”“非遗＋文创”等模式，创新非遗活动形式，加大非遗传播普及力度，让公众真正成为非遗保护与创新的主体。

（一）“非遗＋数字化”：一机在手，学习无忧

南京博物院的非遗馆紧扣“苏韵流芳”的主题，活态展示传统技艺、戏曲民俗的世代传承。为了让公众更深入地了解传统文化、更便捷地参观展览，南博推出了分龄分众的智能语音导览，非遗馆是导览的重点覆盖区域之一。特别是针对儿童参观体验

感的提升，我们联合教育专家和骨干教师推出了儿童专属语音导览，用充满童趣的语言拉近孩子和非遗的距离。以儿童语音导览词中“非物质文化遗产”定义为例。“非遗”的全称是“非物质文化遗产”，和“物质文化遗产”相对。比如一个祖先烧制的美丽瓷器，你能够看得见、摸得着它，这个瓷器就是“物质文化遗产”，而这个瓷器是如何一步步被烧制出来，这个过程展现的是祖先的一种技艺，你看不见也摸不着，但是它却非常宝贵，一代代地传承，这种技艺就是“非物质文化遗产”。美丽瓷器的出现和烧制师傅高超的技艺是分不开的，因此“物质文化遗产”和“非物质文化遗产”就像一对好朋友，它们不分彼此地出现在一起。数字化的导览系统针对儿童参观需求，设计了一条个性化的参观路线，让孩子们边看边听边思考，激发了他们对非遗的好奇心和热爱。

（二）“非遗＋研学”：边游边学，学有所获

“读万卷书，行万里路”，博物馆研学活动反响热烈，“非遗＋研学”擦出别样的火花。“探美・古代服饰文化”是南博打造的非遗研学活动，以引导青少年“探传统之美，习非遗技艺，传中华文明”为宗旨，从一粒蚕茧、一朵棉花开始，到最终的服装秀，将一锦一缎一霓裳的中国传统服饰魅力系统化呈现。课程包括煮茧缫丝、纺锤纺线、织机织布、丝巾扎染、棉布印染、水乡服饰制作、古代妆容复刻以及传统汉服秀等内容，开启青少年对非遗的探索之旅。根据课程的内容和非遗体验的实际操作难度分为小学低年段、中年段、高年段以及初中生四个年龄段，通过分龄分众，更好地提升青少年认知规律、知识架构、动手能力与课程的匹配度，让青少年在实践中获得知识，在身体力行中愉悦身心。在文旅融合的背景下，通过整合本地区资源，积极与云锦博物馆、江南丝绸博物馆等相关专题类博物馆合作，实地考察中国传统蚕桑丝织技艺和中国云锦制造技艺，寓教于游、寓学于行的同时向青少年展示江苏地域非物质文化遗产。

（三）“非遗＋社区”：打通非遗最后一公路

《保护非物质文化遗产公约》中提出：在开展保护非物质文化遗产活动时，应努力确保创造、延续和传承这种遗产的社区、群体，有时是个人的最大限度的参与，并吸收他们积极地参与有关的管理。[①] 为了贯彻落实公约精神，南博重视发挥基层社区的作用，让居民在家门口就能体验非遗活动的乐趣，南博积极推出了“非遗在身边，文化共传承”活动，通过展演、展示、创意体验等方式将非遗融入居民们的生活，增强全社会

---

① 联合国教科文组织：《保护非物质文化遗产公约》。

的文化遗产保护意识。在元宵佳节邀请南京金箔锻制技艺非遗传承人走进社区，指导居民贴金箔灯笼，把吉祥喜庆带回家。由于社区文化生态和社区人文背景的支撑，不仅有可能使"遗产"持久地"活"在民众的生活之中，而且在新的条件下，它还能获得"再生产"的机会，亦即成为社区文化创作力的源泉。[①] 邀请江苏省非物质文化遗产绒花技艺非遗传承人走进社区，带领居民领略中国传统女性配饰之美，体验绒花胸针制作，鼓励大家发挥自己的创造力，依据个人喜好设计绒花配色与花瓣造型，朵朵绒花在居民的手中绽放，美不胜收。

（四）"非遗＋学校"：打造馆校非遗大课堂。

社会公众特别是青年一代参与保护的程度从根本上决定着非物质文化遗产的未来命运。[②] 博物馆推动非遗进校园、进课堂，要结合国家和地方统编教材，梳理各个学科知识点，研究并实践将非遗项目合理融入学科教学中，使非遗成为对青少年进行传统文化教育和爱国主义教育的重要载体。以《"鱼"众不同》博物馆非遗活动设计理念为例。本课选自人教版语文教材三年级下册"陶罐和铁罐"，苏少版美术教材三年级上册"色彩明度渐变""对称美秩序美"，三年级下册"色彩纯度渐变""重复的形""装饰瓶"，四年级上册"鱼的纹样"，四年级下册"土与火的艺术"。本课的教学意图是借助唐代的"三彩陶双鱼瓶"，来引导学生了解"三彩陶双鱼瓶"当中对于重复、对称的形式美法则的运用及其背后的艺术内涵，延伸至唐三彩烧制技艺这项国家级非物质文化遗产项目的学习。同时，引导学生初步认识唐代丝绸之路的社会文化背景，探索唐代的文化交流和世界影响力。

（五）"非遗＋文创"：非遗赋能创意，教育创新生活

博物馆非遗文创将非遗技艺、文化创新和当代生活结合起来。南博以非遗公众活动"织染绘江南"为基础，结合创新方法，突出非遗特有的文化内涵，打造"趣物"系列文创产品。复刻了南京博物院院藏清乾隆《墨彩"御制棉花图"瓷册》中的织染图景，推出全套织染绘非遗手工材料包，历经轧籽、弹棉、纺线、染色、织布五个流程，在非遗体验中感受古代纺织工艺的奇妙和智慧，实现棉花的多重变身。公众带回家的不仅仅是文创产品，也是将非遗记忆带回家。

（六）"非遗＋新媒体"：让非遗踏上广泛传播的快车道

南博从 2016 年开始在 5・18 博物馆日举办"博物馆奇妙夜"活动，2017 年，直播

① 周星：《民族民间文化遗产保护与基础社区》，《民族艺术》，2004 年第 2 期。

② 王文章：《增强"非遗"保护的文化自觉》，《中国社会科学报》，2010 年 9 月 14 日。

小组在“博物馆奇妙夜”策划了一场特别直播，观众量达 16 万人次以上。总观众参与量保守估计 92 万人次。[①] 此后每年的国际博物馆日，为了提升活动影响力，南京博物院都与江苏交通广播网联合通过网络直播与公众共同分享现场的盛况。“博物馆奇妙夜”中精彩的非遗活动通过网络走进千家万户，既有穿着传统婚庆服饰的“新娘新郎”进行“拜天地”“掀盖头”等传统婚俗展演，也有舞蹈《二十四节气 · 花间十二声》用现代舞的张力呈现出传统文化中的时令节气。借助新媒体的力量，加深公众对非遗的了解，不断拓宽非遗传播半径。

五、结　语

博物馆是研究、收藏、保护、阐释和展示非物质文化遗产的重要场所。随着社会对于非物质文化遗产的了解与认同加深，博物馆对非物质文化遗产的宣传、教育功能日益突显，通过一系列非遗公众活动增进社会公众参与非物质文化遗产保护的文化自觉，即从意识上对中华文化价值的肯定和自我珍视。作为博物馆社教人员，要树立非物质文化遗产保护和传承的意识，不断探索“非遗＋”的多种合作模式，创新活动形式，拓宽传播半径，为中国传统文化注入新活力，推动非物质文化遗产保护融入当代生活，促进非物质文化遗产保护事业全面协调可持续地健康发展。

---

① 邓婕思，高梦琛：《博物馆传播模式的探索与实践——以南京博物院直播为例》，《陈列艺术》，2021 年第十七期。

论国家级非遗项目“丰县糖人贡”文化品牌

孙巧云[①]

摘　要：丰县糖人贡俗称“贡品”，是流行于江苏省丰县一带的民间雕塑艺术。它早期曾用于宫廷祭祀，后流入民间，清代中期传到丰县一带，该项目主要分布在以丰县为中心的苏、鲁、豫、皖交界处的部分农村地区，在丰县各镇及周边地区较为流行，有很强的地域性，文史价值、艺术价值和使用价值都很高。丰县糖人贡是丰县目前唯一的国家级非遗保护项目，历史沿袭是一项特殊的丧葬祭祀活动专用品，具有很高的艺术价值。2008 年 6 月，丰县糖人贡入选国家级(国二批)非遗保护项目名录，项目编号为Ⅶ－88。

关键词：国家级；非遗项目；丰县糖人贡；文化品牌

新时代，在党和国家一系列非遗保护政策的引导下，我国非遗保护、传承、利用取得了突出的成绩。目前，国家级非遗项目“丰县糖人贡”已引发相关人士和相关部门的深层次研究，适宜于特殊传承和保护，成为开拓传承与开发并重的非遗文化品牌。

一、重视“丰县糖人贡”制作技艺的艺术风格，打造非物质文化遗产文化地域性品牌

（一）充分展示“丰县糖人贡”的艺术特征、最大限度地获得文化认同

“丰县糖人贡”俗称“糖贡”“贡品”，是以优质白糖为原料，用木质模具注塑的民间糖塑艺术，主要用于传统丧葬祭祀，体现了儒家传统的孝道，是研究我国古代丧葬文化的“活化石”，有很强的地域性。

丰县糖人贡艺术体现于制品生产的全过程，由两人协作配合，全为手工施艺。工

① 孙巧云，丰县文化馆副研究馆员。

艺流程为分为:泡模、束模、化浆、注塑、拆模、着色、保管。丰县糖人贡形象古朴典雅,生动传神,通体雪白,润泽如玉,晶莹透亮,用传统食用色素细加描绘,纯净艳丽,意趣天成。

(二)其艺术特征有三

1. 艺术的独特性。丰县糖人贡艺术的表现形态是以模为具、以糖为料、手工施艺,在民间传统美术之林中具有独特风格,是一朵弥足珍贵的技艺奇葩。

2. 艺术的综合性。丰县糖人贡梨木雕阴刻、注塑、美术等工艺为一体,贯穿于制品生产的全过程,每一工艺都与制品质量密切相关。

3. 制品的多样性。丰县糖人贡制品种类多,造型逼真,形态优美,富含社会生活的诸多元素,带有浓郁的宗教特色。丰县地邻邹鲁,崇尚礼仪,素有儒风,深受孔子“生事之以礼,死葬之以礼,祭之以礼”思想的影响,敬老尊长,亡故厚葬,糖人贡作为孝道的载体,逐渐成为民间传统丧葬祭祀礼仪中不可或缺的供品,经历代传承,沿袭至今,具有鲜明的地域性。

二、深入研究“丰县糖人贡”的艺术题材,倾力打造鲜明文化特性

丰县糖人贡伴随着民间传统丧葬祭祀礼仪的演变,虽时兴时衰,但其承载的孝道思想一直深受民众尊崇,其对研究地域性民间丧葬礼仪、民俗文化的形成和发展具有重要的历史文化价值;糖人贡制作集多种艺术形式于一体,视觉美感鲜活,堪称民间传统艺术珍品,具有重要的艺术价值;糖塑品不仅具有观赏性,而且可食用。丰县糖人贡造型的题材主要有五类:一是人物,多为神话人物,如老寿星、天官、八仙等;二是建筑物,如宝塔、牌坊、盘龙柱等;三是动物,如公鸡、狮子、猪头、鲤鱼等;四是果品,如寿桃、石榴等;五是生活用品,如蜡烛、香炉、酒壶等。六是儿童喜闻乐见的十二生肖、糖人子(俗称八仙人)等。糖人贡制品分为 16 件套、24 件套、32 件套、6 大件套、15 大件套等,制品类别依据用户要求搭配组合。丰县糖人贡部分作品在中国传统的祭祀图案里都可见到。作品的突破需要艺人增强艺术修养,丰富模印造型品种。郭新元与时俱进,在传承传统的技艺基础的同时,把糖人贡作品生活化、大众化,打破糖人贡祭祀品的单调模式,以备受小朋友喜爱的惟妙惟肖憨态可掬十二生肖的作品形式走进市场,为推动我县非遗与旅游深度融合发展搭建艺术展示平台和传统工艺高质量发展、为非遗融入旅游空间载体和旅游开辟康养体验新路径、丰富旅游产品供给、加大非遗宣传推广力度、依托糖人贡制作艺术开发新品,拓展新市场,可使其实用价值进一步得以体现。

（一）重视“丰县糖人贡”文化内涵的挖掘

在传承传统糖人贡作品的基础上，创作富有两汉文化寓意传统的孝道特征的新作品，人物如：老寿星、天官、八仙等；建筑物如：宝塔、牌坊、盘龙柱等；动物如：公鸡、狮子、猪头、鲤鱼等；果品如；寿桃、石榴等；生活用品如；蜡烛、香炉、酒壶及儿童喜闻乐见的十二生肖、糖人子等作品，体现了儒家传统的孝道，是研究我国古代丧葬文化的“活化石”，有很强的地域性。丰县文化馆作为非遗保护单位，馆内设有非遗展馆及非物质文化遗产保护中心，其中《丰县非物质文化遗产普查资料汇编》上中下三册，《丰县文化遗产概览》《丰县传统曲艺集锦》均含有与糖人贡项目相关的文字、图片及声像内容。

（二）健全教学传承体系，培养“非遗”传承人

丰县糖人贡制作艺术的传承为世代家传，且传男不传女，因而传承渠道窄，传承人群体小。目前技艺传承有序的是中阳里街道北关的郭氏家族，现已传承至第七代郭继凯，第六代传承人郭新元，2008 年被江苏省文化厅认定为江苏省非物质文化遗产项目丰县糖人贡代表性传承人。郭新元从艺 30 余年，不仅全面继承了糖人贡传统制作技艺，而且对主要工艺进行了多方面的改进创新：改进加热化浆炉具，将效率提高 3 倍以上；更新绘彩颜料，使糖人贡外观更加鲜艳，且保证了食用安全；攻克技术难题，以手感精准掌握糖浆的稀稠、阻力的大小及糖丝的硬度、长度，解决了塑品防碎及抗潮难点；开发新型产品，注塑出适用于祝寿的系列作品及儿童喜爱的多题材玩具型作品。同时，冲破技艺家传且传男不传女的祖传家规，授徒 7 名，其中 4 名为女性，使糖人贡艺术薪火相传、后继有人。郭新元的糖人贡作品多次参加国家及省、市、县举办的非物质文化遗产技艺展示，扩大了传承载体。2018 年，郭新元坚持开展糖人贡技艺进校园活动，从欢口高中课堂扩展至初中课堂，由欢口一所学校增加到多所学校，使更多的学员学会这一古老的糖塑制作技艺。为丰富产品内涵，郭新元创新研制出 30 个糖人子模具造型。尝试开展网上销售，为扩大产品销售做好准备。

此外，多所高等院校牵头“非遗”传承人联动大学课堂与学生团体，组织学生定期开展“非遗”教学展演活动，面向社会及学校开展公益“非遗”文化教学等活动，对保护和传承糖人贡技艺起到了更好的作用。

（三）重视“丰县糖人贡”技艺的市场营销

开拓传承与开发并重的非遗文化品牌。在传承传统技艺基础的同时，郭新元把糖人贡作品生活化、大众化，打破糖人贡祭祀品的单调模式，将糖人贡作品加以创新。

丰县文化馆以官方公众号、官方抖音、县融媒体等数字化形式对糖人贡作品及制作技艺进行宣传，着力将非物质文化遗产类的文化资源融入产品中去，更好地拓宽销售市场。

三、广泛参与民间艺术博览会及省、市大型民间艺术节展示活动

丰县糖人贡是丰县目前唯一一项国家级非遗保护项目，历史沿袭糖人贡是一项特殊的丧葬祭祀活动专用品，具有很高的艺术价值。打造文化品牌，组织开展各类民俗活动，定期举办非遗专场展示展演活动，开设各种奖项、并通过网络媒体进行宣传，这不仅能使艺人为他们的传承下来的传统技艺产生责任感和荣誉感、还能让广大民众体会到传统文化的魅力，重视传统手工艺的传承与发展，使非遗赋能连接现代多彩生活。

非遗技艺，匠心传承。丰县糖人贡第六代传承人郭新元，四十年薪传不辍，一边传承，一边创新，现设有糖人贡工作室 90 平方米，糖人贡专卖店 30 平方米。每年有各级领导部门和各院校学员赴糖人贡工作室调研。为提升糖人贡制作技艺和更好的传承传播，郭新元曾连续多年参加由徐州海德工贸有限公司组织的《糖塑》专业课程培训。在极短的时间内，高度概括地塑造出人或动植物的立体形象的糖人贡作品，与中国写意画法一样追求“韵味”。多数动植物造型夸张随意，惟妙惟肖、活泼淳朴，且蕴含着一种独特的意境。

1990 年 1 月，丰县糖人贡模具作品《八仙》入选江苏省首届民间美术博览会，获优秀作品奖，并被徐州市展览馆收藏。

2003 年 2 月，参加由徐州市文化局、徐州市民间艺术家协会举办的徐州市第二届民间工艺作品展；2008 年 4 月，参加丰县第九届梨花节非物质文化遗产专场展示展演活动，受到文化部、江苏省文化厅、徐州市文化局有关领导和专家的好评；2009 年 2 月，参加中国非物质文化遗产传统技艺大展，获文化部颁发的纪念证书，其作品收藏于中国艺术研究院；2014 年 12 月，参加徐州市非物质文化遗产展示馆举办的开馆展示活动；2014、2015 年，连续参加两届徐州市文博会的非物质文化遗产展示活动；2014 年 9 月、2015 年 9 月、2016 年 10 月、2016 年至今，连续三年参加省、市、县举办的“文化遗产日”非物质文化遗产展示展演活动；2018 年 10 月、2020 年 9 月，丰县糖人贡(32 件套)参加徐州市举办的非物质文化遗产展览活动。2020 年 8 月，南京大学金陵学院组织《青春传承文化 金陵学子追“非遗”——丰县糖人贡》团队赴郭新元工作室，江苏省第六届大学生艺术展演活动——微电影专项三等奖（《丧葬艺术糖人贡》）（省级竞赛）；2020 年 9 月糖人贡在徐州文化馆展示；2020 年 9 月糖人贡梨木模具 14 件套被国家博物馆收藏馆收藏；2023 年 2 月参加丰县“宣传党的二十大 文化惠

民谱华章”——“欢度元宵节”共圆中国梦非遗专场演出活动；2023 年 2 月邵阳学院学子赴郭新元糖人贡工作室作《探索地方性非遗文化》专题调研；2023 年 4 月中国矿业大学建筑与设计学院、中国矿业大学非物质文化遗产创新研究中心、苏州工艺美术职业技术学院手工艺术学院、中国矿业大学档案馆信息技术部、中国矿业大学外文学院、中国矿业大学设计学院等九所高等院校组团赴郭新元糖人贡工作室作《江苏省国家级非物质文化遗产传统工艺项目存续状况试点评估实地调研》专题调研；2023 年 4 月苏州工艺美术职业技术学院手工艺术学院学生赴郭新元糖人贡工作室作《糖人贡非遗文化学习与创新》专题调研。

“丰县糖人贡”经过长达一千多年的流传，几乎湮灭，在整个江苏省仅丰县周边尚有遗存，现已属濒危项目，亟待加以保护，丰县文化馆一方面聘请专家加以指导，另一方面安排专业人员进行系统培训，强化领导班子，针对糖人贡项目制定切实可行的保护计划，将项目科学系统的保护起来，为打造“丰县糖人贡”文化品牌作出更多的努力。

图书在版编目(CIP)数据

非物质文化遗产保护传承与当代利用 / 南京博物院，江苏省民俗学会主编. —南京：南京大学出版社，2023.12

ISBN 978-7-305-27408-4

Ⅰ. ①非… Ⅱ. ①南… ②江… Ⅲ. ①非物质文化遗产—介绍—江苏 Ⅳ. ①G127.53

中国国家版本馆 CIP 数据核字(2023)第 237938 号

出版发行 南京大学出版社
社　　址 南京市汉口路 22 号　　邮　　编 210093

书　　名 非物质文化遗产保护传承与当代利用
FEIWUZHI WENHUA YICHAN BAOHU CHUANCHENG YU DANGDAI LIYONG
主　　编 南京博物院 江苏省民俗学会
责任编辑 黄隽翀

照　　排 南京开卷文化传媒有限公司
印　　刷 南京玉河印刷厂
开　　本 787 mm×1092 mm 1/16 印张 13.75 字数 298 千
版　　次 2023 年 12 月第 1 版 2023 年 12 月第 1 次印刷
ISBN 978-7-305-27408-4
定　　价 68.00 元

网　　址:http://www.njupco.com
官方微博:http://weibo.com/njupco
官方微信号:njupress
销售咨询热线:(025)83594756